"十二五"职业教育国家规划教材
经全国职业教育教材审定委员会审定
普通高等教育"十一五"国家级规划教材

广告学概论

第 3 版

主　编　张建华
副主编　楼旭东
参　编　王　杰　马秀文　张　超
　　　　吴　健　辛　斌　许燕萍

机械工业出版社

本书为"十二五"职业教育国家规划教材，经全国职业教育教材审定委员会审定。

本书主要由广告原理、广告实务和广告效果与管理三部分组成。广告原理部分系统地介绍了广告的概念、功用及分类等广告学的基本理论；广告实务部分重点阐释了广告调查、广告心理、广告创意、广告文案、广告制作、广告媒体和广告预算等广告实务操作的技巧与要领；广告效果与管理部分重点突出了广告效果、广告管理等方面的内容。

本书具有深入浅出、结构合理、内容新颖、适应性好、使用面宽、操作性强等特点，注重原理与实务相交融，理论与实践相结合，追求理论研究与实务运作的有机统一。本书既可作为大专院校的广告学教材，也可作为广告业内人士的学习参考用书。

为了方便教学，本书配备电子课件等教学资源。凡选用本书作为教材的教师均可登录机械工业出版社教育服务网 www.cmpedu.com 注册后免费下载。如有问题请致电 010-88379375 联系营销人员。

图书在版编目（CIP）数据

广告学概论/张建华主编. —3 版. —北京：机械工业出版社，2017.5 （2024.8 重印）

"十二五"职业教育国家规划教材　经全国职业教育教材审定委员会审定普通高等教育"十一五"国家级规划教材

ISBN 978-7-111-57108-7

Ⅰ.①广… Ⅱ.①张… Ⅲ.①广告学—高等职业教育—教材 Ⅳ.①F713.80

中国版本图书馆 CIP 数据核字（2017）第 139169 号

机械工业出版社（北京市百万庄大街 22 号　　邮政编码 100037）
策划编辑：赵志鹏　　责任编辑：赵志鹏
责任校对：黄兴伟　　封面设计：鞠　杨
责任印制：李　昂
北京中科印刷有限公司印刷
2024 年 8 月第 3 版第 9 次印刷
184mm×260mm·13.25 印张·321 千字
标准书号：ISBN 978-7-111-57108-7
定价：39.80 元

电话服务　　　　　　　网络服务
客服电话：010-88361066　　机　工　官　网：www.cmpbook.com
　　　　　010-88379833　　机　工　官　博：weibo.com/cmp1952
　　　　　010-68326294　　金　书　网：www.golden-book.com
封底无防伪标均为盗版　　机工教育服务网：www.cmpedu.com

第3版前言

广告是与商品经济紧密相连的经济范畴，它伴随着商品经济的产生而产生，也伴随着商品经济的发展而发展。随着社会经济的日益繁荣，科学技术的不断进步，广告已深入到社会经济、文化、生活的诸多方面。翻开报纸，打开电视，走出家门，形形色色的广告扑面而来，令人目不暇接。随着市场经济的深入发展和逐步完善，市场竞争和广告大战必将愈演愈烈。广告已成为人们日常生活的重要组成部分，也成为企业发展经济、拓展市场的排头兵，而且将成为公众认识环境、满足需求的向导员。

本书正是对广告理论进行深入探索，对广告实践进行不断总结的结晶。本书注重密切联系当代国内外广告的发展趋势与研究动向，在总结、借鉴、吸收国内外广告理论与实践的精华的基础上，对广告的基本原理、体系构架、实务运作、创作规律进行了系统的研究和探析，以求探索、提示广告活动的发展演变过程及运动变化规律，为市场经济条件下广告业的健康发展及企业广告战略的正确选择提供理论指导和技术参考。

本书是在第2版的基础上修订改编而成的。全书由广告原理、广告实务和广告效果与管理三部分组成。广告原理部分系统地介绍了广告的概念、功用及分类等广告学的基本理论；广告实务部分重点阐释了广告调查、广告心理、广告创意、广告文案、广告制作、广告媒体和广告预算等广告实务操作的技巧与要领；广告效果与管理部分重点突出了广告效果、广告管理等方面的内容。

本书融合了传播学、营销学、经济学和心理学等多学科的知识，对广告的理论与实践进行了独到、全面、透彻的阐释，将现实中最为生动、典型、前沿的案例带进书中，增加了广告图片资料。书中加入了精美的插图，图文并茂，实用性很强。书中引用了最新的学术和专业资料，添增了许多新的、切合课程内容的鲜活实例；增加和扩充了有关广告经济学、关系营销学、现代传媒学、新型数字互动媒体及网络广告等内容。

通过对本书的学习，学生可以清晰地把握广告理论的脉络，能较系统、全面地掌握广告学的基本原理与广告运作规律，了解广告在国内外的发展现状与趋势，为将来从事广告创意、策划、制作和传播等打好基础。

本书具有深入浅出、结构合理、内容新颖、适应性好、使用面宽、操作性强等特点，注重原理与实务相交融，理论与实践相结合，追求理论研究与实务运作的有机统一。本书既可作为大专院校的广告学教材，也可作为广告业内人士的学习参考用书。

参加本书编写的有张建华、楼旭东、王杰、马秀文、张超、吴健、辛斌、许燕萍，张建华任主编，楼旭东任副主编。

本书参考了国内外有关广告学方面的著作、教材，吸收了我国广告界部分专家、学者在广告学方面的研究成果，在此一并表示感谢。

伴随着广告传播业的迅速发展，创新必将成为这一学科永恒的主题，因此，关注这一学科理论和实践的发展将是我们长期的目标。在此，我们期待着专家和同行的批评指正，以便我们随时补正。由于编者水平有限，加之时间仓促，疏漏在所难免，敬请广大读者多提宝贵意见，以便修订、完善。

编　者

目 录

第 3 版前言
第 1 章 广告导论 1
1.1 广告的概念 1
1.2 广告的功用 10
1.3 广告的分类 20
复习思考题 27
第 2 章 广告调查 28
2.1 广告调查概述 28
2.2 广告调查的内容 31
2.3 广告调查的程序 35
2.4 广告调查的方法 38
复习思考题 43
第 3 章 广告心理 44
3.1 广告受众心理 44
3.2 广告注意 50
3.3 广告记忆 55
3.4 广告态度 61
复习思考题 67
第 4 章 广告创意 68
4.1 广告创意的价值 68
4.2 广告创意的特征与依据 69
4.3 广告创意的过程 72
4.4 广告创意的策略与表现 75
复习思考题 87
第 5 章 广告文案 88
5.1 广告文案概述 88
5.2 广告标题的写作 93
5.3 广告正文的写作 95
5.4 广告标语的写作 100
复习思考题 102
第 6 章 广告制作 103

6.1 报纸广告的设计与制作 103
6.2 杂志广告的设计与制作 109
6.3 广播广告的设计与制作 112
6.4 电视广告的设计与制作 114
6.5 网络广告的设计与制作 117
复习思考题 120
第 7 章 广告媒体 121
7.1 广告媒体概述 121
7.2 电子媒体广告 125
7.3 印刷媒体广告 137
7.4 其他媒体广告 141
7.5 广告媒体策略 145
复习思考题 155
第 8 章 广告预算 156
8.1 广告预算的意义 156
8.2 广告预算的方法 161
8.3 广告预算的分配 165
复习思考题 168
第 9 章 广告效果 169
9.1 广告效果测定概述 169
9.2 广告心理效果测定 179
9.3 广告经济效果测定 185
9.4 广告社会效果测定 187
复习思考题 190
第 10 章 广告管理 191
10.1 广告管理概述 191
10.2 广告宏观管理 201
10.3 广告微观管理 203
复习思考题 205

参考文献 206

第1章 广告导论

学习目标：

通过学习，让学生了解广告的内涵、广告的基本要素、广告的基本特性；认清广告与宣传、广告与新闻、广告与公共关系的各自特点、相互联系、相互区别；掌握广告的基本功能和辅助功能；理解广告的重要作用；掌握广告的基本原则；让学生学会从广告传播媒体、传播区域、表述形式、直接目的、主要目标、诉求方式、性质内容、艺术形式、播放频率等多种角度对广告进行正确的划分。通过对上述有关广告学的基本原理和相关知识的掌握，为后续的学习打下扎实的基础。

1.1 广告的概念

广告是与商品经济紧密相连的经济范畴，它伴随着商品经济的产生而产生，也伴随着商品经济的发展而发展。随着社会经济的日益繁荣，科学技术的不断进步，广告已深入到社会经济、文化、生活的诸多方面。翻开报纸，打开电视，走出家门，形形色色的广告扑面而来，令人目不暇接。随着市场经济的深入发展和逐步完善，市场竞争和广告大战必将愈演愈烈。广告已成为人们日常生活的重要组成部分，也将成为企业发展经济、拓展市场的排头兵，而且将成为公众认识环境、满足需求的向导员。

1.1.1 广告的定义

虽然广告在我国有着悠久的历史，谈及广告，众人皆知，但是"广告"一词则是外来语，它源于拉丁文 advertere，意思是"大喊大叫"，以吸引人、引起人的注意。大约在1300—1475 年的中古英语时代，演变成英文的 Advertise，意思是"引起别人注意，告知某人做某事"。到 17 世纪末，英国开始大规模的商业活动，这时，"广告"一词便广泛地流行并被使用。这时的"广告"已不单指一则广告，而是指一系列的广告活动，静止的物的概念的广告 Advertise 被人们赋予了现代意义，转化成为 Advertising。

广告在汉语中的原意是"广而告之"。在我国古代文献中，广告的词汇有"广白""告白""报告""汛告"等。在日本，广告先被称之为"引札""广目"，指宣布、引导、披露、公开、宣传等意思；在1877年前后，日本开始从汉语词汇中引进"广告"一词。接着，这一词汇又回流我国，并沿用至今。

尽管广告的定义多种多样，但我们认为，根据广告的发展过程和《中华人民共和国广告法》，可以将广告定义为：广告是广告主支付一定的费用，有计划地通过一定的媒介和形式，直接或间接地宣传自己的商品或服务，并说服消费者购买的信息传播活动。这一定义不仅将它与非商业广告区别开来，而且明确了以下几个问题：广告是一种有计划的、付费的信息传播活动；广告的主体是广告主，广告的对象是广大的消费者；广告宣传的内容是有关商品或服务方面的信息；广告的手段是借助广告媒体直接或间接地传播信息；广告的目的是说服消费者购买广告所宣传的商品或服务，促进销售，以提高企业经济效益或树立良好的企业形象。

1.1.2 广告的要素

现代广告是由若干个相互联系的要素构成的有机系统，要使现代广告业迅速而健康地发展，必须使这个有机系统的各要素都处于良性运转状态。广告的基本要素主要有以下几项。

1. 广告主体　广告主体也称广告客户或广告主，是指需要做广告并有支付广告费能力的企业、事业单位和团体。

广告起始于广告主体——启动广告过程的个人或组织。广告主是广告面向什么人、广告出现在什么媒体、投入广告预算的费用多少以及广告持续时间长短的最后决定者。广告主是广告代理商的客户或委托人。所以，广告主有时候也被称为广告客户。

广告主是广告系统运行的动力。这是由于：首先，广告主是广告系统最基础的要素，也是广告系统得以存在和发展的原始动力。正是由于广告主的存在，才产生了广告系统的其他要素。其次，广告主是广告系统充满活力的前提。广告主数量的多寡和行为的活跃与否，直接关系着广告系统的生命力，这一点可以从一个国家的人均广告费用和广告营业额中得到验证。事实证明，凡是广告主队伍庞大、广告竞争激烈的国家，必定是商品经济十分发达，广告系统较为健全、活跃的国家。

广告主的类型多种多样：有的以制造产品或提供服务为主，有的则以向最终消费者销售制造商生产的产品为主；有的以表现他们提供的服务为主，也有的以使用广告向公众提供的服务为主。承担上述任务的各种经营者可以被细分成为四种类型：制造商广告发布者、中间商广告发布者、个体广告发布者和机构广告发布者。

（1）制造商广告发布者　制造商制造产品或提供服务并将它们分发给中间商或最终用户而获取利润。制造商广告发布者通常围绕着一个产品品牌名称来构造广告。正因为大量的广告费用用于这类制造商发起的广告，所以人们对这类广告最为熟悉，如可口可乐广告等。

（2）中间商广告发布者　中间商包括批发商和零售商。他们将制造商的产品分发给其他转卖者或最终用户。批发商通过人员推销来促销他们的货物，因而他们对广告的专业知识了解不多。相反，零售商则大量进行广告活动，或者以与制造商合作的方式进行，或者单独进行。

（3）个体广告发布者　个体广告发布者属于平民百姓，他们希望推销自己的个人产品以获取利润，求得某种特别需求的满足，或者表达一种愿望或意念。例如，一个有意卖掉自己计算机的大学生可能在学校的报栏上贴一张广告。在西方国家，政治家经常向选民发布广告以表达他们的地位或某种政治主张。

（4）机构广告发布者　机构广告发布者与其他类型广告发布者的明显区别在于其起始目标并非销售产品或获取利润，而是提出论点、引导观念、影响法律、提供社会服务、按社会需要变革行为风尚，例如中央电视台和地方电视台发布的各种社会公益广告和扶贫广告等。

2. 广告客体　广告客体即广告对象。现代广告学要研究的一个重要问题就是明确向谁做广告，即广告对象问题。

广告不是泛泛地广而告知，而是针对特定目标对象地广而告知。确定向谁进行广告，是确定广告主题、进行广告表现创作、选择广告媒体等问题的前提条件，也是评价广告作品的依据，但在实际操作中，这个问题经常被忽视。例如，在某次广告创作评奖中，获一等奖的是一种儿童铅笔广告，奖项公布后，业内人士颇有微词，该广告虽然设计得古典而雅致，但却忽略了或者说并没有充分考虑到儿童的审美特点。这就是把广告看成了纯艺术作品，而忘记了广告最终是为了促进销售。

一般地讲，不能促进销售的广告不能算好广告。把艺术创作与最终销售割裂的广告多数是不成功的。而这也是广告实践中最常出现的问题。

广告对象首先是由企业的目标市场决定的。但是，广告对象又不完全等同于企业的目标市场。

从本质上看，企业目标市场所强调的是企业所生产商品的使用者群。而广告对象不仅要强调使用者群，而且要强调实际购买对象。因为在很多情况下，商品的使用者和购买者并非是完全一致的，如儿童用品和老年人用品的购买者可能是中青年人等。同时，说服使用者和购买者便成为广告对象的特点之一。

从量上看，广告对象可能大于或小于企业的目标市场。如果企业目标市场中的一部分人已非常熟悉本企业商品，那么，在一定时间内，这部分人可以不作为广告对象看待，这样广告对象就可缩减为企业目标市场中的其他潜在者。

3. 广告信息 广告信息是广告负载的信息总量。它包括两个基本方面：

（1）实体内涵 广告的实体内涵，是指广告宣传的商品的性能、质量、价格、品牌规格等实体信息。如果是企业形象广告，实体信息则是指企业的实力、经营范围、业绩、战略等因素。实体内涵具有信息量大、准确性高的特点。经过广告的宣传，重点突出，有助于消费者加深记忆，从而影响消费者实施购买行动。

（2）形象内涵 广告的形象内涵，是指经过广告主和广告商加工后的商业形象信息，如商品的造型、色彩，赋予商品的种种人格化、人性化特点，情感或观念特征，商品的某种附加值等。形象内涵信息的感染力、说服力较强，个性较为突出，能激发人的想象力，能调动人的情感，有助于增强商品生产者与消费者之间的联系。

实体内涵与形象内涵成为对立统一的两个矛盾方面。实体内涵是广告内容的基础，它具有科学性，需要搜集、分析、对比、鉴别、验证才能明确。形象内涵则是广告内容的最富个性的创造，具有较高的艺术性，需要通过比喻、联想才能发现。一般说来，实体内涵是先行确定的、客观的，而形象内涵则是不固定的。一种实体内涵存在着从多个方面延伸艺术构想，产生不同形象内涵的可能性。反过来，形象内涵一经捕捉到了，实体内涵又因此而重新筛选、集中、强化，最后，达到形象内涵与实体内涵的有机结合。

4. 广告载体 广告载体是在广告传播过程中用以扩大和延伸信息传递的媒体工具。信息只有靠载体才能传播。广告载体就是这种传播信息的中介物，它的具体形式有报纸、杂志、广播、电视、网络、手机等。国外把广告业称为传播产业，因为广告离开传播，信息交流就停止了。由此可见广告载体的重要性。

5. 广告代理 广告代理是指在广告经营过程中，代理广告客户进行广告业务活动的一种专业性的广告组织。广告代理与广告主在思想方法上的高度统一，是广告成功的首要前提。

广告代理的形式主要有以下两种。

(1) 综合化的广告代理　综合化的广告代理是广告代理的主体形式，广告代理制的建立也是从此开始的。综合代理有三层含义：① 广告主在任何一种商品的广告促销时都可以委托这种公司代理；② 代理公司能代理任何一类广告媒体的广告（不论是大众媒体还是户外广告、POP广告、直接信函广告等）；③ 代理服务的功能全面，具有从事各个环节的广告活动的能力。

(2) 专业化的广告代理　专业化的广告代理，在某一方面的功能胜过综合广告代理公司，能获得某一方面广告主的信任。它大致也分为三种类型：① 专门从事某种专业商品的代理，如专门从事房地产广告的代理、专门从事汽车广告的代理等；② 专门从事某媒体的广告代理，如专门从事公共汽车车厢广告的代理、专门从事电视电影广告的代理，专门从事店面广告（POP）的代理以及专门从事霓虹灯、路牌、展览广告的代理等；③ 专门从事广告服务商品某些环节的代理，如各类广告调查公司、制作公司、策划公司等都属专业化代理的范畴。

6. 广告费用　广告费用即广告业务活动中的经费支出。广告是一项付费的大众宣传方式，它需要有一定的经费保证，利用媒介要支付各种费用，如购买报纸、杂志版面需要支付相应的费用，购买电台、电视的演播时间也需要支付一定的费用。即使自己制作广告，如布置橱窗、印刷招贴和传单等，也需要一定的制作成本。广告主进行广告投资，支付广告费用，其目的是要扩大商品销售，获得更多利润。为了降低成本，取得最大的经济效益，在进行广告活动时，要编制广告预算，有计划地进行广告活动，以节约广告费用开支，获取最佳广告经济效益。

1.1.3　广告的特性

1. 目的性　一个企业、一个团体、一个单位或一个人，谁都可以做广告。但是，他们或者他为什么要做广告？要做广告，总是要通过广告来达到某种特定的目的，或者是提高产品的知名度、美誉度；或者是塑造品牌和企业形象；或者是诱使消费者购买商品或消费服务。不管商业广告所传播信息的内容是什么（商品、服务、理念、形象），其最终都是为了促进商品的销售，并使广告主从中获得利益。

2. 信息性　广告借助于一定的载体在有限的时间和空间传播信息来达到特定的目的。按照信息理论，信息不是物质，它必须借助于信息传播媒体才能传播。因此，广告也必须借助于广告媒体才能把信息传播出去。但是广告传播的信息不是原始的信息，而是经过加工之后的信息，这个加工过程是一个复杂的过程，包含艺术加工与制作加工两个方面。广告力求通过其铺天盖地的宣传，向广告受众表达一种意向，传递一定量的信息，如果广告受众不能从广告中得知一定的信息，那么，此则广告就是败笔。可见，广告必须要具备一定的信息性。

3. 有偿性　由于广告的传播要借助于大众传播媒介，而传播媒介作为信息的"运输工具"，其使用是要支付费用的，但这部分费用将会增加商品的价值。因而在广告表现及其他广告费用支出中将有一部分要追加到商品的价值中去，另一部分则作为纯粹流通费用而成为社会财富的耗费。

4. 传播性　广告是信息科学的一部分，广告业隶属于信息传播业，广告科学属于信息传播学的范畴。传播是传播者（信息源）将自己要传播的信息整理、归纳后表述出来（编码），并通过一定的方式（信息通道）把信息传送给接受者（信息归宿），信息接受者再对已经过编码的信息进行理解和分析（译码）的完整过程。

$$信息源 \xrightarrow{编码} 信息通道 \xrightarrow{译码} 信息归宿$$

在广告信息传播活动中，广告主（企业）或广告公司（广告代理）是"信息源"，广告策划、广告设计、广告制作是"编码"，广告媒体和广告方式是"信息通道"，广告受众是"信息归宿"，广告受众对广告的认识、理解和掌握是"译码"。而广告是一种非人际传播。人们获取商业方面的信息，主要通过两种方式：① 人际传播，即个人与个人之间的交流，如推销员上门推销，消费者之间相互转告消费信息等；② 非人际传播，即通过一定的媒体来得到有关的信息。广告主要通过报纸、杂志、广播、电视、网络、手机等大众传播媒体和其他媒体，向消费者传播，是一种非人际传播。传播广告的媒体很多，随着科技的进步，新的媒体还在出现。不同的媒体具有不同的传播特点和优势，广告主可以选择利用相应的媒体，以较快的速度、广泛的范围、低廉的价格、较高的信誉等，向目标消费者发布有关信息，争取较好的传播效益。

5. 劝告性 广告在传播信息时，与其他传播方式不同的一个突出特征，是采取说服劝告的方式。这是因为广告传播的信息，若要引人注意、令人感兴趣，必须做到以理服人、以情动人。这种说服力来自于广告信息的准确性和艺术感染力。广告要有较高的表现技巧，根据不同传播对象的需求和特点，迎合消费者的兴趣和欲望，采取不同的劝导说服方式，使消费者易于和乐于接受广告信息。当然，广告信息首先应真实、准确，这是成功说服的基础和起点。

6. 针对性 成功的广告都具有鲜明的针对性，即广告所针对的对象并非所有的社会公众，而是根据组织的需要或企业营销的重点所确定的目标市场而定。因此，事先必须经过充分的社会调查，进行周密的策划，才能确定广告目标。广告内容的创作或定稿以及广告计划的实施，也都是针对目标市场与目标公众进行的。

7. 自控性 广告主对广告的发布具有一定程度的自控权。这是广告与公关活动、新闻报道等传播活动的主要区别之一。对于企业的新闻报道，记者写不写稿、写什么样的稿、编辑是否决定刊播、媒介何时刊播等，被宣传者——企业均无权干涉。但广告则不同，由哪家媒介刊播、何时刊播、刊播什么内容，广告主都有一定的控制权力。当然这种控制权也是有限的，因为广告必须符合国家的各项法规和政策，符合媒介的刊播标准，并非广告主只要花钱就什么广告都可以做。

8. 责任性 广告是社会整体交流中的一部分，它必须真实，并以对目标公众及社会负责为前提，任何作假愚弄目标公众的广告都必将受到惩罚——一方面是被受众抛弃，致使产品快速死亡；另一方面则要受到社会法制的惩罚，追究其相应的责任。广告的责任分布在广告主、广告代理、广告传媒、广告监督机构等方面，可谓是一种责任链。明确广告责任是社会文化的要求，是一种健全的制度性的体现。

1.1.4 广告与宣传

宣传是社会组织通过传播一定的观念来影响或控制他人的信仰、态度或行为的劝说活动。宣传是一种十分古老的人类活动，它拥有独立的逻辑机制。依据实际情形，宣传可以分为政治性宣传和社会性宣传、煽动性宣传和稳固性宣传、垂直性宣传和水平性宣传、理性宣传和非理性宣传。在具体的操作中，或者加以恶名，或者美化标榜，或者假借符码，或者现身说法。宣传也依靠大众传媒，但却也更加信任其他活动方式。它的目的是通过有计划的活动，使受众采纳某一信念、态度。广告与宣传在某些方面有叠合之处。例如，都要传递某种信息，充分运用必要的手段、技巧。但如从各自的内涵分析，广告与宣传则是两个不同的概念。在共同的社会历史条件下，广告和宣传形成了各自的规律，有各自的作用方式和范围。为了更深入地理解广告的定义，我们有必要明确广告与宣传的关系，既要看到两者之间的联系，又要看到两者的区别，从对立统一的矛盾中理解他们的相互作用和相互渗透的关系。由于广告是以向人们提供信息为主，其基本属性是真实性、客观性和艺术性；而宣传是以激发人们的思想为主，具有强烈的鼓动性和灌输性，因而形成了两种不同的内涵。但它们之间并不存在不可逾越的鸿沟，宣传可以利用广告扩大影响，增强说服力，及时强化宣传效果；广告也可以按照一定的宣传意图来选择、编排和发布，所谓宣传意图就是力图使人接受自己的思想观点。

广告与宣传既有相同之点，又有相异之处。

1. 广告与宣传的相同点

（1）表现形式相同　广告过程和宣传过程都是一种传播现象，都是传播方（广告工作者、宣传工作者）通过一定的传播渠道（如报纸、广播、电视、网络、手机等）将内容传之于受方（消费者、宣传对象）的活动。两者完全可以通过同一传播媒介和途径来进行，都要遵循相同的传播规律，具有相同的特点，如广泛性、单向性、超越性、组织性等。因此，仅从表现形式上看，是无法将两者截然区别开来的。

（2）目的相同　不论是广告还是宣传，它们的传播活动都是为了使某种思想意识或观念、观点达到有效的扩散，以诱导传播对象的心理变化，使之产生符合传播者意念的信念或行动。从这个意义上讲，广告和宣传都是一种劝服活动，都是力图用传播者自己的意见、观点来影响传播对象，期望传播对象能够按照传播者的意向去行动。所以说，广告和宣传从根本上说都是一种"利己"行为。

（3）受信力相同　从广告和宣传的受众来看，接受者都是被动的，传播者都必须运用各种启发、诱导的手段反复地，甚至是固执地不断传播某一信息，这样才有可能被传播对象所注意、接受。广告和宣传一样，对于拒不接受的受众来说，都只能无可奈何。

2. 广告与宣传的不同点

（1）产生条件不同　宣传是伴随着人类社会生产和生活中适应精神交往的需要而产生的，广告则是随着商品生产的发展和交换的需要而产生的，两者产生的条件、基础不完全一致。

（2）花费代价不同　广告是一种商业活动，是一种营利的手段，广告商以承办广告业务作为其经营项目，广告主必须支付广告费。宣传则是作为灌输某种思想意识的手段，其目的往往是唤起人们的注意，使人们接受某种观念，或采用相应的行动，宣传是不能收费的，如若收费，宣传的性质就会发生变化，它就会失去宣传的本来面目而衍生为广告了。

（3）传播要求不同　广告主要是向人们提供信息，因而它必须客观、真实。可以通过艺术加工使受众更容易接受广告信息。但是，不管怎样，广告信息必须真实，不能弄虚作假,否则就会受到制裁。而宣传则是以激发人们的思想、信念为主,因而它必须要有强烈的鼓动性和灌输性,它要依据时代和政治的要求对信息进行取舍。所以,宣传相对广告来说在传播过程中有着更大的自由性,而广告传播则必须以商品或服务的基本属性为前提,在信息的选择上没有宣传的自由度大。

(4)传播手段不同 广告基本上通过大众媒介给予公开发布,特别是在现代社会中,离开了大众媒介,广告几乎无从谈起。而宣传的手段则要广泛得多,除了公开的媒介以外,它还可以利用谈话、走访、演说、文艺演出、美术、图表等多种手段。当然,现在许多企业也采取了此类手段,但是要想达到应有的促销效果,大众媒介还是最重要、最基本的传播工具。

(5)传播内容不同 广告更多的是传播经济方面的信息,如商品、服务等,正因为如此,广告常常被归属于经济范畴;而宣传的内容尽管十分丰富,但其中心议题不外是灌输一种"主义"或政治观点。所以,宣传多属于政治范畴。

1.1.5 广告与新闻

广告与新闻的关系也是十分密切的,它们的传播形式及所发挥的作用常常是十分相似的。所以,人们常常有意无意地把二者相混淆,但实际上广告与新闻在有着重要的相同之处的同时,还存在着明显的区别。新闻是对最近发生的事实的客观报道,人们通过新闻了解世界事物的变化。广告在新闻媒介上是一种收费的广告,直接或间接地为推销商品或服务,人们通过广告获得某种需要。所以广告是商品,新闻不是商品。

1. 广告与新闻的相同点

(1)都依赖一定的传媒 广告和新闻都以大众传播媒体作为自身的载体,来扩大传播范围,同时传递信息,所以广告与新闻都对传播媒体有着强烈的依赖性。广告和新闻能够发展到今天,就是因为科学技术的进步,使用传播媒体的种类丰富了,手段增加了,方式多样了。就目前来说,报纸、杂志、广播、电视、网络、手机等大众传播媒体是刊播广告和新闻信息的主要载体,大众传播媒体传播信息范围广、速度快、影响大,但又因种类不同,传播特点各异,为取得理想的传播效果,新闻和广告都需要对其研究把握,以能适应各自特性,发挥优势,保证传播信息渠道的畅通。

(2)都属于信息的传播方式 广告与新闻都要通过一定的媒介,把人们应知、未知的信息传递出去。广告主要是向人们传播商品信息,让人们了解商品、了解企业,为消费者提供消费方面的指导和参考;新闻则主要是及时宣传国家政府的方针路线,报道国内外重大时事及有意义的典型经验、新产品、新技术等。

(3)都要以真实准确为准则 广告与新闻都必须坚持真实性的原则。新闻是新近发生的事实的报道,既然是事实,核心当然就在于真。如果假了,整条新闻也就失去了意义,甚至造成负面效果。广告是向人们介绍商品、报道服务内容或传播其他信息的一种方式,其要点也在于真。如果传播的信息不真实、不准确,甚至是骗人的,那这类广告就会贻害消费者。

(4)在影响作用上都具有交互性 广告与新闻在作用上的交互性,指的是二者在影响力方面可以互为交融,即广告具有一定的新闻作用,新闻又具有一定的广告作用。例如,商业广告的目的在于开拓市场、指导消费,因而,它在经济方面能够给人们带来一些新的信息，特别是新产品的上市就使广告更具有新闻价值。同样，新闻在一些情况下也会产生广告的作用。例如，对某企业的业绩或某产品情况的报道，就具有明显的广告作用，甚至比一般广告的影响更大，更容易被人们所信任、所接受。另外，那些关于"市场行情""文化简讯"等方面的新闻也具有明显的广告作用。

2. 广告与新闻的不同点

（1）性质不同 广告是有偿服务，要以费用来支撑；而新闻报道，则不需付费，而且要坚决拒斥"有偿新闻"现象。"有偿新闻"会使新闻失去公正性和客观性，混淆了广告与新闻的性质，也会给一些不法分子以可乘之机，利用新闻的权威性和可信性，愚弄、欺骗消费者。所以一定要通过新闻自律和强化管理来消除各类"有偿新闻"。

（2）刊播的频率不同 广告是对反复传播技巧领悟最好的一种传播方式，许多优秀的广告文案、广告画面被成千上万次使用。与此相反，新闻报道由于时效性的缘故，只可使用一次，于是有了"新闻的生命只有24小时"的说辞。

（3）处理方式不同 对于传播内容，新闻不允许有任何的主观想象、臆断或艺术化的夸张，而广告在保证传播内容的真实的基础上，可以进行一些艺术处理，可以使用一些艺术化的比喻手法，以感染消费者的情绪。并且新闻一般都是由记者和通讯员采写，经过编辑部修改、审定而发表的，由记者、通讯员和编辑承担责任。而广告则是由广告主提出广告要求，广告公司制作，新闻媒体刊登或播出的。广告的内容是否真实、正确，主要应由提供信息的广告主自己承担责任。

（4）所处地位不同 在大众传播媒体经营活动中，广告和新闻的地位也有所不同。新闻是新闻媒体经营中的主业，通过提高新闻信息服务的质量，提升媒体的品位和竞争能力，同时扩张广告资源，增加广告收入。广告是媒体信息服务的补偿和回报，同时为媒体的生存与发展提供了经济保障。可见，没有新闻传播，广告便没有立足之本；没有广告，新闻传播则不能持续发展。

（5）服务对象不同 广告由于它的特殊目的，它所面对的是一部分公众或某一层次的公众。一般来说，那些和广告宣传的内容没有关系的人，就不会对广告产生兴趣。例如，一个不需要汽车的人任你汽车广告大战如火如荼，他也是无动于衷，漠不关心。所以，广告的读者、听众、观众只是一部分人。而新闻则是面向整个社会，不论是哪个职业群体，或哪个社会阶层，对于新闻都有一定的需求，就是人们出于了解自己周围环境的需要。所以，多数人都要看（听）新闻，新闻的观众（听众）比广告的观众（听众）或读者要多得多。

1.1.6 广告与公共关系

公共关系是企业的一种管理职能，是企业为塑造自身形象，通过传播、沟通来影响公众的科学与艺术。它也是企业促销的一种重要手段，与广告既有联系又有区别。

1. 广告与公共关系的相同点 广告与公共关系都是商品经济高度发展的产物。它们都是现代企业很重要的促销工具和手段。其目的是共同的，都是为了增进企业的销售，获取较好的经济利益。现代企业为了保持长期的良好的销售业绩，无不以树立企业的信誉和形象为前提。因此，现代广告必然以公共关系作为一项重要的工作内容，并把树立企业与产品的信誉和形象作为长远的工作目标。同时，广告也是推行公共关系工作的基本手段，利用广告来发布企业的信息，沟通企业与社会公众的联系，是一种最经济、最有效的方式。因此，公共关系与广告有着密切的联系，它们在实践活动中相辅相成、相互补充、相得益彰。这种联系体现在公共关系型广告或利用广告而开展的公共关系工作之中。广告与公共关系的共同点具体表现为：

（1）以形象为核心　广告与公共关系都是一种形象的推销，只不过广告偏重于产品的形象，公共关系偏重于组织形象，将这两种形象传递给公众，让公众接受并加以选择，这是广告和公共关系的基本使命。

（2）以传播为手段　广告和公共关系，都要依赖传播而存在。因此，广告和公共关系，都必须研究和遵循传播规律。

（3）以公众为对象　无论是广告还是公共关系，都必须要针对特定的公众展开。因此，广告和公共关系都必须要分析和研究公众的特性和特点，以加强广告和公共关系活动的针对性。

2. 广告与公共关系的不同点

（1）传播目标不同　广告的目标是要在较短时间内，直接推销某种产品或服务，引起注意，促使消费者产生购买行动；公共关系工作的目标则是树立整个组织的形象，协调组织内部的关系，促进外部公众对组织的了解，从而使整个事业获得成功。

（2）传播方式不同　公共关系主要通过大众传播媒体来树立企业形象，多以新闻报道、新闻纪录片等形式，组织记者招待会、新闻发布会等活动。强调"说真话"，做到准确、客观、实在等；通过大量的真实可信的信息进行双向交流，引起社会、公众的注意，起到沟通的效果。而广告则首先要能引人注目，产生吸引力，从而激发目标对象的消费兴趣和购买欲望，因此可以采取浪漫主义创作手法，可以夸张、渲染幽默，以加深广告受众的印象，增强感染力。这些与公共关系的表现手法是截然不同的。

（3）传播原则不同　广告的目的在于引人注意并使其产生兴趣与欲望，因而它的组织者要尽可能注意其整体冲击力。广告要达到的目的在于"我的最好，买我的吧"，因此，只要可达到目的，手段是多样的；公共关系的目的在于协调、沟通，所以，它尽力要获得的是"我是这样的，请你理解"。公共关系最根本的原则是坦诚、真实，其次才是引人注目。

（4）传播的范围不同　对于各类社会组织来说，广告与公共关系的范围也是不同的。广告的发布者主要是经济性组织或其他推销产品与劳务的组织，有很多组织可以说不需要做广告或很少使用广告；但公共关系对于任何组织来说都是必不可少的，因为它既然是社会的一个组成部分，就不可能不与其他组织发生这样那样的联系，所以公共关系就是必需的。例如，消防队无需为他们的服务刊登广告，但同各类公众的关系却是客观存在的，所以，消防队不需要广告却需要公共关系。

（5）传播周期不同　一般而言，广告的信息传播周期是短暂的，由于投资较大，周期不过几星期、几月、一年、两年；而公共关系则是长期性的，具有战略性意义。

（6）传播效果不同　公共关系对外进行信息交流主要是通过新闻报道的方式，往往是"免费"的宣传，但缺少控制性。企业或组织能够创造大众传播媒体予以宣传报道的机会和条件，但大众传媒是否报道，则根据自身的需要来决定。广告是"有偿"的宣传，可以控制，通过付费决定广告的表现方式，以及发布的时间、空间、刊播形式等。但受众对这两种传播方式所发布的信息认识程度是不一样的，所产生的效果也不同。公共关系涉及企业或组织的形象，其影响具有深度和广度，所以公共关系的决策更要慎重，一旦失误，需要做更为艰巨的弥补工作。而广告效果则直接可测，具有战术性，即使没有达到理想的传播效果，也就是一次广告活动的损失，补救工作相对比较容易。

1.2 广告的功用

1.2.1 广告的功能

在现代社会中，广告的功能是多方面的：对于企业而言，它帮助其推销商品和服务，提高企业知名度，形成独特的企业文化，树立企业形象；对于消费者而言，它帮助消费者了解商品信息、商品知识，开阔眼界，刺激消费需求，帮助形成新的消费观念；对于广告媒体而言，它丰富其传播内容，帮助获得维持生存与发展的条件；对于整个社会而言，它沟通产、供、销环节，发展生产，活跃经济，美化生活，美化环境，促进精神文明的建设和社会的进步。

归纳起来，广告的功能，主要体现在以下几方面。

1. 广告的基本功能

（1）联系产销的功能 在激烈的市场竞争中，企业要想在市场上占有一席之地，并不断开拓，主要靠两条：① 靠"货硬"，即产品质量好，适销对路；② 靠"吆喝"，即诚实、正确的广告宣传。"货好还要会吆喝"，两者缺一不可。可见广告在企业市场营销中具有重要作用，没有广告，企业将寸步难行。通过广告，企业可以向消费者传递有关商品和劳务的性能、特点、质量、价格、购买及使用方法等方面的信息，也可以将企业新产品的开发、产品的改进、产品或企业的更名、产品价格的变动、包装的变化及有利于企业营销的观念等信息传递给消费者。这些信息将企业的生产与销售联系起来，在产、销之间架起了一座金桥，缩短了产品流通的时间，加速了产品的周转，也开辟了新的销售地区，使产品的销售得以顺利地扩大，生产得以更快地发展。

（2）引导消费的功能 广告的引导消费功能主要表现在两个方面：① 引导消费者选择商品；② 刺激消费者认识新商品。伴随着科技的发展，新产品的开发越来越多，产品的更新速度越来越快。面对琳琅满目的商品，消费者在购买时就很难做出判断和选择。如果通过广告对商品的性能、特点、用途、价格等情况进行详细的介绍，那么，消费者就能提高对商品的认识，从而做出正确的购买决定。尤其是新产品上市，广告的消费引导就更为迫切和重要。强有力的广告宣传，不仅会使消费者改变原有的消费习惯，也会因趋于时尚而改变消费观念，大胆接受新的消费理念。也就是说，广告在引导和刺激消费的过程中，能起到创造时尚的作用，对市场的需求方向能产生一定的影响力。在广告发达地区，广告深入生活，影响生活，许多流行性商品的出现，是与广告的宣传分不开的；消费者的消费模式，也会受广告影响而得以改变和更新，从而建立新的消费模式，创造开发出新的消费市场。

（3）推动竞争功能 企业要想在市场竞争中取得有利的地位，就必须在产品开发、质量保证、价格定位、款式设计、花色造型、品种结构等方面更加努力，以战胜竞争对手。但是，这些竞争方面的信息如果不能通过广告及时地传达给消费者和公众的话，它的效果就要大打折扣。例如，本企业在电冰箱生产上作了改进，不但增加了新的功能，而且还比原来的价格降低了不少,这本来会增加本企业在市场上的竞争力,但是,由于未做广告,很少有人知道这一信息,只能依靠消费者的购买经历和口碑传播来产生效果。其结果是,等消费者渐渐了解了本企业产品的这一信息,竞争对手也已研制出了新的同类产品,并通过广告广泛宣传,使本企业的先得之利荡然无存。从另一方面来说,为了战胜竞争对手,每个企业都会各出奇招,力求出奇制胜。但是,企业(产品)的特色如果不被消费者和公众所知,就只能被湮没在市场中无人问津。而广告不但可以及时地把企业(产品)的特色传播出去,同时,广告多样化的表现方式和多种媒体的传播渠道还可以更加形象、充分地体现企业(产品)的特色。例如,本企业生产了一种无线耳机,通过报纸、杂志广告详细介绍这种耳机的技术参数,以表明在音色上它可与有线耳机相媲美;通过电视广告表现使用这种耳机既不影响别人,自己也可无拘无束地在室内来回行走,边做家务边欣赏音乐,利用广告把本企业产品与竞争产品的区别充分地体现出来,可以最大限度地激发消费者的购买欲望,达到促销、扩销的目的。

(4)加速流通的功能　广告的产生离不开商品经济,也离不开商品交换的矛盾运动。在商品经济条件下,流通,即以货币为媒介的商品交换,把生产和由生产过程决定的分配同消费联系起来,成为生产和消费之间不可缺少的中间环节。商品流通的出现克服了物物交换的困难,但同时又加深了商品经济的矛盾,由于流通把交换过程分解为卖和买两种独立的行为,就出现了商家卖了商品而无人立即购买的现象,从而也使经济危机有了形式上的可能。要解决这一矛盾,就要依赖交换的实现。现代广告正是服务于商品流通,它为商品进入消费提供服务,与"物流""商流"一起共同推进使用价值的实现。广告的加入,大大加快了社会再生产诸环节的运动速度。

(5)树立形象功能　现代社会中,由于生产技术的进步,同类产品在质量上趋向一致,价格差别不大,要想在激烈的竞争中获胜,必须更多地依赖于企业的形象。所以,当代企业的竞争,首先是企业形象的竞争。企业形象的基础,是产品的质量和经营信誉,以及品牌意识、经营策略、产品开发、销售服务、员工素质、企业理念等。企业只有塑造良好的形象,才能参与市场竞争,尤其是全球经济一体化时代的到来,对企业要求更为严格,竞争更为激烈,消费者对企业印象的好恶往往决定着购买行为。因而利用广告宣传来提高企业的知名度和美誉度就成了必由之路。同时,由于各企业在产品种类、产品质量上的相近或相似,要帮助消费者认牌购买,创造出差异性,突出特性,增强企业的识别性,也要靠广告宣传,突出企业的形象识别。

1)树立企业产品形象。产品是企业生产的成果,是供应市场、满足消费需求的物质保证。可以说,产品形象是企业最主要的实体形象。企业只有创造出优质、适用、新颖、美观、经济的产品,才能满足广大消费者日益增长的物质需求。如果企业是服务性企业,那么,其所提供的服务质量则是该企业重要的产品形象。一个咨询机构所提供的建议是否具有可行性,一个旅行社提供的服务是否经济实惠并周到,一个运输公司是否能安全、及时地完成运输任务,都是上述产品形象的重要组成部分。

2)树立企业员工形象。员工形象是企业全体员工在劳动热情、业务技能、劳动效率、服务态度、服饰仪表、言谈举止等方面给社会公众留下的印象。员工是企业的主人,是生产劳动的创造者,也是企业形象的塑造者。可以说,员工形象是塑造企业形象的根本保证。

3)树立企业环境形象。环境设施形象是指企业为了进行生产经营活动而应有的厂房设施、技术装备、店容店貌、场所环境等。环境设施是构建企业形象的物质基础，是企业必要的硬件建设。它不仅是保证员工进行生产和生活的必备条件，而且给社会公众以直接的物质感受。比如，一个装备优良、设施先进、环境优美的企业自然给人以现代企业的感受；而设施简陋、装备陈旧、环境脏乱的企业，给社会大众的第一印象就是一个低劣的企业形象。

4）树立企业实体形象。企业是市场经济条件下的经济实体，是构成国民经济的经济细胞。在社会主义市场经济体制下，国有企业、集体企业、私营企业、三资企业、合作股份制企业等不同类型的企业竞相发展，它们都要在市场经济的海洋中接受检验，接受社会公众的评价。企业的经营作风、经营成果、经济效益、社会贡献等，是社会评价企业的客观标准。企业只有不断开拓奋进，为社会创造更多的财富，更好的产品，才能获得社会的认可，提高自身的知名度和美誉度。

2. 广告的其他功能

（1）传播功能 信息是当今社会中市场竞争及经济成败的关键性因素，也是现代社会组织机体运动存续的新鲜血液。在宏观上，信息已成为国家的经济建设和决策者进行决策的基础；在微观上，信息已成为企业决策与计划、生产与经营的重要依据，谁掌握了流通领域的信息，谁就赢得了市场的主动权。广告作为一种公开的信息传播活动，其重要功能之一就是把商品和服务等方面的信息传递到消费领域，并使之深深扎根于消费者心中，以此沟通和促进生产和消费过程。现在，许多企业都是"广告做到哪里，产品就销到哪里，产品未到，广告先行。"企业通过广告向消费者提供信息，消费者根据信息找到自己所需要的商品和服务。随着市场经济的发展，广告的信息传播功能将日益显要与突出。

（2）催化功能 广告的催化功能表现在产品在市场上的发育和成长。一个好的产品可能在当地深受欢迎，市场占有率很高，但若没有广告的信息传播，这个产品可能依然是地区性产品。而广告则可使这一信息在一定时期内让更多的目标对象所了解，从而产生需求愿望，其结果即是此产品从地区性产品成为区域性产品乃至全国性的产品。同时，随着生产数量的增加，可以实现规模化生产，继而带来成本的降低，使消费者受益，使企业的综合实力增强。由于能够以较低的价格购买到质量可靠、知名度高的商品，人民的生活水平和质量也会逐步提高。因此，广告在商品流通乃至推动商品在更大的市场中销售，以及提高市场占有率等方面都具有很强的催化效用。

（3）刺激功能 消费者对某种产品的需求，往往是一种潜在的需求，这种潜在的需求与现实的购买行为，有时是不完全一致的。广告的功能之一就在于通过介绍商品及服务的各种特点，吸引人们的注意力，使其对商品或服务发生兴趣，诱发他们的购买欲望，刺激需求，促进潜在需求转变为现实的购买行为，以实现商品交换。

广告刺激需求，包括初级需求和选择性需求两方面的内容。初级需求就是消费者对某类商品的需求。新产品进入市场初期，多数用广告来刺激初级需求，即通过广告的提示、诱导、说服，唤起人们对新产品的兴趣，从而刺激需求。20 世纪 80 年代以后我国电视机市场的变化即是例证。刚开始是黑白电视机上市，厂家通过广告宣传，介绍该产品视听兼具的优越性；彩色电视机上市后，广告则通过突出宣传彩色电视机的逼真效果和清晰图像来刺激消费者的初级消费需求，从而使消费者的消费欲望发生转移。选择性需求是指消费者对特定商品品牌的需求。这是在初级需求形成后进一步发展起来的更高层次的需求。广告通过突出介绍某一品牌商品的优点和有别于其他同类产品的特色，来刺激消费性需求，引导消费者认牌购买。

　　此外，广告在刺激需求方面，还可以起到创造流行、引领时尚的作用。实际上许多流行性商品的出现，都是与广告的大肆宣传、提倡和刺激分不开的；消费者也会受广告宣传的影响而接受新的消费观念，从而建立起新的消费习惯。多年来，可口可乐的流行就是一例。

　　早期，可口可乐强调的是青春、欢乐、充满朝气；20 世纪 20 年代，可口可乐出现在报纸上的广告语是："想提神，请留步"，这被公认是经典的广告佳作；20 世纪 30 年代，可口可乐的广告主题是："喝新鲜饮料，干新鲜事"；20 世纪 40 年代，随着第二次世界大战的爆发，大量美军涌出美国，可口可乐随即提出："哪里有美国士兵，哪里就有可口可乐！"第二次世界大战后，可口可乐演变成为国际性饮料，其广告主题变成"可口可乐，一个全球性的符号"；20 世纪 60 年代，可口可乐登上电视，强调："好味道的标志""真正清凉的饮料"；20 世纪 70 年代以后，尽管其广告主题仍在不断变幻，但是持续百年的品名、字体、包装、标准色依然未变，广告投入逐年增加，近年来达 3 亿美元之巨。长年的广告宣传，累积出世界名牌、世界精品的广告效应。可见不同的年代，可口可乐通过变化广告主题达到了刺激需求、扩大销售的目的。

　　(4) 教育功能　　在市场经济迅速发展的今天，广告已成为现代社会的一个重要组成部分，成为一种新思想、新观念、新文化的象征。它在宣传教育、传播社会新文化、新思想方面功用显著。任何一种广告必然涉及宣传什么、提倡什么，即有鲜明的倾向性。广告在宣传过程中，其内容蕴涵着思想性、政策性和艺术性。优秀的广告作品可以用劝告性语言、艺术形象、符号、画面等展示现代文化和现代文明，利用其艺术感染力去影响社会、教育公众。例如，公益广告提倡的"五讲四美"、爱护公共设施、保护文物古迹、尊老爱幼等。还有宣传维护社会公德、礼貌待人、遵守交通秩序等的广告，都直接起到宣传教育的作用，对提高人民的思想、文化素质，加强社会精神文明建设有着深远的影响。

　　(5) 美学功能　　广告采取各种艺术手段去表现商品的完美，陶冶了人们的情操，鼓励人们去欣赏美、追求美。五彩缤纷的广告世界把人们带进了美轮美奂的境界，使人们的生活绚丽多姿、丰富多彩。事实上，好的广告实际上就是一件精美的美术作品，或是一支优美的歌曲，一幕感人的短剧。广告不仅真实、具体地向人们介绍商品，而且让人们通过对作品形象的观摩、欣赏，产生丰富的生活联想。广告在满足人们物质要求的同时，还给予人们精神上美的享受，从而丰富人们的文化生活。现代广告的发展趋势，已从专门为推销商品而大喊大叫的直接商品广告，逐渐向树立企业形象或新的消费观念以影响人们的情绪等方面转化，广告的娱乐性越来越浓厚。现在，某些电视广告，几乎和观赏性的娱乐节目难分伯仲了。

　　美国电视广告歌曲之王史提夫·卡文，创作了近千首广告歌曲，有些流行歌曲连三岁的儿童也会唱，被称为是"广告奏鸣曲贝多芬"。他为了宣传纽约州的旅游业写了一首广告歌：《我爱纽约》，流行一时，后被纽约州州长选定为州歌。

　　上述例子说明，广告与戏剧、音乐、诗歌的结合越来越密切，广告可以美化生存环境，丰富人民文化生活的功能也越来越重要了。

　　(6) 信用功能　　广告的信用功能表现在：企业或管理机构可以通过广告发布权的形式进行抵押，以此获得企业发展所需要的资金等资源。对于某些企业而言，由于行业性质的不同，可以用做广告的媒体资源有公司建筑物、公交公司的车辆等。这些公司可以以此作为抵押，获得银行贷款或以此来换取商品。例如，公交公司就可以以三年公交车的车身广告发布权为信用保证，与某中介单位达成协议，由中介单位购买一定数量的公交车，交由公交公司投入运营。这样，公交公司可以不必花费大笔资金用于购置车辆，即可改善公交车的硬件设施，为广大市民提供更好的服务；中介公司以广告发布权招徕广告生意，以广告费来支付车款并能从中获利；而广告主将在这些广告信息的传播中获得企业知名度的提高、产品销售额的增长、企业利润额的扩大等多重收益。

1.2.2 广告的作用

现代社会已经没有不做广告的企业和企业家，也没有不依赖于广告进行商品销售的商业活动。越来越多的人认识到："酒香也怕巷子深。"想推销商品而又不做广告，如同没有阳光、空气，人类就无法生存一样。现代社会的全部经济活动以及其他文明的、艺术的各种活动都离不开广告，广告已成为信息的重要来源，成为反映一家企业综合实力的精神名片，广告已被公认为是人类文明中的第八艺术。广告的作用主要表现在以下几个方面。

1. 促进营销 在市场营销活动中，往往是用调整营销组合作为市场经营的手段，这种组合就是通过产品、促销、价格、渠道的组合展开市场活动的，而它们中的每个局部要素同样又可以分解为细微的要素，在促销要素中，便可分解为广告、宣传、人员推销、其他推销活动等多项内容，如图1-1所示。

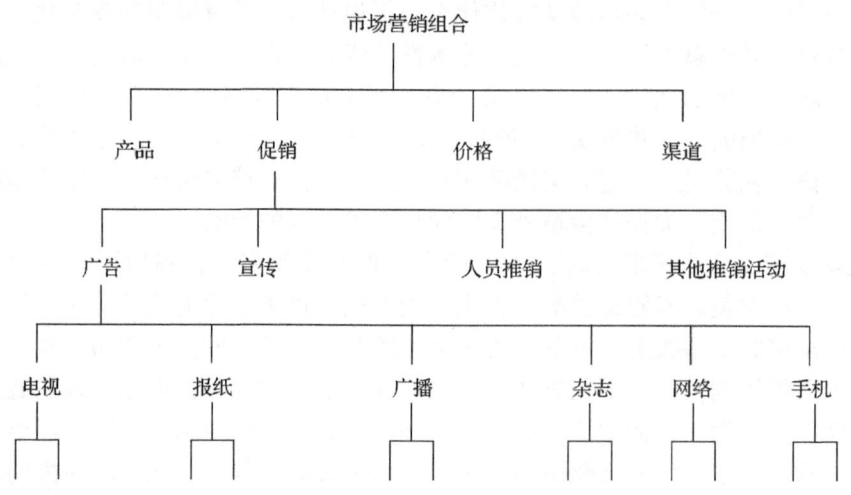

图 1-1　市场营销组合与促销组合

从图1-1中可以看出，广告同宣传、人员推销及其他推销活动一样，都是促销领域中的一个要素，各要素之间相互作用，密切配合，共同完成营销目标。在这里，广告的作用，就是要向消费者或用户介绍或宣传某一产品或服务的特点，通过对某产品信息的传播使消费者产生印象、好感、理解以至购买或使用。也就是说，广告是一项促使消费者心理变化的信息传播活动。

在营销活动中，广告是企业获取市场信息的主要来源。现代市场竞争激烈，要使本企业在竞争中生存、立足和发展，对市场信息的了解和掌握非常重要，企业往往通过广告这一资源获取信息。因为任何一家企业都会将自己的经营战略、营销战略、产品性能、品牌定位等通过广告传播给目标对象，以此来提高知名度，产生效益。这就为竞争对手获取信息提供了资料，企业可以通过对竞争对手广告资源的分析，了解其竞争策略，从而制定和调整本企业的战略战术。

在营销活动中，现代企业十分重视本企业在市场中的知名度。知名度对企业的生存和发展至关重要。知名度是一个中性的概念，可以是好的知名度，也可以是坏的知名度，好的知名度也称为美誉度。一个企业在市场上的名声的建立一般经过这样一个过程，即知晓→知名→美誉，先是让公众知道这家企业是干什么的，然后进一步让公众了解企业的情况、企业的理念、产品结构、品牌、商标、服务等，扩大企业的知名度。知名度的提高是一个较为漫长的过程，通过企业长时期的努力、宣传、积淀而成为在知名度基础之上的好感，即美誉度。这样，企业即建立起了一份无形资产，这将是企业发展的巨大财富。在此过程中，广告的作用异常显著，几乎没有哪一家企业是不经过广告宣传就拥有很高的知名度，且广告宣传应是长期的，有计划和有步骤的。这样，企业的形象才得以一步步建立，同时，市场的回报也促进企业加大广告投入的力量，形成良性循环。

市场营销的实践表明，广告的作用，不能简单地说"广告无用"或"广告万能"，重要的是了解广告在整个市场营销战略中的位置和作用，才能发挥其最大效果。

2. 促进消费 广告主要是通过大众传播媒体来传播信息的。而大众传媒对消费者的影响力是相当强大的。广告无时不在、无处不在，将有关信息通过大众传媒与广大消费者进行沟通，对广大消费者的消费心理、购买行为等势必产生巨大的影响。

（1）提供商品信息，帮助受众选择 消费者在采取购买行为之前，往往先要了解商品信息。消费者获取商品信息的渠道，一般来说主要有三方面：① 亲身接触；② 通过人际传播，如亲友、同事之间互相转告，推销员介绍等；③ 通过传播媒体，如通过报纸、电视，或者路牌、传单、网络、手机等得到。广告正是通过传播媒体，把有关商品的性能、用途、使用方法、价格及销售的地点、时间、方式等信息发送出去，使广大消费者能够获取，并得到有关的知识。传播媒体特别是大众传播媒体，传递广告信息具有速度快、范围广、形象佳等特点。新产品的上市，新品牌的出现，新服务的提供，人们往往首先是从广告这一渠道知悉的。特别是现代社会，人们的生活节奏加快，而通过广告，则可获取购买上的便利，扩大商品选择的范围，节省时间，减少失误。

随着社会主义市场经济体制的不断完善，广大城乡居民的生活水平有了大幅度的提高，消费热情逐渐高涨。同时新的消费群体也成长起来，需求发生了重大变化。人们多是根据自身的个性来进行选择性消费，而商品种类也日益繁多。这样，人们获取商品信息的渠道也出现了重大转变，从过去主要依靠人际传播和自身观察正逐步转向越来越多地依靠广告信息进行购买抉择。广告在人们了解消费信息方面将占据主渠道的地位。

（2）转变消费观念，帮助受众决策

1）广告能改变消费观念和消费心理，影响消费结构和消费行为。人们的消费观念和消费行为在某种意义上讲是学习的结果，这种学习促进了人们消费观念与行为的变化与发展。广告通过反复的品牌介绍，尤其对商品质量的介绍，增加了他们对某一类商品的认知程度，从而产生认牌购买的消费行为。广告还具有示范和诱导的功用，通过对产品功能的演示和使用的示范，而对消费者进行诱导。示范会诱导需求，示范也会改变观念，从而带来消费结构与行为的变化。这也是广告说服效果形成的原因之一。

2）广告是消费者进行消费决策的重要参谋。广告所提供的信息，是消费者进行消费决策的重要依据。现在有什么商品、在什么地方卖、什么价格等，这都是进行消费决策不可缺少的信息。消费者在作出消费决策时，往往需要从各种途径了解商品的性能、质量、价格等，从而完成购买决策。这也决定了广告人员在进行广告创作时应着实了解消费者进行消费决策时最关切的问题进行广告诉求，以帮助消费者作出正确的消费决策。

（3）创造流行时尚，塑造新型消费　广告宣传在指导消费过程中，还起着创造流行、推动时尚的作用。许多流行性商品的出现与广告的大肆渲染密不可分。实际上，人们的许多消费观念和消费行为正是在广告的诱导、示范作用下形成的。广告不仅可以传递信息，同时也传达了一种消费观念，甚至生活方式。例如，营养保健品、健身器的广告提出"健康消费"或"花钱买健康"的口号，作为一种全新的消费观念已为人们所接受；电冰箱、洗衣机成为家庭生活必需品，成为子女"献给妈妈的爱"，成为一种敬老的表现。又如，许多企业不再满足"顾客就是上帝"的口号，而提出"维护和增进社会公益，推动人类进步是本公司的职责"之类的口号。在"公益广告""绿色广告"的推动下，人们在衣食住行等方面强调用"绿色产品"，原来时髦的各种人造代替品或化纤制品等逐渐被淘汰。现代社会中，人们在工作之余都希望彻底放松，好好休息，或外出旅游观光，这已成为人们的一种生活方式。广告转变了人们的消费观念，塑造了新型的消费者。

3. 促进外贸　随着世界市场的形成，经济全球化的盛行，一切国家的生产和消费都已成为世界性的了。当前，各国之间的经济往来空前发展，世界上任何一个国家都不可能拥有发展本国经济的全部资源，各个国家的生产都有优势，也有不可避免的劣势。另外，一个国家的市场毕竟有限，这就要求各国开拓国际市场，寻求发展经济的最佳时机。

加入 WTO 以后，我国进一步加大了对外开放的力度，在社会主义现代化建设中利用国内和国外两种资源，开辟国内和国际两个市场，学习组织国内经济建设和发展对外经济贸易两种本领，正是我国适应当前经济全球化大趋势所采取的正确方针。发展对外经济贸易必须做好商品、情报和推销三方面的工作，而其中任何一方面的工作都不能离开广告。国际的广告反映外国商品的动态，为我国企业的出口商品的生产决策提供依据；在情报工作中，广告就是经济情报的来源之一；在推销工作中，广告是重要的手段。广告在发展对外贸易和内外交流方面的作用表现为如下两点。

（1）通过来华广告学习先进的科学技术，增加外汇收入　来华广告不仅带来了国际市场的商品信息，给了我们广泛学习和借鉴的机会，也可以取得一定的外汇收入。

（2）通过出口广告开拓国际市场，发展对外贸易　开辟国际市场很大程度上依赖于广告。广告做得成功，就能在国际市场的竞争中占领滩头阵地，否则即使商品质量优良也会无人问津。广告策略的正确与否，往往决定了贸易之战的成败。例如，上海某厂的商品原为我国出口的短线产品。自从该厂在地中海沿岸国家开展广告宣传之后，5 年内广告费花了 20 万美元，商品销售量猛增 11 倍，成为我国出口商品的大项目。同是这一种商品，在准备开辟巴西市场时，由于广告策略失误，违反了巴西有关的广告法律，结果始终未能打开中美洲市场，蒙受了重大损失。正反两个方面的教训都很深刻地反映了广告在发展对外贸易方面的重要作用。

4. 促进经济增长　经济增长，是指后期的国民经济产出量在规模上比前期增加，以价值衡量，就是后期的国内生产总值 GDP 或者国民收入在数量上比前期有所增加。美国经济学家 S. 库兹涅茨给经济增长下了一个经典性的定义："一个国家的经济增长，可以定义为给居民提供种类繁多的经济产品的能力长期上升。"

广告虽然不是物质生产部门，但是通过整合市场、促进销售、引导消费、扩大产量等，的确具有为居民提供种类繁多的经济产品的能力。当然，广告是一种辅助性的能力。

从增长的内容来看，经济增长方式主要有两种：① 以大规模的物质财富的增长为主；② 以大规模的信息和服务的增长为主。前者增长的内容为水泥、钢铁、木材、化肥，进而是工厂、铁路、公路、港口、城市建筑、机械、车辆、耐用消费品等财富的大规模增加；而后者则是通信、广告、新闻、音乐、电视、咨询、技术、专利、饮食、商业、金融、保险、房地产、旅游等信息和服务的大规模增长。

经济增长方式，是以物质增长为主，还是以信息和服务增长为主，主要取决于经济发展的阶段，而不是取决于人们的主观愿望。在经济发展的初级阶段，国家要建立自己的工业体系、交通体系、城市体系等，这时需要发展大规模的物质经济，此时的经济增长是由大规模的物质经济推动的。而经济增长到一定阶段后，国民财富的内容开始转变为信息，人们的生活向非物质的服务和享受转变，这时的经济增长方式已经转变，增长内容从物质经济开始向信息和服务经济转变。

正是基于以上理由，可以肯定地推断，经济生活越繁荣，广告也就越发达，在国民生产总值中所占的比例也就越大。

5. 促进大众传媒发展　广告是现代社会经济的一个重要组成部分，它对于传播媒介的生存与发展起着重要的作用：① 广告促进了社会对大众传播媒介的发现和利用；② 广告在大众传播媒介的商业化、企业化方面发挥着重要的作用。在西方国家，广告甚至成为大众传播媒介存在的条件之一，许多电台、电视台、报社等完全靠广告生存和发展。在欧美国家，发行量大的报纸和杂志，其广告收入在营业收入中的比例高达70%~75%，发行收入只占25%~30%，报纸或杂志因广告收入减少（或不足）而停刊者，在国外不乏先例；③ 广告收入充裕的媒介，可以借以改进设备，加强内容，提倡公益活动，服务受众；④ 对于报纸、杂志等印刷类传播媒介，广告收入兼具培育发行的功能。广告收入多时，报纸、杂志即可降低每份或每册的售价，其发行成本从广告收入中得到补偿；而售价降低后，有益于扩大发行，增加读者。在此情形下，传播效能也随之提高，造成广告收入再增多；⑤ 广告促进了大众传播媒介表现形式的发展。商业广告的发展使摄影和美术产生了新的分支，即广告摄影和广告中的绘画技巧。媒介的商业化，必然促使表现形式与手法的花样翻新，以吸引更多的受众。总之，人们将广告称为媒介的血液，广告对传播媒介的重要作用是显而易见的。

6. 促进精神文明建设　现代广告在传播信息的过程中，必然要渗透一定社会条件下的某种意识形态、观念和价值取向，从而对人们的思想、生活和社会风气产生潜移默化的影响。一则成功的广告往往是运用美学原理，通过美术、音乐、诗歌、舞蹈等丰富的、综合的艺术表现形式展示广告的主题，从而增强广告的欣赏性、艺术性和趣味性，给人们带来美的享受；同时广告还可以宣传社会主义道德风尚，弘扬中华民族传统美德。好的广告可以以艺术的形式，给人以有益的启迪和教育。我国从1996年开始由广告监督管理机关组织并大力倡导的"公益广告月"活动正是从此目的出发，充分发挥广告在促进精神文明建设方面的巨大作用。

1.2.3 广告的原则

1. 真实性 真实性是广告的生命。这是一个带有普遍意义的原则。无论什么时代、什么场合,不诚实的广告,最终不能得到大众的信任,必然会失去其存在的价值。广告必须实事求是地、科学地向社会传播信息,向消费者和民众高度负责,充当人民大众的忠实可靠的顾问。广告严格禁止歪曲事实、欺骗引诱、虚张声势、随意夸张。如果制作弄虚作假欺骗消费者的广告,这不仅为法律所不许可,而且无疑是"饮鸩止渴"。例如,中国香港蒙妮坦美发美容集团中外合资上海贵夫人美发美容制品有限公司曾经生产的"蒙妮坦奇妙换肤霜",做广告时没有指明其使用范围,夸大了换肤霜的作用,产品投入市场不到一个月的时间,许多消费者投诉控告换肤霜用后不但没使旧貌换新颜,还因皮肤过敏起到毁容作用。皮肤科医生纷纷指责换肤霜广告内容宣传失实,结果换肤霜仅在北京销售两三个月就失去消费者的信任,被迫停止生产。

现代社会是一个信息社会。一条真实的经济信息可以帮助一些人、一些单位、一些地区迅速富裕起来;一条虚假的经济信息,也可使一些人倾家荡产,使一些单位、一些地区蒙受重大损失。总之,不论什么性质的广告信息都必须以真实、可靠、诚信为前提。

2. 思想性 思想性原则是指广告在宣传内容和表现形式上要健康向上,避免消极、颓废的倾向,严禁反动、淫秽、色情的内容。思想性原则是广告的灵魂。广告的社会性与文化性决定了广告传播的信息内容和广告本身的表现形式,会对广告受众产生潜移默化的影响。而且,广告不仅仅只是影响人们的消费行为,还会影响人们的生活方式、价值观念、伦理道德等多个方面。由于广告受众分为多个层面,认识程度参差不齐,而广告的主力媒体则主要是报纸、杂志、电台、电视及网络,这些大众媒体的受众极为广泛,是一种开放式的传播系统,同时,广告又是借助于艺术化的形式来传播信息。因此,对于少年儿童和一些文化程度不高、缺乏理解和分辨能力的人来说,如果广告的思想性不强,传播的信息不健康,就极有可能受到不良的影响。例如,某种外国酒在中国香港电视上做的广告,其内容表现两个人在一起,其中一个人总是显得比另一个人聪明,处处占先,而原因就是他总是喝这种品牌的酒,而另一个人之所以愚蠢,是因为他没有喝这种酒。这一则广告会给少年儿童灌输一种不劳而获的思想,认为聪明只需要经常喝这种酒就行了,用不着奋斗努力。这些都是我们应该制止和防范的。

3. 艺术性 艺术性是广告感人的有力手段。广告要运用美术、摄影、歌曲、音乐、诗词、戏曲、舞蹈、书法、文艺等丰富多彩的艺术形式,生动活泼地表现它的主题与创意。广告的艺术性主要表现在以下几方面。

(1) 唯美的精神享受 现代广告与戏剧、音乐、诗歌的结合越来越密切,广告的娱乐性也越来越浓厚。一件好的广告作品实际上就是一件精美的艺术品,它往往言辞雅致,音乐动听,动作优美,色彩鲜艳,内含深奥的哲理,外露生动活泼的形象。具有高度艺术性的广告不仅真实、具体地向人们介绍商品,而且让人们通过对作品形象的观摩、欣赏,引起丰富的生活联想,起到给消费者以美的享受的作用。

(2) 和谐的有机统一 广告艺术表现的目的不是单纯为了欣赏,主要是为了更好地传递商品信息。一幅好的广告,设计上要体现内容与形式的统一,其表现手法不能脱离商品的素质和特征而单纯追求艺术美。例如,宣传机械产品的广告画面,如果不突出机械的特性和内在素质，而片面追求广告形式，把广告画得花花绿绿，形式和内容不协调，反而喧宾夺主，不能达到良好的宣传效果。

（3）多彩的艺术手法　广告在艺术表现手法上，要贯彻"百花齐放"的方针，鼓励采用不同的艺术形式，充分调动文字、声音、画面、色彩、灯光等一切艺术手段，力求达到新颖、形象、美感和个性化。广告的图像必须美观大方，富有吸引力。语言文字要准确、鲜明、生动，反对滥用政治口号。图文的编排要匀称，色彩要鲜艳调和，主题突出。

4. 创新性　创新性是指广告要推陈出新、别具一格、不落俗套、独具匠心，广告言行要能够吸引人们的注意力，并在人们的记忆中留下深刻的印象，以此树立起企业良好的品牌形象，像海尔创造的独一无二的"海尔兄弟"形象；娃哈哈创作的深深扎根于孩子心目中的形象；"旺旺"和"喜之郎"等厂商创造的形象也都具有鲜明的特性和个性，体现了创新性概念。

对创新性思想的追求推动着广告产业的全面进步。规划战略呼唤着创新问题的解决，研究工作需要创新，广告在媒体中的购买和配置也需要创新，对媒体和广告信息的创造性解决的持续不断的需求使得广告业成为一个激动人心的领域。

5. 科学性　广告活动必须建立在科学的基础上，才能健康地发展。科学化是现代社会生活的主要特征，科学技术已成为推动社会发展的第一生产力。由于科学技术的高速发展，不断渗入，社会经济生活日趋网络化、系统化、高标准化，从而具有了强大的活力。广告是为经济生活服务的主要工具和手段，也必须科学化，才能适应现代社会的需求。科学化的原则主要体现在：

1）广告活动中必须遵循经济科学、市场学、社会学、管理学、心理学、信息科学以及有关自然科学的原理和知识来进行经营管理。

2）广告在制作过程中所进行的创意、设计应力求具有独创性。

3）广告的制作与媒介手段应采用现代科学技术的成果和方法，才能保证其高质量、高标准，使广告达到应有的好效果。

6. 针对性　有目的、有针对性地进行广告宣传，是开展广告活动的基本要求。加强广告的针对性，首先要根据广告主的商品生产和销售计划以及商品特点有针对性地组织广告活动；其次要根据市场情况和消费者特点恰当地选择广告内容、形式和技巧。这样做的好处是：有利于提高广告的贴近性和吻合性，有利于增强广告的吸引力和感染力，有利于提高广告的促销功能和经济效益。在某种情况下，要加强广告的针对性，还必须对商品生产和销售过程有比较全面的了解和把握，对市场情况和消费者需求等要进行广泛、细致的调查和分析。否则，是很难达到针对性的要求的。

7. 群众性　广告就是要广而告之，知道的人越多越好，所以，其必须具备广泛的群众性。主要表现在三个方面。

（1）简单明了，通俗易懂　广告设计必须为大多数人所了解。广告语言要通俗简练，主题要简明扼要，应防止在设计上故弄玄虚，刻意雕琢，使人看了不知所云，印象模糊。

（2）为群众节约时间　消费者希望以最短的时间了解商品的信息，并要求购买方便，节省时间。例如，电视直销商品在提供商品信息的同时，还应提供购物电话，人们只要打一个电话，便可送货上门。

（3）向群众普及知识　广告除了宣传新产品的特点、性能外，在可能的条件下，还可以介绍这种商品的维修、保养常识，使人们在了解商品的同时，还得到了一定的科普知识和生活常识。

8. 促销性 广告的意图是促进商品、服务的销售，加深人们的好感。促销性既是广告的意图，也是广告的原则。如果对广告只强调思想性、真实性、艺术性等原则，而忽视促销性这一目的，那么就等于要广告主既花钱做广告又放弃经济利益，这是不现实的。如果社会对广告有要求的话，那么广告主对广告也有一定的要求。这些要求都是正当、合理的，是应该和必须予以满足的，也体现了社会效益和经济效益兼顾的总原则。所以，广告创造者和传播者应切实遵循促销性原则，努力通过广告帮助广告主开拓市场、占领市场、促进销售、扩大流通。

9. 有效性 广告活动从本质上说是一种有偿的信息传播，是一种经营活动。广告主投入广告费，是希望实现自己的目标，从广告活动中得到回报。因而，广告活动不能离开有效性的原则。试想，广告主白白花钱做无效广告，他愿意吗？

广告活动的有效性表现在：

1）广告传播的内容对受众能不能产生广告主希望得到的效果？这就是广告活动的**传播效果**。

2）广告的形式能不能让社会公众喜闻乐见，进而对社会生活产生促进作用？这就是广告活动的**社会效果**。

3）广告活动进行之中和广告活动开展之后，广告主的投资活动能不能有回报？这就是广告活动的**经济效果**或称为销售效果、投入产出效果。

广告活动在决策和策划中，对以上三个效果一定要作出预测。没有明确的目的，或注定不能得到预期正面效果的广告，一是停下来，二是重新策划，从头开始广告活动。

10. 计划性 遵循计划性原则具体指两方面的内容：首先是广告宣传活动的计划性。即广告活动必须有计划地与广告主的商品生产和销售计划结合起来，成为企业营销管理的一个有机组成部分，相互协调、相互配合；其次是指广告制作的计划性。广告从创意、设计、制作到刊播都必须按计划进行。商业广告是市场经济活动的组成部分，为了创作好广告，必须对市场进行广泛的调查、分析和预测。而为了能引起消费者的兴趣和购买欲望，必须充分了解和把握消费者的购买习惯。要使广告与整体的市场营销活动相配合，必须掌握市场营销规律。所有这些，都要求有一个完整的广告计划。

1.3 广告的分类

1.3.1 按广告的传播媒体划分

1. 印刷广告 印刷广告主要指利用报纸、杂志、单页、宣传册、挂历等印刷品制作的广告。此类广告适用于行业产品和无色彩影响的机械、电子、交通工具等产品。印刷广告主要有以下两种：

（1）报纸广告 报纸发行量大，传播范围广，发行的频率高，信息传播迅速。利用报纸的权威性可以获得比较可信的效果。但是报纸广告时效性短（很少人愿意看过期报纸），针对性差、色彩效果差。因此，报纸广告最好是定期发布或经常发布，以增强读者的记忆。

（2）杂志广告　杂志发行面广，可选择性强（读者阶层稳定），重读的机会多，色彩效果好。但出版有周期，信息上不及时，篇幅少，广告运用受限制，接触对象单一，费用较高。

对于那些结构简单，具有全民性消费习惯或适用面广的商品，一般不宜选用杂志媒体。同时如果商品广告内容与杂志性质不同，也会降低广告效果。

2. 影视广告　影视广告即是通过电影或电视片来传递广告信息。这些广告一般要经过专门的设计和制作，在电视节目中或电影放映前播出。影视广告的主要形式有电视广告、电影广告、录像带及影碟等。其中电视列四大媒体之首，在广告媒体中占据最重要的地位。

3. 电波广告　电波广告是指借助电波这种物理现象传播广告内容的广告，主要包括电视广告、广播广告等。这类广告的共同特点是：传播面广，覆盖率大，费用较高，一般借助瞬时记忆产生效果。

4. 网络广告　网络广告是以国际互联网（Internet）为传播空间，存在于各个网站，并通过上网者的点击链接广告主网页，广告主据此向上网者传播商业信息和其他信息的新型广告形式。此种广告媒体是由互联网、用户服务器和用户终端组合构成。它的电子数据的虚拟形态向受众传达广告主发布在不同网站上的广告内容，是全新概念的广告主与受众双向或互动传播过程，与传统的广告媒体相比，这是一种独特的传播方式。在当前电子商务广泛兴起的时期，网上广告具有日益扩大的作用。它的传播方式、传播速度、信息容量等都为信息社会提供了更多机遇，也对广告监管、广告学研究提出了崭新的课题和全新的挑战。

5. 手机广告　手机广告是通过移动媒体来传播付费信息，通过这些商业信息影响受众的态度、意图和行为。手机广告实际上就是一种互动式的网络广告，它由移动通信网承载，具有网络媒体的一切特征，同时比互联网更具优势，因为移动性使用户能够随时随地接受信息。目前，随着我国手机用户普及率的逐渐提高，手机作为一种新型媒体的应用价值也日益凸现。手机广告将拥有巨大优势。例如，覆盖人群广、传播成本比较低廉、可以最方便地把人们的零碎时间利用起来，并且能够极为快捷地传播信息。进入4G时代，各种多媒体形式将充分体现在手机上，这将给广告主更大的发挥空间，手机媒体将成为人们在日常生活中获得信息的重要手段之一。

6. 商展广告　商展广告是指在固定场馆和预定时期内，在以展示、展销、洽谈为主要形式的商品交易、信息交流、经济技术洽谈等活动中进行广告宣传的活动。商展广告的信息应与所举办的展览会名称、展览主题、展览范围、展览时间等内容、性质相符，不得虚构或夸大事实。商展广告是参展商提高展览、展示效果的有效途径之一。

1.3.2　按广告的传播区域划分

广告传播区域是指广告影响所波及的范围。由于广告所选用的媒体不同，因此，广告传播的地区范围是不同的。它可以分为全球性广告、全国性广告、区域性广告和地方性广告。

1. 全球性广告　这是指以全世界作为传播目标范围的广告，又称国际性广告，一般选择具有国际性影响力的广告媒介，如国际性报刊等进行发布。这是随着国际贸易的发展，出现了国际市场一体化倾向之后出现的广告形式。典型的例子，有美国的可口可乐、百事可乐等全球化的产品广告。

2. 全国性广告　这是指广告信息面对全国范围传播的广告。这类广告适用于销售及服务遍及全国的企业，产品一般通用性强、销售量大、选择性小，或者专业性比较强、使用范围广、区域分散。这类广告主要选择覆盖全国的媒体，报纸如《人民日报》《经济日报》，杂志如《半月谈》《中国建材》，广播如"中央人民广播电台"，电视如"中央电视台"，网络如新华网、搜狐网等。在我国，由于经济的发展，通信技术水平大幅提高，各省市（区）电视卫星频道纷纷登场，一些地方报刊也极力延伸自身的传播区域。全国性广告的媒体选择余地已经扩大了许多。

3. 区域性广告　这是指以特定地区为传播目标的广告。这类广告的诉求对象限定在某个地区，比如华北地区、西南地区，或者某个省（区）市如江苏省、广西壮族自治区、北京市等。所选择的媒体一般是发行于或在某一地区播放的地区性媒体，如《新华日报》《北京日报》、"广西电视台""河北人民广播电台"等。

4. 地方性广告　这是指针对当地或地方商业圈发布的广告。多数由商业零售业或地方企业或服务行业作为广告主，如超级市场、零售店、电影院等。此种广告往往选用覆盖地、市、县级以下的各类媒体。

1.3.3　按广告的传播内容划分

1. 产品广告　产品广告又称商品广告，是广告中最常见的一种形式，它是以介绍和宣传商品的品牌、商标、质量、性能、价格、销售地点等为主要内容的广告。目的在于使该商品给消费者留下深刻的印象，引起他们对品牌的好感，进而吸引消费者购买该商品，以扩大商品的销售。它还可以按商品的类别不同分为化妆品广告、家电广告、服装广告、医药广告、房地产广告等。

2. 企业广告　企业广告的直接目的是为了扩大企业的知名度和影响力，建立并提升企业形象。因而，在广告中一般看不到广告主的产品信息或此信息不是主要的广告内容，而更多的是表现企业的精神、理念及象征等，这类广告我们统称为企业广告或企业形象广告。这类广告正被越来越多的企业所采用，尤其是具有一定知名度和综合实力的大型企业。通过企业广告的传播，告知广大消费者该企业的精神理念，以及对社会的责任，对消费者的关心，引起社会大众的认同和好感，从而进一步促进企业产品的销售和增加消费者对其的信任，进而促进销售的增长和企业的发展。企业广告是广告发展的高级形式，是迎合现代营销整体传播理论而出现的，是将企业的发展与社会进步相结合的一种广告形式，由于有其深厚的市场及文化背景，因而这种广告形式将会有很大的发展。

3. 服务广告　这是由那些服务性组织如饭店、旅馆、保险公司、银行等单位所做的为公众提供劳务或服务的广告。它主要介绍服务的性质、内容、特点、质量、顾客获得的利益等，以引起人们的兴趣，扩大服务的范围，赢得更大的利润。

1.3.4　按广告的直接目的划分

1. 销售广告　这是以销售商品为目的，从中直接获取经济利益的广告形式。此类广告又可分为三类：

（1）**报告式广告**　通过对消费者如实报告和介绍商品的性质、用途和价格，以及商品生产厂家、品牌、商标等，促使消费者对商品产生初级需求，因而，这种广告具有开发性的特征。

（2）**说服式广告** 这是以说服消费者为目标，通过突出商品的特优品质，使消费者对某种品牌的商品加深印象，刺激其产生选择性需求和"认牌购买"，因而，这种广告具有诱导性特征。

（3）**提醒式广告** 这是在消费者已习惯于使用和购买某种广告商品后，广告主为了保持消费者的购买习惯，提醒他们不要忘记这个商品。刺激重复购买，以防止消费者发生偏好转移。因而，这种广告具有提示性特征。

2. 求购广告 这是指以寻求购买本企业经济活动所需的生产和经营要素为目的的广告。一提起广告，人们的印象就是劝说受众购买商品的宣传，其实不然，求购广告就是一种发布求购信息的广告。实际上，求购广告虽然数量比重在经济广告中占的比例极小，但它也是经济广告的一种。一个企业的生产或经营活动，需要人、财、物这些生产要素的合理配置和运用，而有时企业急需某些专门人才、特殊原材料或机器设备，否则就会影响到企业经济活动的正常进行。而利用广告传播求购信息，使卖家主动上门，满足所需，同样是为经济活动服务的广告，其最终目的还是为了使企业得到经济利益。

3. 公共关系广告 这是一种以树立企业或组织形象为目的的广告，能够加强组织同公众的沟通，增进公众对组织的了解，提高组织的知名度和美誉度。常见的公关广告有：① 实力广告——展示企业的技术、工艺、人才等优势；② 礼仪广告——社会组织在重大节日或庆典时用广告的形式向公众问候、致意等；③ 解释广告——当企业的产品被人仿造，商标、专利被人盗用等正当权益受到侵犯时，为保护自己权益而进行的公开声明；④ 歉意广告——企业经营中发生某些对不住公众的事，通过大众媒介向公众致歉；⑤ 赞助广告——赞助举办社会公益事业和各种社会活动的广告。

1.3.5 按广告的主要目标划分

1. 开拓性广告 这是一种介绍性质的广告。新产品或处于试销期的产品，一般都使用该种广告进入市场，打开销路，这种广告主要介绍新产品的用途、性能、质量、价格等情况，以协助新产品顺利进入目标市场。这种广告的目的是引起人们对新产品的兴趣与注意，唤起人们对新产品的需求，发掘、开拓新产品的销售市场，或者纠正消费者对企业和新产品的某些误解，解决消费者心中出现的某种疑虑，树立新产品在市场中的新形象。

2. 劝导性广告 这种广告以劝购、说服为目的。其宗旨在于不断唤起消费者对产品的"特定需求"。其内容是通过对比其他同类产品来给消费者留下较深刻的印象。这种广告一般是对已进入成长期或成熟期的产品继续进行宣传，诱导消费者加强对企业产品和品牌的注意，说服消费者广泛采用该产品。这种广告可以加强消费者对某种产品的选择性和偏爱性，具有明显的竞争性，又称为竞争广告。

3. 加强性广告 这是备忘性质的广告。这种广告主要唤起消费者对老产品的"偏爱"，一般是对已到成熟后期的产品继续进行宣传，巩固、加强消费者对本产品的良好印象，提示消费者注意，企业仍在生产这种产品。尤其在市场上，当老产品面临新产品挑战时，老产品可能会受到冷遇，在这种情况下，提示消费者注意有着重要的意义。这种广告还可以大力宣传消费者多次使用该产品后的满意程度。其目的是继续开发这种产品的晚期需求，并与新型的同类产品顽强竞争，以延长该产品的市场寿命或者引起该产品经济生命周期的再循环，使面临淘汰厄运的老产品，重获新生。

4. 声誉性广告 这是一种形象性质的广告。这种广告着重介绍企业的厂牌、商标、地址、历史、服务对象、生产能力、生产水平、销售市场、服务项目、优良的信誉等。其目的是不断提高企业在社会或人们心目中的形象和信誉，以利于企业生产的发展，巩固企业在竞争市场上的地位。

1.3.6 按广告的时效要求划分

1. 长期广告 长期广告是指在一段较长时间内连续进行的广告。主要包括与企业战略有关的、以创名牌商品为目标的、长时间不间断地对某一种商品进行的广告活动。

2. 短期广告 短期广告一般是指在短时间内发布的广告，如季节性广告等。

3. 临时广告 临时广告是指为传播某些特殊的、有明确时间要求的信息所进行的广告。临时广告包括在新产品问世、展销会开幕、价格变动、企业开业等某些对商品销售有利的时间和机会所进行的广告。它要求在尽可能短的时间内将信息传达给特定的消费者。

1.3.7 按广告的诉求方式划分

1. 理性诉求广告 它是采用理性的说服手法，有理有据地直接论证产品的优点和长处，让消费者用理智去判断和选择的广告。此种广告的内容侧重于产品的性能、特点、用途、质量等。工业品和一些高档高价耐用消费品常采用以理性诉求为主的广告。

2. 感性诉求广告 它是采用感性的手法，在向消费者介绍产品或服务的同时，从感觉和情绪等方面动之以情，使消费者对产品产生好感，听从劝说进而采取购买行为的广告。它侧重于从广告产品的感染力方面来激发消费者的购买行为。化妆品、服装、饮料、减肥健身器材等商品广告多以感性诉求为主。

1.3.8 按广告的效益快慢划分

1. 时效性广告 这是指广告发布后要求立即引起购买行为的一种广告，又叫直接行动广告。

2. 迟效性广告 这是指广告发出后并不要求立即引起购买的广告，该广告的目的只是希望消费者对商品和服务留下良好的深刻印象，日后需要时再购买使用，所以又叫间接行动广告。

1.3.9 按广告的表述形式划分

1. 硬广告 硬广告是指在固定的广告栏目或时段发布广告信息的广告形式，多以经过专门的策划和创作的商业广告为主。这种广告以诉求广告信息为直接手段，突出品牌和产品特性，是一种较为直观的广告形式。我国目前大多数广告属于硬广告。

2. 软广告 软广告是指那些虽经专门设计制作，但不是在固定的广告栏目或时段发布的广告或不是以传播广告信息为直接目的，而是假借产品知识介绍来突出广告商的地位，进而为企业的商品、服务或对企业有利的观念做宣传的广告。此种形式多见于电视和报纸，假借此两种媒体在观众（读者）心目中的可信度高的特点，以近似于新闻报道的方式传播广告信息。此种形式有着其特有的影响力，为许多消费者所乐于接受。由于费用较经济，且效果也不错，同样被越来越多的广告主所采用，这种广告形式对提升企业形象的作用也较为明显。

1.3.10 按广告的主要属性划分

1. 经济广告 经济广告又称工商广告，指生产和流通领域及其服务行业的广告。它能够传播经济信息，沟通产销渠道，促进生产，加快流通，为生产和生活提供服务信息，推动整个国民经济的发展。这种广告数量最多，作用巨大。

2. 文化广告 文化广告也是在日常生活中常见到的一类广告，是指传播教育、科技、文学艺术、卫生体育、图书文物等信息的广告。

3. 社会广告 社会广告指提供社会服务的广告，诸如社会福利、医疗保健、社会保险以及征婚、寻人、挂失、招领、工作对换等。它不仅可以满足人民群众的多种需要，而且在促进社会的安定团结方面也可以发挥积极的作用。

4. 政府广告 它是指政府和政府各部门以付费的方式对社会公开发布的广告，如法庭判决、交通管理、税务征收、环境保护、计划生育等类型的公告。不付费的政府公告不属于广告。

5. 公益广告 它是公共广告的一个组成部分，是不以营利为目的，为社会公共利益而创作、发布的广告，所以它又叫作由社会参加的，为社会服务的广告。公益广告区别于商业广告的特点是它的非营利性，它通过呼吁公众对某一社会性问题的注意，从而用合乎公益的准则去规范公众的言行举止，以达到培养良好的社会文化和风气的目的。公益广告策动它的受众去执行或支持某种为公众认为是有益的社会事业和风尚。

1.3.11 按广告在播放频率上的要求划分

1. 均衡性广告 均衡性广告有计划、有步骤地针对目标市场进行反复宣传，以加深消费者的印象。在刊播的时间上均衡分布。

2. 时机性广告 时机性广告是指抓住一个销售时机，突击进行广告宣传活动。这类广告在刊播分布上不均衡。时机广告包括季节性广告和节假日广告两种。季节性广告一般在商品销售旺季到来前和旺季之中大量宣传，进行直接促销活动，而进入淡季则减少或取消广告；节假日广告则在节假日之前或期间大做广告，节假日过后则减少或停止广告。

3. 集中性广告 集中性广告是指经过周密的策划，在短时间内对目标市场采取突击性宣传攻势，以便制造浩大声势，迅速提高知名度的广告。集中性广告在新产品上市、新商店开张、新促销手段及服务措施出台之前实施，可以起到很好的效果。

1.3.12 按产品的市场寿命周期划分

产品在市场寿命周期各阶段的特点各异，因而企业一般会在产品生命周期的不同阶段采取不同的广告策略。产品处于导入期时，广告的目标是向消费者介绍产品，让消费者理解产品，所以一般采取产品认知性广告。产品处在成长期或成熟期，竞争激烈，所以一般采取强调本企业产品优越性的竞争性广告。进入成熟期或衰退期以后，消费者比较了解产品，需要强化消费者的记忆，保持消费者对产品的认识程度，所以一般会采取提醒性广告。

1. 认知性广告 认知性广告是通过向消费者介绍产品的品质、性能、用途、价格等，促使消费者对产品的认知，进而引导消费者产生初步需求。

2. 竞争性广告 竞争性广告是一种以说服为目的的广告，其主要目标是使消费者对某种品牌的产品加深印象，进而刺激消费者产生选择性需求。

3. 备忘性广告 备忘性广告是指消费者已购买并使用了某一产品后，为提示他们不要忘记这个产品，刺激其重复购买所做的广告。这种广告与提醒式广告在形式上相似，在作用上相近。

1.3.13 按广告的艺术形式划分

根据广告表现的艺术形式可以划分为图片广告、演说广告、文字广告、表演广告等。

1. 图片广告 图片广告是指以摄影、绘画等手段制作的平面广告。它以诉诸视觉的写实或创作为形式。从目前看，摄影广告的比重越来越大。一般认为摄影广告的写实性和传真程度优于手绘，而且制作速度快，传播速度较快。但也应看到，摄影广告不可能完全取代绘画广告。绘画广告有其独特的魅力和适用性。

2. 演说广告 演说广告是指主要依靠语言艺术来推销产品的广告。广播广告和销售现场广告常采用这种形式。例如，万宝路香烟在中国的广播广告，那充满磁性的男中音，将听众引入到一个神话般的"万宝路"世界。

3. 文字广告 文字广告是指单纯以文字作为表现形式的广告。常见于标语广告、印刷品广告等。

4. 表演广告 表演广告是指运用各种表演艺术形式来达到促销目的的广告。销售现场广告和电视广告多采用这一形式。

1.3.14 按广告的表演方式划分

1. 印象型广告 印象型广告是指以给受众留下深刻印象为目标的广告。这也是在电视、广播中常见的一种广告形式。它的广告时间一般很短，只宣传一个简单但又是最重要的广告主题，如产品名称、企业名称等，使人们对此产生一定的印象。这种广告不以说明为目的，能在短时间内使人们产生一个深刻的印象，就是十分成功的广告。由于电视等媒介费用的昂贵，如何在最短的时间内花费较少的费用产生明显的印象效果，这是印象广告成功的关键，也是广告学研究的重要课题。

2. 说明型广告 说明型广告是指对广告产品进行详细说明的广告。这种广告一般要说明产品的性能、特点、质量等，它适合于对高价耐用品、专用商品、生产资料等商品做广告。因为这类商品仅靠情感诉求不足以引起人们的购买行为。购买者都要在详细了解了产品情况之后才能作出购买决定。所以，在此类产品的宣传中，说明型广告是首选形式。另外，说明型广告适合于选择报纸、杂志等媒体，因为电视、广播稍纵即逝，人们无法反复阅读、理解。而印刷媒体则正好具备了这方面的长处，人们能够长久保存、反复推敲、全面了解产品情况。

3. 情感型广告 这种广告采用特定的情感说服方法，向人们介绍企业或产品，让消费者对广告内容感兴趣、对产品、对企业产生一定的情感。一般的日用消费品如化妆品、饮料、食品、服装等多使用这种广告。这种广告近年来在我国发展很快，其中不乏经典之作，产生了良好的影响。当然，采用这种广告一定要注意语言分寸和技巧，不要弄巧成拙，引起人们的反感。

复习思考题

1. 试述广告的要素。
2. 广告有哪些特征?
3. 广告与宣传有何异同?
4. 广告有何重要作用?
5. 广告应遵循哪些原则?

第 2 章 广 告 调 查

**学习目标：**

通过学习，让同学们认识广告调查的意义、特点、原则和作用；明确广告调查的具体内容；熟悉广告调查的程序，能拟定调查方案，会编写调查报告；掌握抽样设计和问卷设计的一般知识，会编制广告调查问卷；了解调查资料的采集方法，掌握面谈调查、邮寄调查、电话调查、置留调查、观察法和试验法的技巧与方法。

2.1 广告调查概述

广告调查是指在广告活动中，为了进行广告策划和创作而对市场、消费者、产品以及广告效果等信息进行收集、整理、分析和研究的活动。从 20 世纪初，广告调查作为进行广告策划和创作的基础已开始在广告业发达的国家被广泛应用，进入 21 世纪以后，由于市场竞争日趋激烈，广告信息互相排斥、互相干扰的现象日趋严重，广告费用日益增高，广告调查活动也就越来越受到广告主的重视。

2.1.1 广告调查的意义

广告调查可以分为两大块：① 市场调查；② 广告效果调查。二者尽管不能截然分开或孤立起来，但在广告活动中却各有侧重，市场调查侧重服务于广告策划，广告效果调查侧重服务于广告创作。

广告调查是一切广告活动的基础，它贯穿广告活动的始终，对形成正确的广告策划和创作有效的广告作品起着非常重要的作用。

没有市场调查就无法了解市场信息、产品在市场中的位置以及消费者对产品的需求和态度。只有清楚地了解这些信息，才有可能使广告策划科学有效。

没有广告效果调查就无法判断广告中产品的概念是否与受众沟通，文案诉求是否有力，广告片的表现是否令人印象深刻，即无法判断广告创作最终是否有效。如果在广告创作中加强广告效果的调查，那么就既能满足客户的要求，又能提高广告的质量，从而使广告创作朝着有效传播的方向发展。

广告已经在中国经济生活中扮演着越来越重要的角色。根据发达国家的经验以及在中国发生的一些案例，许多国内广告不够成功的一个重要原因是由于广告策划和创作仅仅依赖于广告相关决策人员的经验和主观判断，未开展科学的市场调查和广告效果调查，致使广告脱离消费者，在市场上丧失竞争能力。目前重视广告调查的呼声越来越高，广告调查的意义被越来越多的人所认识。

2.1.2 广告调查的特点

广告调查具有目的性、实践性、科学性、多样性和相关性的特点。

1. 目的性 广告调查是一项目的非常明确的工作。一般而言，进行广告调查时，总是带有很强的目的性，或是想了解市场状况，或是想了解产品在市场中的位置，或是想探测企业广告策略存在的问题。在不同阶段，广告调查的目的也会不同。例如，在进行广告策略开发时，为确定产品沟通概念，就必须解决：① 这个产品能做什么？② 产品与消费者的关联是什么？③ 让人可以信赖的理由是什么？要解决这些问题，就只有进行市场调查。所以，任何一项广告调查总是有很具体的问题需要解决，总是有非常明确的目的性。

2. 实践性 实践性是指广告调查是一项离不开实践的工作，广告调查工作人员只有实地调查才能获得全面、具体和时效性强的详尽资料。闭门造车、主观臆造和判断只能使广告策略和创意脱离市场、脱离消费者。广告调查研究人员根据科学的调查方案，深入现场获取资料，通过对调查资料的分析，才能从中得出富有行动意义的结论，为广告相关部门进行策划和创作提供依据。广告创作是否有效，广告策划是否科学，也只有通过广告调查实践来检验，从而为广告客户提供更好的服务。

3. 科学性 广告调查的科学性贯穿于调查活动的全过程，它要求研究人员从抽样设计、问卷设计到资料采集、分析和统计处理等一系列过程，都必须严格认真、客观科学，否则，可能会使调查结果的准确性受到严重损坏，甚至得出与事实截然相反的结论。例如，当年美国速溶咖啡投入市场后，由于销路不畅，厂家请了心理学家对消费者进行了关于为什么不喜欢速溶咖啡的原因和理由的调查。在最先采用的问卷调查中，由于采用直接询问法，很多受调查者都回答是因为不喜欢速溶咖啡的味道，而实际上速溶咖啡的味道经过测试与人们习惯使用的豆制咖啡并无区别，这说明该项问卷调查获得的结果并不可靠。后来改用了间接的测试方法，结果找出了消费者不喜欢速溶咖啡的真正原因，即家庭主妇担心购买使用速溶咖啡会被认为是懒惰的人，是不称职的妻子。

4. 多样性 开展广告调查的方法多种多样，各种方法所需的人力、物力和财力差异很大，它们分别适合于不同目的、不同性质、不同范畴的研究课题。常见的有电话访问、面对面访问、自然观察法、投射法、日记记录法、邮寄问卷调查、置留问卷调查和试验法等。一般地说，这些调查方法各有利弊。例如，电话访问容易接触到一般受访者，访问员的偏差较小，省时省钱，抽样过程也比较简单。但它也有缺点，如抽样代表性差，受访者容易拒绝访问，无法判断受访者作答的真实性。因此，在选择调查方法时，应注意各种调查方法的优劣，选择恰当的调查方法，充分而准确地搜集广告策划和创作所需的资料。

5. 相关性 运用于广告中的市场调查一般均以某种产品或劳务为中心展开具体的调查工作，涉及市场、产品、消费者，与产品或劳务的营销业务直接有关，这是市场调查的相关性。广告调查除了为广告策划和创作提供有效信息外，它还为产品或劳务的营销提供各种有关市场和市场环境的信息，并对消费者的需求变化和潜在市场的变化趋势进行预测，直接指导广告主的营销活动。

2.1.3 广告调查的原则

开展广告调查活动，必须遵循真实性、代表性、系统性、经济性和创新性原则。

1. 真实性 广告调查是为广告策划和创作服务的，为了保证广告目标准确、产品定位合理、广告创意有效，广告调查结果必须客观、真实。为此，广告调查要实事求是，遵循真实性原则。

考察一项广告调查是否遵循了真实性原则，最有效的就是检查调查方法是否合理、科学。调查方法运用得正确、合理，是获得可靠调查结果的基本条件。如果方法运用不当，那么，调查结果也就值得怀疑了。所以，为了保证结果的可靠，抽样设计和资料采集方法就变得非常重要。

2. 代表性　开展广告调查时，不可能也没有必要对所有的公众进行调查，必须遵循代表性原则，注意选择公众工作的科学性，按照随机原则，运用抽样方法，就可以取得接近公众总体的资料。抽样方法按抽样的随机性，可以划分为两种，即随机抽样和非随机抽样。非随机抽样是根据研究者的主观判断或客观条件确立样本，而随机抽样是按照概率原理抽取样本。

3. 系统性　开展广告调查，要通过实践，从表面现象中寻找出带有实质性意义并能表明市场变化趋势的资料。广告调查的任务，不仅是要了解市场的现状，而且还要合理预测市场变化趋势，因此，不能只限于罗列数据和堆砌资料。广告调查的系统性原则要求调查人员从系统的整体与局部、重点和一般上揭示调查对象的特征和运动规律，保证调研资料全面、公正、系统、有效。在广告调研中，市场产品、目标消费者、竞争对手、媒体等构成了调研内容的整体，每一项内容都包含了许多具体事项，只有坚持系统性的原则，才能使广告策划科学有效。

4. 经济性　广告调查的目的是以最低的调查费用为广告策划和创作提供真实有效的资料，"最低的调查费用"客观上要求调查人员必须遵循经济性原则，以最少的时间、最低的费用取得最好的调查效果。一般来说，在调查内容一定的条件下，采用不同的调查方案需要不同的费用；在调查费用一定的条件下，采用不同的调查方案将取得不同的调查效果。因此，选择恰当的调查方案是节约费用的关键。

5. 创新性　广告调查作为一门科学，需要不断探索、创新。广告与市场调查最早起源于美国，20世纪20年代一些大众媒体就多次作过有关受众的调查。而在我国自20世纪90年代以后，一些专业化市场调查公司也相继成立，如广州华南市场调查公司、上海大正市场研究有限公司，北京华通市场调查公司等。进入21世纪，广告调查技术伴随市场调查业的发展不断创新，计算机、监视仪等大批先进的调研设备在广告调查中正逐步扩大应用范围。只有坚持创新性原则，才能满足广告业服务水平不断提高的需要。

2.1.4　广告调查的作用

广告调查是广告活动的基础，广告策划和创作都离不开它的支持。广告策划需要市场调查提供资料，广告创作需要广告效果调查来修正和检验。从直接意义上看，广告调查主要在以下两个方面发挥作用：

1. 为广告策划提供所需资料　广告活动的一般过程，必须经过策划、实施、测定三个阶段，而策划是其中重要的一环，它扮演着实施前先导的功能。

一份广告策划书到底包括哪些内容？由于广告策划人个性和广告个案不同，千变万化并无定规。根据有关研究和实践，可大致包括四个方面：行销战略、创作战略、媒体战略、促销战略。其中每一个方面又包括多项内容。这些内容的确都需要依靠广告调查。例如，制订行销战略时，首先要根据企业目标、行销目标来确定广告目标，然后要分析市场背景、消费者特征，来确定目标市场、重点季节、行销手段，制订品牌战略、广告预算，特别是还要根据消费者对产品的态度、印象，分析产品的用途、用法、特征、价格，从而确定产品的特征。这其中每一项内容都离不开广告调查。在广告策划中制订其他战略也都不同程度地与广告调查发生联系。例如，创作战略中最重要的是确定产品的沟通概念，要解决这个问题，重要的是要依靠广告调查。通过广告调查才能了解到消费者的需要，包括消费者的心理、购买动机以及购买行为。全球4 000多个广告的统计结果表明，有市场调查结果支持而策划的广告的成功率是没有市场调查支持的3~4倍。所以广告调查对广告策划具有重要作用。

2. 为测定广告效果提供手段　广告活动的一般过程，经过策划阶段后，进入实施、测定阶段。测定是整个活动的最后一环，但事实上在实施前、实施中、实施后都在进行。

测定广告效果是为了创作有效广告，从而维护广告主的经济利益，而只有通过广告效果调查才能达到这一目的。也就是说，广告调查为广告效果测定提供了手段。

通过广告效果调查，我们可以测定广告的哪个诉求点、赠品更具说服力，广告文案、广告影片的制作与执行是否最佳，以使广告创作朝着正确有效的方向进行；广告实施中的效果测定，也只有通过广告调查来实现，如运用销售地区试验或索函测定法、询问法等，可以判断哪个广告的销售力较强，也可以测试不同标题、正文、插图的诉求力。

广告实施后所进行的测定，能使我们检验广告目标是否达到，也为下一次的广告策划提供了依据。

目前，关于广告效果的测定越来越受到业界重视，广告调查的作用也越来越明显，特别是在今后日益激烈的市场竞争中，广告主更需要科学的广告。

2.2　广告调查的内容

广告调查涉及的内容十分广泛，从大的范围看，可划分为四个基本内容：市场分析、受众分析、产品分析和广告效果测定。其中每一个基本内容又包括了若干个具体内容，广告效果测定将在第9章着重阐述。

2.2.1　市场分析

市场分析包括环境系统、市场容量、销售渠道、竞争对手等各方面的分析。

1. 环境系统　环境系统指的是广告主进行行销活动的宏观因素的总和，包括社会政治、经济、文化、法律、气候地理等。

国家的政治经济形势及相关的政策法规对广告活动起着宏观调控作用。事实上，不仅国与国之间的有关经济政策和法律法规不同，即使在国内，不同地区的经济政策和法规也存在差异。因此，全面掌握目标市场所在地的政策法规对制订广告策略是十分有利的。同时，对国家近期政治经济形势进行调查和预测，进而预测未来发展趋势，也是广告调查关注的内容。

国家的主导文化，包括观念、信仰、传统习惯等对人们的生活方式及购买行为产生着不可忽视的影响。需要注意的是，要把握目标市场在语言文化和色彩图案使用上的约束情况，同时要分析目标市场上价值观念的内涵和演变趋势，以便结合其他资料来对症下药。

气候会影响人们的生活方式，不同的地理状况则因导致不同的交通条件、资源分布，也会造成不同地区的经济发展水平的不平衡，影响当地人们的生活方式。生活在不同气候、不同地理状况地区的人们长期形成了自己的生活习惯，也形成了有关产品的消费方式和消费需求。

2. 市场容量 市场容量就是某一段时间在一定的市场条件下消费者对于某一种产品的需求量。进行市场容量调查，完全是为了估计产品在新市场或潜在市场的销售的可能性，同时做好相应的对策。市场容量调查主要包括：目标市场上同类产品的总需求量和发展趋势，即需求总量调查；目标市场上同类产品的总供应量和发展趋势，即供应总量调查；市场容量满足情况及存在的问题，即市场容量是否饱和以及产品供应链的阻碍；消费变化倾向，即消费者在观念上对现有产品消费的依赖和排斥倾向；目标市场上潜在消费者的数量和比例。

3. 销售渠道 销售渠道是指产品从生产者向消费者或用户流转的通道。研究销售渠道，就要考察产品从生产至消费的运动方向。在这一运动过程中，生产者是起点，消费者或用户是终点，而在起点与终点之间是中间商，中间商包括批发商、代理商和零售商。

生产企业的销售渠道有：

生产者→消费者

生产者→零售商→消费者

生产者→批发商→零售商→消费者

生产者→代理商→批发商→零售商→消费者

销售渠道长短的选择应考虑以下几个方面：

（1）商品的特点 不便频繁搬运的大件商品、易腐易损商品、更新速度快的商品、技术性专业性强的商品等都应尽量选择最短的渠道。

（2）市场的特点 市场销售范围大的商品如百货宜通过中间环节进行销售，反之则采用直接供应的方式。

（3）企业自身条件 大规模企业则可采用产销一体化的销售策略。

4. 竞争对手 竞争可分为直接竞争和间接竞争。直接竞争是指经营同类或类似产品的企业间的竞争，间接竞争则是指经营种类不同但用途相同的产品的企业间的竞争。对于竞争对手应调查以下内容：

（1）竞争对手的经营实力 竞争对手的背景、资产状况、经营策略、技术力量以及经营决策人的经历、性格等背景资料。

（2）竞争对手的产品 竞争产品的生产、价格、销售渠道、包装、市场占有率以及其所处的生命周期的具体阶段。

（3）竞争对手的广告 了解竞争对手的广告目标、广告诉求、广告手法、媒介选择、广告投放费用及其促销手段。

（4）竞争对手的客户 了解竞争对手与客户的合作状况以及客户对相关服务的需求。

2.2.2 受众分析

受众分析即消费者分析。消费者分析包括人口统计、消费者心理及购买动机、消费者购买行为模式等方面的分析。

1. 人口统计 人口统计侧重于对目标市场的定量研究，包括以下内容：人口总量、年龄结构、性别结构、职业分布、受教育程度、收入情况、家庭结构和婚姻状况等。

2. 消费者心理及购买动机

（1）消费者心理　了解消费者心理，主要包括分析消费者的心理活动过程和消费者的心理特征。

1）消费者的心理活动过程。消费者的心理活动过程，是指消费者在购买行为中的心理活动的全过程。由于消费者在购买商品过程中的心理活动会受到周围事物的影响，因而其心理变化是十分复杂的。根据有关研究，这个心理变化状况可概括为三种不同的心理活动过程：认知过程→情绪过程→意志过程。消费者对商品的认知过程，是指消费者对商品的个别属性（如形状、大小、颜色等）的各种不同感觉加以联系和综合的反映过程。这个过程主要是通过消费者的感觉、知觉、记忆、联想、思维等心理机能活动来完成的。情绪过程是伴随消费者的认知过程而出现的心理现象。由于消费者处于复杂的社会环境中，因此在购买商品时，必然受到生活需求和心理需求的影响，引起相应的变化，构成对商品的某种情绪色彩。当情绪色彩满足、不满足或基本符合消费者需求时，消费者的情绪就相应表现为积极、消极和中性三种不同形式。意志过程是指消费者在购买活动中表现出有目的的和自觉的支配行为，克服自己的心理障碍和情绪障碍，实现既定购买目的的过程。此过程具有两个基本特征，一是有明确的购买目的，二是排除干扰和克服困难。以上三个过程相互联系、相互作用，是消费者心理学分析的重要内容。

2）消费者的心理特征。根据有关研究，消费者的心理特征包括三个内容：个性心理特征、性别心理特征和年龄心理特征。个性心理特征是指表现于消费者个体身上最稳定、最根本的心理特征，主要包括能力、气质和性格，它贯穿于心理活动的全过程，制约着消费者的各种心理活动。性别心理特征是指人类在长期发展中，由于男女两性在社会分工上的不同而导致的消费心理差异的心理特征。它包括女性心理特征和男性心理特征两个研究内容。年龄心理特征是指消费者在不同年龄段表现出来的典型的心理特征。它可以从儿童期、青少年期、中年期和老年期四个年龄段进行研究。

（2）消费者购买动机　调查消费者购买动机，主要是为了弄清楚购买动机产生的原因。动机是由需求引发，需求是复杂多变的，动机也是多种多样的。从引发动机的角度看，消费者购买动机分为生理性动机和心理性动机两类。生理性动机是由人的生理需求而产生，具有普遍性、习惯性和相对稳定性的特点，如衣食需求。心理性动机是由心理方面的需求而产生，由于心理需求复杂多变，导致消费者的购买动机也千差万别，如求实、求新、求美、求名、求廉、求健康、求舒适、求方便等。

产生购买动机的原因，除了生理和心理因素外，另有研究者认为经济因素和社会因素是产生购买动机的另外两个原因。不过，一般来说，消费者的消费需求多是情感型的，理性需求居于次要地位。

3. 消费者购买行为模式　消费者购买动机的调查弄清了购买动机产生的原因，即为什么购买（why），而购买行为模式的调查则引导我们研究消费者何时购买（when）、何处购买（where）、谁来购买（who）以及购买什么（what）。

（1）何时购买（when）　它是指了解消费者在什么季节、哪个月、哪一天购买。消费者的购买时间受季节、节假日、昼夜及天气的影响，这些影响也使许多产品的销售形成旺季和淡季之分。

（2）何处购买（where）　消费者购物一般有其规律性，据有关调查，消费者最常去的购物的地点是：① 离家最近的商店（占57%）；② 工作地点附近商店（占18%）；③ 上下班途经的商店（占13%）；④ 有名的大型商店（占8%）。

（3）谁来购买（who）　它是指弄清购买活动中的"购买角色"。在购买行为中，购买者、决策者与使用者有可能是分离的，因此弄清消费者在购买行为中扮演的角色是一项必要的调查任务。这方面也有些一般性的规律，如价格较高的耐用消费品往往由男女双方共同决定，普通日用品由主妇购买。但另有许多产品因各种原因仍有不确定性。

（4）购买什么（what）　它是指了解消费者购买同类商品的什么牌子，这些商品是哪些厂家生产的。

2.2.3　产品分析

产品分析包括产品历史、产品特性和产品的市场适销性等方面的分析。

1. 产品历史

（1）生产历史　它是指产品正式投产的时间及过程，其中包括产品发明的时间、上市试销的市场反应、产品生产过程中的改进等。

（2）生产过程　它是指产品的具体生产工序，即从原材料到产品的过程中经过哪些程序，有无突出的特点。

（3）生产设备　产品在生产过程中使用了什么样的制造设备，其设备的技术原理怎样，在业界是否有先进性。

（4）生产技术　产品在生产过程中所采用的技术是什么，有何特点，其科学原理如何，其生产技术是否具有先进性。

（5）原材料使用　产品采用的是什么原材料生产的，材料性能如何，是否环保。

2. 产品特性

（1）产品类别　产品根据用途和目的可分为工业品和消费品，这两类产品在广告受众、媒体选择和广告方式上各有特点。

（2）产品的功能与结构　产品的功能，如规格、大小、用途等与同类产品相比较具有哪些优点；产品的结构是否从消费者方便使用的角度出发，设计是否合理。

（3）产品品质　产品品质是产品物理或化学属性的具体表现，如耐用程度、成分、抗热抗腐蚀性能等。

（4）产品价格　了解消费者对产品价格的反应程度，以及同类产品在市场上的价格竞争状况。

（5）产品包装　包装分为运输包装和直接包装。运输包装是产品在运输过程中的包装。应采用耐压、耐碰、防雨、防潮、防晒、防爆、防火等便于运输的包装。直接包装是产品的销售包装。工业产品的直接包装一般按用户要求而定，但一般都要求使用方便；消费品的直接包装则应考虑包装的保护功能、信息功能和推销功能。要设计出具有以上功能的直接包装，应通过调查所得资料进行。

（6）生命周期　产品生命周期分为四个阶段：投入期、成长期、成熟期、衰退期。产品生命周期是根据销售额和所得利润的变化来衡量的，所以应通过对销售额、市场需求的调查来判断所生产和经营的产品处在生命周期的哪个阶段。

（7）产品服务　产品服务包括产品销售服务和产品售后服务。销售服务包括代办运输、送货上门、安装调试和代培训操作人员等；产品售后服务包括维修、定期保养等。在现代市场营销学中，产品服务已成为产品整体观念中的重要因素。

3. 产品的市场适销性 它是指产品适应市场的性能。该项调查常涉及产品、包装和用户等方面。通过调查，以了解产品是否符合市场要求，是否符合消费者的消费习惯，并为消费者所喜爱。

2.3 广告调查的程序

广告调查的程序可分为四个阶段：调查准备阶段、调查阶段、调查研判阶段和调查总结阶段。

2.3.1 调查准备阶段

广告调查准备阶段可简化为四个步骤：拟订调查方案、设计抽样方案、设计问卷和组建广告调查队伍。

1. 拟定调查方案 按照市场调查公司的作业流程：① 接受客户申请，通过与客户商洽，了解其调查的意图和要求，接受调查业务；② 拟订调查方案，形成书面文件；③ 带着调查方案与客户商洽谈判，征求客户对调查方案的意见；④ 根据客户意见对调查方案进行修改，并再次提交客户审核，以获得同意。此过程在实际运作中可能会进行多次，直到调查方案获准认可。

在以上四个具体步骤中，拟订调查方案是核心。

调查方案不仅是提供给客户审核用的，而且还是市场调查人员实施调研的提纲，所以必须认真策划。具体来看，它包括以下几个内容：

（1）明确调查目的 对客户所提出的调查要求，调查人员需仔细研究，以明确其目的。这是因为客户提出的要求常常十分广泛，一时难以对其目的加以明确界定。在这种情况下，调查人员在拟订方案时，就要选择有关人员进行询问，同时调查人员还需了解客户的生产、经营和销售情况，然后将各方面的情况汇总分析，以明确其调查的目的。实质上，明确调查目的就是弄清楚这样几个问题：① 客户为什么要进行市场调查？② 客户想要知道些什么？③ 客户知道后有什么用处？这些问题看似简单，实际界定起来并不十分轻松。

（2）确定调查内容 任何一项市场调查，往往包括很多调查内容。在调查业务中，调查内容是根据调查目的来确定的。确定调查内容，具体地说，就是确定调查中应包括多少项目，各个项目是什么。

为了保证调查内容能够达到调查的目的，调查人员需要列出尽可能多的项目，检查各个项目对调查目的是否适合，经过反复研究、推敲，保留有用的项目，删去不必要或多余的项目。

（3）确定调查方法 调查方法是指导调查工作正确获得、分析、整理调查资料的方法，调查方法运用得正确、合理，是获得可靠调查结果的基本条件。市场调查发展至今，形成了多种多样的抽样方法和资料采集方法，每种方法各有利弊，在实际调查时应根据不同条件采用适当的方法。

确定调查方法，实际上是确定抽样设计和资料采集方法。具体地说，有以下几个内容：

① 调查区域；② 调查对象；③ 抽样；④ 资料采集。

（4）拟订调查活动进度表　调查活动进度表是调查作业的一个时间表，是检查调查活动进度的依据，对提高调查工作效率，按时完成调查任务非常有用。调查活动进度表由日期、完成的作业内容、备注等项目构成。

（5）费用预算　根据调查区域、样本量、调查方法等拟订调查估价单，其内容包括调查过程中各费用支出项目、数量、单价、金额等，有时也可以只列出调查总费用。

（6）撰写方案　调查方案以书面形式表述，供客户审核，并作为调查工作实施的依据。调查方案的内容一般包括：① 封面；② 引言；③ 调查目的和内容；④ 调查方法；⑤ 作业进度表；⑥ 调查费用预算。

2. 设计抽样方案　广告调查一般都采用抽样调查，即从调查对象的总体中抽出部分进行调查。抽取的样本是否具有代表性，就成了调查结果是否准确的关键。设计抽样方案主要是解决抽样方法和样本量两个问题，而解决这两个问题都需根据调查具体情况，如调查目的、调查经费等来决定。为保证调查结果的准确可靠，调查人员必须在调查活动实施前精心设计。

3. 设计问卷　按照市场调查公司的作业流程，这一步骤包括：问卷设计、预调查、问卷修正。

（1）问卷设计　问卷设计是市场调查重要的一个环节，问卷设计的质量好坏，决定着调查能否得到全面、准确的结果。问卷设计一般包括三个步骤：① 搜集有关调查课题的资料；② 个别访问受访者；③ 拟定问卷初稿。

（2）预调查　预调查即非正式调查，也称试探调查，主要目的是检查问卷设计初稿的合理性，分析调查实施中可能存在的问题，以便调整、修改。预调查往往在小规模的受访团体中进行，其所选样本一般是一些较容易找到的受访者。预调查所使用的调查方法应与以后正式调查所使用的方法一致。

（3）问卷修正　经过预调查后，调查人员应对所回收的问卷初稿进行分析研究，对问卷中的题目进行增删、修改，以编制出正式的调查问卷。在对预调查的资料进行分析时，应主要考虑受访者的意见，对那些大量无人回答的题目、从来无人作答的问题都要仔细分析，寻找原因，并作出修正。

4. 组建广告调查队伍　广告公司内部一般都设有市场调查部，在市场调研专业化程度高的国家和地区，广告公司的市场调查部仅起代理、监督市场调查活动的作用，实际操作则由市场上的专业调查公司进行。然而，在市场调研专业化程度不高的国家和地区，广告公司的市场调查部则起到实施市场调查全过程的作用，并主要是为广告策划提供客观资料。

作为一个市场调查机构，通常包含以下四个部门：

（1）资料组　负责各种商业资料的搜集、分类、整理和归档，主要负责搜集企业内部资料、报刊资料、情报资讯机构提供的情报信息等第二手资料，通常配备一个以上的资料员。

（2）调查组　负责抽样方案实施、预调查和正式调查实施，即搜集第一手资料，通常配备调查执行主任、访问员、专兼职调查员。

（3）研究组　负责拟订调查方案、抽样设计、问卷设计和调查报告的撰写等。该组由研究人员组成，通常是有关学科的专家。

(4) 统计组 负责对搜集到的资料进行统计、分析处理,通常配备一个以上的统计员。

隶属于广告公司的市场调查机构,其部门设置、人员配备视公司规模或业务量而定,但调查组和资料组一般不可缺少。

2.3.2 调查实施阶段

广告调查阶段可简化为三个步骤:短期培训、实地调查、搜集资料。

1. 短期培训 由于各方面条件的限制,一个市场调查机构不可能拥有太多的专职访问员,一般每进行一项研究时,常需要招聘若干临时访问员。为使访问工作顺利进行,常需要在调查阶段对访问员进行短期培训。

培训内容一般包括态度训练,技能训练和问题处理训练。训练的目的是为了端正其访问态度、提高访问员的访问技能以及处理问题的能力。训练方法一般采取讲解、模拟训练和实际操作训练等。

2. 实地调查 经过短期培训后,访问员就进入实地进行调查。实地调查是一项辛苦的工作,为保证调查的客观性、科学性,要求访问员在访问实践中做到认真细致、一丝不苟。

访问员尽管接受了培训,但在访问中很可能会碰到许多问题,所以,对访问员加强指导是这一步骤中的又一重要任务。

3. 搜集资料 一方面通过实地调查搜集原始资料(第一手资料),另一方面搜集现成的资料(第二手资料),如企业内部资料、报刊资料、情报资讯机构提供的情报信息等。在搜集资料过程中需要使用各类调查表及调查问卷,这要求资料员和访问员具有敬业精神,踏踏实实地搞好调查工作。

2.3.3 调查分析阶段

广告调查分析阶段分为三个步骤:鉴别资料、整理资料和分析资料。

1. 鉴别资料 调查得到的资料往往杂乱无章,因此必须从正确性、完整性、真实性方面对其审核。通过审核、鉴别,如发现有不正确、不完整和不真实的资料,就应当从中剔除,以免调查结果出现偏差。

2. 整理资料 它是指对鉴别过的资料进行整理、分类及摘要,使其集中简化。目前,利用计算机整理调查资料已相当普遍。这一步骤包括:资料的编码、数据输入、编码簿制作、统计分析计划的拟订和统计方法的选择等。

3. 分析资料 它是指对整理好的资料进行描述和解释。资料的描述就是将统计结果的有关数据资料转变为让读者容易阅读的形式,通常使用统计表和统计图等方法,将它转变成表格或图形材料;资料的解释是找出数据资料中存在的趋势和关系,识别资料中隐含的意义,并用适当的语言加以描述。对研究结果的解释,一般包括三个层次:说明、推论和讨论。

2.3.4 调查总结阶段

调查总结阶段主要的工作内容是撰写调查报告,调查报告提交出来,整个调查活动就宣告结束。

1. 调查报告的基本结构 调查报告在文体结构上,一般分为五个部分:序言、摘要、引言、正文和附件。

（1）序言　序言通常包括扉页和目录。扉页独占一页，内容有：调查报告的题目，执行该项调查的机构的名称，调查项目负责人的姓名及所属机构以及调查报告完稿的日期。目录则要求完整地列出调查报告主要章节的标题名称及页码。

（2）摘要　摘要是指调查结果和结论摘要。摘要的目的，在于使读者很快了解调查的基本结果，以便从中引出结论和决定采取相应的措施。因此，要求用简明扼要的语言对调查结果作概括介绍。

（3）引言　调查报告引言的内容主要包括调查背景和调查目的。调查背景的内容主要有：产品的销售变化情况，产品的价格及包装策略的运用状况，产品的销售渠道和分销方法，已有的广告及促销策略的实施状况，与竞争对手市场占有率情况的比较，消费者对产品及广告的反应等。调查目的是针对调查背景中所揭示的问题提出的，调查报告中一般都要把这些目的一一列出。

（4）正文　正文的内容一般有：调查方法、调查结果、结论和建议。调查方法部分主要应说明该项调查所使用的调查方法及选择这些方法的原因。它包括：如何确定抽样结构和选择样本，资料采集方法，调查的深入程度和市场调查资料的分析处理方法等。

调查结果部分是将调查得到的资料描述出来。资料的描述形式通常是表格或图形。调查结果所含内容一般包括：产品销量和市场占有率，产品的目标市场结构及特点，产品价格，包装及广告等因素对销售的影响，竞争对手的广告策略，消费者对产品和广告的反应等。

结论和建议部分是明确回答调查前所提出的问题，并根据所得到的结论，进一步提出改进的措施。在此，可提出多种方案，供有关人员选择。

（5）附件　附件是调查报告所附的资料，排在正文结尾的下一页。这些资料一般有：调查问卷，各类统计图表，资料来源名单以及调查样本详细情况等。

2. 撰写调查报告应注意的问题　调查报告是调查活动成果的体现，因此，撰写时应认真细致。一般来讲，应注意以下问题：

（1）实事求是　调查报告应注重对事实的分析，其结论也是在事实的基础上产生的。用事实说话是调查报告的显著特点。因此，调查报告中的全部数据和统计资料必须仔细核对，力求准确无误。

（2）突出重点　撰写时要紧扣调查主题，努力使报告所包括的全部项目都与报告主题有关，对一切无关资料予以删除。

（3）语言简明　调查报告容量大，应考虑读者阅读情况，力求文字简洁。项目的重要程度可通过篇幅长短、段落安排来适当强调，应使用普通词汇，尽量少用专用术语，以易于阅读。

（4）结论明确　调查报告应对调查活动中所要解决的问题提出明确的结论，以供广告策划时参考。结论的表述应明朗、准确，不能模棱两可。

2.4　广告调查的方法

广告调查的方法主要是指抽样设计方法、问卷设计方法和资料采集方法。

2.4.1 抽样设计方法

在广告调查的准备阶段,抽样设计是一个必不可少的步骤。抽样设计主要是解决两个问题:样本量和抽样方法。

1. 样本量 样本是由总体中抽取的部分个体所构成的。调查的样本究竟多大为宜,在确定时应考虑下列因素:① 研究经费。研究经费与样本的大小成正比关系,样本量越大,经费越多,样本量越小,经费也越少。所以在不影响研究结果准确性的前提下,应尽可能减少样本量;② 抽样误差。样本容量与抽样误差存在着反比关系,样本量增大,误差减小;样本量减小,误差增大。但随着样本容量的增大,抽样误差减小的速度会越来越慢;③ 研究目的。调查研究目的不同,则确定样本量的计算公式也不同。此外还应考虑问卷回收率等其他因素。

确定样本量的大小,除了考虑上述因素外,还有确定样本量的具体方法,通常有两种,一种是用公式计算,另一种是查表法。在实际操作中,样本量的确定先要根据调查目的,确定研究的可信度和最大允许误差。然后根据公式或查表,确定样本的最低容量。在不影响最大允许误差的条件下,可根据经费决定是否减少或增加某些层的样本量。

一般情况下,广告调查的允许误差控制在4%~5%,可信度在95%的水平上,所以一般调查的样本数在600左右为宜。

2. 抽样方法 抽样方法按抽样的随机性可分为随机抽样和非随机抽样两类。随机抽样又分为简单随机抽样、系统抽样、分层抽样、分群抽样和二级抽样;非随机抽样分为任意抽样、判断抽样、配额抽样。下面介绍几种常用的抽样方法:

(1) 简单随机抽样 简单随机抽样是随机抽样的最基础的方法,它用纯粹偶然的方法从总体中选取样本。在广告调研中,常采用随机数字表和抽签的方式抽选调查单位。随机数字表是由一些任意的数字毫无规律排列组成的随机数字表。使用时,可以从任意一个数字开始从上往下或从左至右查,直到抽足预定单位数目。抽签法是把总体中每一个体都编上号码并做成签,充分混合后从中随机抽取一部分,这部分签所对应的个体就组成样本。

简单随机抽样虽使用方便,但不适于总体内各单位间差异程度较大的情况。

(2) 分层抽样 分层抽样是将总体中的所有单位,按其具体特征、属性分为若干类,然后在各类中用简单随机抽样方法抽取样本单位。分层抽样调查中将差异程度大的单位进行了分类,使类内变异小于类间变异,从而提高了样本的代表性,减少了抽样误差。具体使用时,有等比例和不等比例分层抽样两种。前者是按各个类的单位数目占总体单位数目的比例进行样本选取,后者是根据抽取样本的工作量、类内变异数和费用大小等抽选各类的样本单位数。

分层抽样由于充分利用了总体已有信息,其样本代表性及推论精确性都优于简单随机抽样。

(3) 分群抽样 分群抽样是从总体中成群成组地抽取样本,分群的标准通常是地域或自然构成的团体。具体做法是:先将总体按一定标准分为若干群,然后成群抽选出样本单位,抽取的每个群中所有单位全部进行调查。分群抽样要求各群间的差异要小,各群内的单位差异要大,目的是为了便于抽选样本和开展调查工作。

(4) 配额抽样 它实质上是一种分层判断抽样,即先依据一定标准规定各群体的样本配额，然后对配额内群体的抽样则由调查人员主观抽出。其操作方式一般可分为四个步骤：① 选择"控制特征"作为细分群体的标准；② 将总体按"控制特征"细分，分成若干个子总体；③ 确定各子总体样本的大小，通常是将总样本数按各子总体在总体中所占的比例分配；④ 各子总体样本量确定后，即可为访问员指派"配额"。

(5) 任意抽样　它是根据调查人员实施调查是否方便，随意抽选调查单位的抽样方法。如可在调查单位所在地周围选择受访者，也可在街头拦截受访者。此法简便易行，一般运用于预备性调查。

(6) 判断抽样　它是依据调查人员的主观判断选定受访者的一种抽样方法。通常选取那些最适合该项研究目的的样本，这些样本在总体中往往具有典型意义或处于重要地位。判断抽样挑选样本容易，抽样过程简单，但容易因调查人员主观判断偏差而导致误差。

2.4.2　问卷设计方法

问卷设计是广告调查过程中的重要一环。问卷必须精心设计，以保证调查结果的全面、准确。

1. 问卷设计的程序　问卷设计的程序一般包括下列几个步骤：

(1) 了解调研目的和内容　在着手进行问卷设计时，首先要阅读调查方案，或向方案设计者咨询，以了解调查目的和内容。

(2) 搜集有关资料，进行个别访问　为加深对所调查问题的认识，调查人员须提前搜集丰富的素材，同时还应进行个别访问，以了解受访者对哪些问题关心以及问卷采用哪种形式表达比较有效。

(3) 拟订问卷初稿　根据所搜集的有关资料和个别访问资料，进行问卷题目编写。在编写题目时，通常按调查内容分类编写。题目编写完毕后，首先依据"题目切合研究目的"和"题目切合受访者"的原则，对已编写好的题目进行筛选和修改，然后加以编排构成初步问卷。

(4) 预调查　将编制好的问卷初稿用于小规模的受调查团体，其目的是检查问卷初稿所存在的问题并加以修改。

(5) 制成正式问卷　在获得预调查材料后，首先应考虑的是受访者的意见和评论，经过对这些意见和评论的分析后，然后对问卷中的问题进行增删、修改，以编制出正式问卷。

2. 问卷的结构和形式　问卷一般包括三个部分：卷首语、访问记录、题目。

(1) 卷首语　卷首语是给受访者的一封信，解答受访者可能产生的疑问，其内容可根据资料采集方式具体确定。

(2) 访问记录　访问记录一般置于卷首语之后，题目之前。主要包括：访问员姓名、编号；受访者的姓名、地址、电话；问卷编号；访问时间等。

(3) 题目　题目是问卷的主体，其题量可依据调查目的和范围来确定，一般情况下，以10至30分钟可以回答完毕为宜。

3. 题目的种类和答案的类型

(1) 题目的种类　调查问卷的问题有两种类型：封闭性问题和开放性问题。封闭性问题，是指已给好供选择的答案的问题，回答者的作答方法是从问卷中已列出的多个答案中选择一个或多个；开放性问题则不给回答者提供具体供选答案。两种问题各有利弊，各适合于不同的条件和背景。

（2）答案的类型　答案的类型根据精确程度由低级到高级可分为四种：① 命名量表。它是用数字来代表事物或把事物归类，编制时一定要注意答案必须详尽，并且互相排斥。例如：请问你家里有没有空调？有、没有；② 次序量表。它不仅指明类别，还指明不同类别的大小或含有某种属性的多少。如销售量的名次，质量的级别，对各品牌的喜欢程度等。该类答案一般是关于看法或态度的问题，普遍的答案等级如：很好、好、一般、不好、很不好；③ 等距量表。它不仅指明大小，而且还有相等单位，在调研中，该类答案很少；④ 比率量表。它包含有等距量表的所有属性。

2.4.3　资料采集方法

调查资料的采集方法较多，按其方式可分为询问法、观察法和试验法等。

1. 询问法　即通过与受访者直接交谈或填写问卷以获取资料的方法，它包括以下几种：

（1）面谈调查　它是与受访者直接交谈的调查方法，依据调查内容的缜密安排程度，可分为：① 实地问卷调查。它是由访问员携带标准问卷对受访者作面对面的访问。访问时，访问员按问卷的题目顺序向受访者询问，受访者作答范围是有限制的，其多数只能从访问员提供的答案中作出选择。这种调查方法在现代市场调查研究中得到广泛应用。依据作业方式，实地问卷调查分为入户问卷调查、拦截式问卷调查和集体问卷调查；② 座谈会。它是由调查人员与受访者一起就某些问题展开讨论，以获取建议、意见的调查方法，适合于产品开发、设计等研究。举行座谈会需精心安排，事先要选择一个合适的会议室，邀请与会者，设计会谈的大纲，并要选择一个合适的主持人；③ 自由访问。它是事先不拟订问卷、访问提纲，由访问员与受访者就某些问题自由交谈。自由访问可以获得较多的资料，访问的弹性大，适合于了解一些复杂的问题，通常用于正式调查前的预备性调查或调查后就有关问题作进一步深入探讨。

（2）邮寄调查　邮寄调查是将设计好的问卷制成邮件附上回邮信封，通过邮局向受访者发送和回送问卷的调查方法。在调查中，调查者与受访者之间的关系是借助于邮件建立起来的，一份标准的调查邮件通常包含一份问卷表，一封介绍信、一个回邮信封。邮寄调查节省费用，节省时间，调查区域广泛，但回收率低是其主要缺点。因此，在调查中还经常采用催复信来提高问卷回收率。

（3）电话调查　电话调查是由访问员通过电话这一通信工具向受访者进行访问的调查方法。电话调查所需的基本条件除了访问员以外，还需要有一个合适的办公室、若干部电话、若干台备用录音机以及记录用纸笔。电话调查的抽样方法在操作上有其独特性，具体包括以下几个步骤：

1）运用电话本或随机拨号抽选样本户。
2）使用任意成人法或随机选择法选择受访者。
3）选择替代样本。

电话调查的优点是快速、便利、节省经费，缺点是难以进行复杂问题的调查，受访者容易拒访，同时也无法判断受访者作答的真实性。为提高电话调查的工作效率，应注意通话的时机，同时还可以运用酬赏和追踪等办法。

另外还有移动电话调查，是用手机发短信息的方法进行调查。

（4）留置调查　留置调查是将印好的问卷或表格送达受访者个人或单位，由其填好后定期收回。该方法时间短，成本低，但问卷的回收情况较差，加上无调查人员当面解释，易出现答非所问的情况。

（5）网络调查　网络调查也叫网上调查法，是通过互联网、计算机通信和数字交互式媒体，按照事先已知的被调查者的电子邮箱地址发出问卷收集信息的调查方法。网络调查的大规模发展源于20世纪90年代。网络调查具有自愿性、定向性、及时性、互动性、经济性与匿名性。与传统的调查方法相比，网络调查在组织实施、信息采集、调查效果方面具有明显的优势。

网络调查的优点：组织简单、费用低廉、客观性好、不受时空与地域限制、速度快。

网络调查的缺点：网民的代表性存在不准确性、网络的安全性不容忽视、受访对象难以限制。

网络调查是一种新兴的调查方法，它的出现是对传统调查方法的一个补充，随着我国互联网事业的进一步发展，网络调查将会被更广泛地应用。

2. 观察法　观察法是观察人员在现场对观察对象的状况进行观察记录，以获取第一手资料的资料采集方法。由于被调查者不知道正在进行调查，故结果比较准确、客观。

观察法的观察方式有两种：① 观察者作为旁观者，观察现场发生的情况；② 观察者作为参与者到现场活动中进行观察，如充当售货员等。

观察法一般以商品资源、顾客状况、顾客流量、营业状况和库存结构为观察内容。在广告调查中，对情境、人物、行为、事件发生或人物出现的频率和持续期、受观察者参与事件的目的和态度等进行观察。为保证记录结果的客观准确，可以在边观察边记录的同时，用录音机或摄像机加以记录，以便日后查证或补充文字记录的不足。

3. 试验法　试验法是把调查对象置于一定条件下，进行小规模试验，通过观察分析，了解其发展趋势的一种调查方法，常用的试验法包括：实验室试验、销售区域试验、模拟试验、前后连续对比试验和控制组与试验组对比试验等。现简介后两种：

（1）前后连续对比试验　此方法是在同一个企业中，在不同的给定条件下，对前后不同时期的试验对象加以观察，借以判定试验结果的一种调查方法。例如，某厂为改进某产品包装，决定组织一次新包装产品的试验性销售。先对试验商店在改变包装前一定时期内的该产品销售量作出统计，然后对该试验商店新包装产品在同一时期的销售量进行统计，测定前后不同时期销售量的增减变动幅度大小，最后结合非试验因素的影响等因素，进行分析、决策。

（2）控制组与试验组对比试验　此方法是在同一时间，两组不同给定条件的企业之间的对比试验。一组为试验组，按一定的试验条件进行试验，另一组为控制组，按一般情况组织活动。例如，某公司选择四个商店进行包装试验，四个商店分为两组。甲组为控制组，销售无包装商品，乙组为试验组，销售有包装商品。如果甲组比乙组在同月内商品的销售量大，那么在客观环境和主观经营能力大体相同的条件下，这个差别就可以比较正确地反映出试验的效果。

试验法能揭示自变量与因变量的因果关系，有利于观察市场活动中相关变量间的关系，同时，试验法控制严密，误差来源比较清楚，研究结果比较精确。但是这种方法所需时间较长，费用较高，试验结果难以达到完全的代表性。

复习思考题

1. 广告调查应遵循哪些原则？其作用是什么？
2. 试述广告调查的内容。
3. 广告调查准备阶段应做些什么，请具体阐述。
4. 确定样本应考虑哪些因素？有哪些具体的确定样本量大小的方法？
5. 试述调查资料的采集方法。

第3章 广告心理

学习目标：

通过对广告心理内容和知识的学习，使学生了解广告受众的心理特征，掌握广告受众的需求心理，熟悉增强广告注意力的方法，熟知强化消费者对广告的积极态度的技艺与诀窍。

3.1 广告受众心理

在卖方市场的时代，由于商品短缺、品种少的关系，人们不但选择商品的余地小，而且经常会遇到买不到某种商品的情况，因而商家对商品的态度是有货不怕卖不掉。但是，随着商品经济的发展，社会生产力水平和科学技术水平的日益提高，市场上的物质产品和精神产品都极大地丰富起来。不但商品的品种增多，而且即使是同一种商品也会有众多的品牌，从而形成了买方市场的时代。那么如何适应买方市场，让消费者在众多的同类产品中选中自己的产品，是商家面临的共同课题。这时，广告就成了最好的促销手段。随着广告业的发展，广告心理学也应运而生。因为人们的任何活动都伴随着心理活动，广告受众的购买活动也是如此。一则广告从它的策划、制作到发布时间的选择、媒体的利用都会遇到一系列心理学上的问题。它的成功，绝不是简单的文字说明或美术摄影等表现技巧，更主要的是看它是否符合广告受众心理。广告心理学作为心理学的一个新的分支，就是利用心理学的原理来研究广告活动中广告受众的心理并为广告的制作提供心理依据，从而使广告达到预期目的的。

3.1.1 广告受众的心理特征

广告受众随性别和年龄的不同有许多不同的心理特征。准确地把握这些特征，对于广告的成功具有十分重要的意义。

1. 年龄心理特征 不同年龄段的广告受众具有不同的心理特征，广告只有有的放矢，才能真正满足广告受众的需要，使广告收到良好的效果，否则将是事倍功半。

（1）儿童期的心理特征 据有关统计资料显示，在世界各国人口结构中，少年儿童都占有相当大的比例。少年儿童作为广告受众的一个重要组成部分，具有十分巨大的市场潜力。尤其是我国计划生育国策的实施，独生子女受重视的程度更是前所未有，其消费市场也空前广阔。少年儿童与广告有关的心理特征主要有：

1）以形象思维为主。对儿童所作的广告，应该尽量用形象化的表现方法。如生动有趣的人物、动物形象，卡通人物形象，幽默滑稽、夸张的动作和儿童口语，如小朋友们都很喜欢的孙悟空、米老鼠、唐老鸭、一休等。突出的如动画片"蓝猫淘气3000问"，由于集趣味性、知识性于一体，不但动画片吸引了亿万少年儿童，随片广告宣传的蓝猫系列产品，如蓝猫书包等学习用品、食品、玩具等，也都得到了孩子们的喜爱，应该说这是利用形象化手段做广告的一个很成功的例子。

2）以无意注意为主。那些画面具有新奇性、色彩艳丽、对比强烈甚至夸张离奇、动作滑稽、语言风趣幽默的广告都会引起孩子们的无意注意。如"蒙牛随变"冰激凌，最后的画面出现的是一个"超人"拿着"蒙牛随变"冰激凌的形象，给孩子们留下了深刻的印象。

3）好奇心强。儿童时期正是孩子们对外部世界充满好奇，想一探究竟的时期。针对这一特点把现实与想象结合起来的广告更具有神奇性，因而也会更受孩子们的欢迎。例如，一则蓝猫饮料广告词是"蓝猫爱喝咕噜噜，淘气爱喝咕噜噜，恐龙爱喝咕噜噜"，惹得小朋友也想尝尝这个"咕噜噜"。

4）善于模仿。儿童时期也是孩子们最善于模仿的时期。他们特别喜欢模仿自己喜爱的偶像，如童话中的英雄人物或动画片中的各种形象。国产动画片中"蓝猫淘气3000问"中的蓝猫、菲菲形象，日本动画片"四驱兄弟"中小豪、小烈等人物形象，和与他们有关的广告产品也得到了广大少年儿童的喜爱。

（2）青少年时期的心理特征　青少年时期是人生最旺盛的生长时期，也是心理发育由不成熟向成熟过渡的一个关键时期，与广告相关的心理特征有：

1）思维上由形象思维向抽象思维过渡，自我意识和批判意识增强。反映在消费上，就表现为自主性增强，不仅能意识到自己的某种需要，而且开始要求自主决定购买所需的东西，而不喜欢再由父母包办代替他们进行购买。同时，青少年的审美意识也开始增强，开始留意到形式美、外在美，从而追求美，追求时尚。表现在消费上，赶时髦，就成了他们的重要特点。在他们的眼里，名牌的、时髦的东西就是好的、美的、酷的。有时，他们买东西仅仅就是为了赶时髦。所以，广告要帮助商家创造名牌，创造美的产品，创造时尚的适应青少年消费需要的产品。

2）情感上，充满激情和活力，易受感染，也容易冲动。青少年在购物时，往往求新、求美，喜欢前卫、浪漫、标新立异的东西。他们时刻关注新产品的问世，并且常常是新、奇、特产品的第一购买者、使用者和传播者，他们购物易感情用事，易受广告宣传和周围同龄人的影响，而较少像成年人那样深思熟虑。对此，广告要大力宣扬产品的新异性并说明其产品的优良性能及突出优点，晓之以理，动之以情地打动青少年广告受众。一些青少年购买新的电子产品，如电子词典、复读机、电视机和计算机等，不是因为他们原来没有这些产品，而仅仅是为了更新换代，为了更新、更好的性能。只要市场上的产品在不断地更新换代，他们手中的相应产品也会随之更新换代，尽管他们手中的钱也许不多，但他们的消费意识会永远跟着新产品走。广告的任务就是要把商家生产的新产品介绍给他们。

3）崇拜、模仿心理依然强烈，追星现象普遍。青少年常常因为喜欢当红的中外体育或影视明星而喜欢他们所代言宣传的广告产品。从明星们的服饰、发型，到用的、吃的、喝的等，都成了很多青年人模仿的东西。中国的体操王子李宁的体育用品广告和产品也是家喻户晓。而许多电影、电视、歌坛明星们代言的广告也都取得了极好的效果，得到了许多青少年广告受众的欢迎。目前，广告界用明星做广告已成了一个非常普遍的做法。

（3）中年期的心理特征　人到中年，便进入了人生的鼎盛时期。很多人已成家立业，心理也基本成熟。其心理特征表现如下：

1）思维上以理性的抽象思维为主。在消费上，他们的理智已多于感情用事，开始讲究实际，购买行为大多有意识、有明确目的。由于生活经验的丰富，商品及购物经验的增加，他们不但注重商品的外观，更注重其内在的质量、功能、价格甚至售后服务等诸多因素，他们购物时经常货比三家，综合考虑，属于成熟的消费者。所以，针对中年人的广告，要侧重于说理，让他们心悦诚服地感觉到广告产品带给他们的实际利益，值得买。要做到这一点，广告要从消费者的角度出发，用实实在在的东西打动他们。

2）追求身份、地位、财富。中年是人生事业的鼎盛时期，经济上也基本处于自己决定的时期。他们往往喜欢购买那些能展示自己身份地位和财富的产品。例如，金戒指、金项链最初是作为一种富有的象征戴在人们身上的，于是许多人争相购买，甚至以金戒指越宽，金项链越粗显得越富有、越气派。经济条件好的，还有戴两个以上戒指的，经济条件差的，也要设法买上一个，以免让人看不起。手机初入市场时，因其方便、快捷深受人们喜爱，也因其价格昂贵而被视为身份、财富和地位的象征，俗称"大哥大"，广告词就是"手持大哥大，走遍天下都不怕"，一时间，人人都以拥有一部手机为荣。计算机的发展也是如此，也曾是身份地位的象征，令人得意，令人羡慕。现在，拥有一辆自己的中高档的车又成了众多青年人追求的目标，因为它不菲的价格和出行的便利而成为新的财富和身份地位的象征。

（4）老年期的心理特征　目前，随着我国开始进入老龄化社会，如何适应老年期的心理特征，研发老年人产品并做好老年人用品广告宣传，是摆在每一个商家和广告人面前的一个重要任务。较之儿童、青少年和中年人，老年人有独特的心理特征，其表现是：

1）思想趋于保守，好凭经验办事，对新生事物往往持怀疑态度。表现在购物上，理智感非常强，非常注重实用，特别是看重商品的质量和功能，不容易接受广告宣传，不容易接受新产品、新服务或新的生活方式。由于旧的生活经验影响和旧的价值观念支配，即使他们真的决定要买一件东西，也要考虑再三。对此，广告宣传一方面要帮助老年人改变消费观念和价值观念，同时也要告诉老年人自己宣传的东西所具有的实实在在的好处，有利于他们的幸福、健康和长寿，让他们听着动心，买着放心，用着顺心。

2）怀旧心理和消费定势。老年人由于长期的生活习惯大多形成了一定的消费心理定式。作为广告受众，他们往往偏重于自己多年购买的某种品牌的产品，尤其是历史悠久的品牌，而对别的品牌不屑一顾，也不愿一试，这不仅是由于生活习惯，更由于信任老牌子和怀旧心理的原因。所以，那些具有老字号的产品往往是老年受众者的最爱，如药品广告等。那些老字号的药，如北京同仁堂的药更受他们的信任，而在一些食品广告中，他们也往往选择自己多年喜爱的品牌食品，其中也包含了浓浓的怀旧心理。对此，广告要努力宣传那些能够带给老年人许多美好回忆的老字号产品和信得过的名牌产品去赢得老年受众者的心理。

3）更加关注健康。老年人由于生理机能的减退，身体往往都不如年轻时强壮，所以他们对健康的需要较为迫切。他们都希望健康、长寿，因而比较关注与健康有关的药品、食品和保健品等。他们要求药品符合老年人常见病的治疗需要，食品符合老年人的营养需要，保健品安全、可靠。所以针对老年人的广告，要努力满足他们的这些需要，才能打动他们的心。曾在各电视台热播的新盖中盖高钙片广告，因为一片顶过去五片的特点和著名演员李丁的真诚表演，不但使很多老年受众者记住了这个广告，连许多年轻人和孩子也记住了，广告效果非常好。还有一则补血口服液的广告，用一群精神焕发的正在登山的老年人表现他们喝了这种口服液的良好效果，其感染力也非常强。

4）心理需要依旧强烈，渴望丰富老年人的精神文化生活。由于医疗保健水平的提高和保健设施及服务的不断完善，老年人的健康水平较过去有了很大的提高，寿命普遍比过去延长,很多老年人退休以后身体依然很健康,精力也很充沛。他们不但希望自己能健康长寿,更希望自己的晚年生活能丰富多彩,他们有了更多的时间追求和享受人生。所以,商家要充分认识到开发老年人精神产品市场的潜力和广阔前景,如音乐、书籍、报纸、杂志、电影、电视剧作品,文化娱乐设施和服务及适合老年人身心特点的旅游项目等。广告就要在宣传这些产品和服务的同时,倡导一种新的生活时尚,帮助老年人讲究生活质量,充分享受人生。

2. 性别心理特征 男女性别不同,当然需要不同,心理特点也存在着差异。表现在与广告有关的心理特征如下:

(1) 女性的心理特征

1) 追求美。"爱美之心,人皆有之。"但女性较之男性更为强烈。凡是能使女性美的东西都是她们想得到的,因而,凡是能使她们美的广告产品也都是她们所欢迎的,令她们心动的,如食品、药品、服装、鞋帽、美容美发、减肥健身、护肤、各种保健品、体育用品、设施服务等。对此,广告宣传要强调其产品或服务能使女性展示美、保持美、增加美的能力这一特性,没有女性会拒绝使她们美的东西。

2) 爱赶时髦,追求时尚。从众心理,是大众中普遍存在的,但女性比男性更为强烈。她们比男性更为关注时尚资讯,尤其是在服饰、鞋帽、发型等方面更爱赶时髦,总是不愿落在别人的后面,怕给人落伍的印象。从众心理严重的女性,有时即使某种产品自己不喜欢,不想买,但迫于周围大环境流行趋势压力也就买了。女性还比男性爱逛街,有时并不想买什么,只是为了看看有什么新产品在流行,以使自己能赶上新时尚。闲逛中,她们会顺手买下让自己心动的东西。基于女性的这种心理,商家们应努力创造新的产品或把旧的产品推陈出新以吸引女性消费者,广告宣传更要起到推波助澜的作用,宣传新时尚,创造新时尚,使自己宣传的产品成为最时尚的东西,以满足女性的心理需要。

3) 感情丰富,易受感染,充满爱心。女性一般较男性感情丰富、细腻,易受感染,购买活动中,也容易感情冲动。因而一些带有浓厚感情色彩的广告更容易打动她们的心,引起她们感情上的共鸣。例如,"威力洗衣机——献给母亲的爱"的广告词就很受女性广告受众的欢迎。当女性结了婚为人妇、为人母之后,就更多了一份给丈夫和孩子的关爱,所以那些关心丈夫健康,促进孩子健康成长的广告也常常能引起女性广告受众的注意。

(2) 男性的心理特征 在广告受众中,男性与女性有明显的不同,其表现如下:

1) 思维上更擅长抽象思维,且以理性为主。男性大多不爱逛商店,一旦到了商店,他们的购物目的也往往非常明确,买什么,就直奔什么去。他们购物时,往往更多地从实际考虑,讲究质量、性能。成家以后,他们往往是家庭中大件高档产品的购买决策人,如房屋、汽车、家具及家用电器等。购物前他们往往会注重收集同类产品的不同广告加以分析比较,很少像女性那样凭一时冲动买回一些可用可不用甚至没用的东西。所以,商家进行广告宣传要针对男性的这一特点,多从介绍产品的功能、质量、性能等方面入手,从理性上影响他们接受自己的产品。

2) 注重显示男性的阳刚之气。男性美重在阳刚之美。有许多形容词,如雄健、刚毅、潇洒等来形容男性的阳刚之美,也有很多产品能展示和增强男性的阳刚之美。因而,能展示和增强男子汉的阳刚之气的产品也会赢得男性广告受众的青睐。众所周知的"万宝路"香烟,广告开始的宣传侧重的是女性广告受众,效果不佳。后来改用充满阳刚之气的美国西部牛仔作为广告形象,大举宣传,"万宝路"是男子汉的象征,很快就打开了销路。还有金利来广告中的"金利来,男人的世界"也极力渲染自己是男子汉的象征,会令男士更英俊、更潇洒、更酷,使用金利来牌领带和打火机等成了很多男士的首选。现在,很多侧重男士的广告宣传都极力宣传本产品能增添男子汉风采。

3)爱面子心重,好表现自己。男性比较注意追求身份和地位,注重品牌,表现在购物时,他们不愿意讨价还价、斤斤计较,有时即使自己的经济实力并不雄厚,也愿意买一些被视为有身份、地位和财富象征的东西。如手机刚入市场时的价格是很贵的,但很多男性广告受众争相购买,并在越是人多的时候越爱打手机以显示自己的富有和身份,这也得益于手机广告所宣传手机是"大哥大",手机能显示男子汉的自信等。另外男性广告受众在服装及各种男士用品的选择上也注重选择名牌产品,因为名牌产品即代表着良好的产品质量,也能显示出使用者的品位、身份和地位,如一些名牌西装、名牌领带、名牌打火机等。所以,广告要努力帮助商家打造名牌产品,并赋予其能显示身份、地位和财富的象征意义。

3.1.2 广告受众的需求心理

1. 广告受众的需求 人们购买产品或服务,其基础是源于人们的需求。需求产生购买动机,动机促使人们采取购买行为。作为广告的策划者必须了解广告受众有哪些需求,并设法满足其需求,才能使广告收到良好的效果。人们的需求是多种多样的,绝大多数人赞同美国著名心理学家马斯洛的需求层次理论。他把人的需求或需要划分为五个层次,如图 3-1 所示。

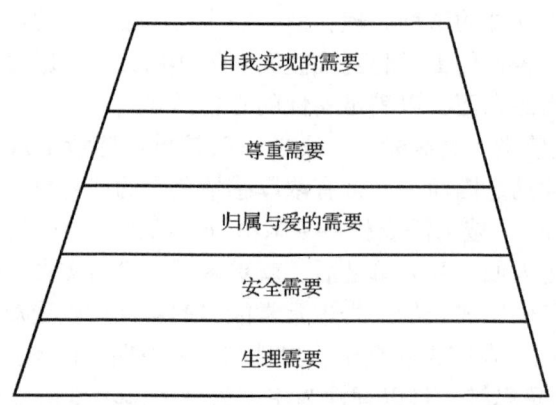

图 3-1 马斯洛需求层次理论

(1) 生理需要 从图中可以看出,生理需要处于最低层,是最低层次的需要,也是人类最基本的最强大的需要。因为它是人类生存之必需,因而也是最普遍的需要,如衣、食、住、行等。

(2) 安全需要 安全需要也是人类的基本需要,是人们为了避免危险、寻求自身的生命安全、生活和工作有保障的一种需要,因而也是一种最普遍的需要。

(3) 归属与爱的需要 人是社会的一分子,每一个人都生活在一定的社会群体中,都希望与别人交往并被群体接受而有所归属,也都希望获得友情、亲情、爱情及家庭生活的温暖,渴望着爱与被爱。

(4) 尊重需要 它包括自尊和得到别人的尊重两个方面。在满足了前三个需要之后,人们自然地过渡到了尊重这种较高层次的需要。这种需要的产生和满足促使人自尊、自爱和自信，去追求生活中美好的东西，是属于高层次的需要。

（5）自我实现的需要　它是指人们的个人价值得以充分实现，即理想和抱负的达成，个人能力的全部发挥而获得的成就感，是属于人类最高层次的需求。马斯洛的需求层次理论是历史上第一次把人的基本需要划分为五大类，并指出了需要存在着一个由低级向高级发展的过程。其中前两种为生理需要，后三种为心理需要。这一理论是基本符合人类需要规律的，对于广告心理学的研究，具有十分重要的指导意义，因为每一种需要都直接影响着人们的购买动机和购买行动。

2. 广告受众的购买动机　动机，是直接推动一个人进行活动的内在动因或动力，是需要的具体表现。广告受众的购买动机，是指人们为满足某种需要而接受广告的宣传采取购买行动的内在动因或动力。因为需要多种多样，购买动机也多种多样，但大致分为两类，即为满足生理需要而产生的生理动机和为满足心理需要而产生的心理动机。生理动机一般比较稳定，受外界干扰小，而心理动机受外界影响大而且易于改变，其具体表现如下：

（1）求实动机　这一部分广告受众往往是一些非常理智的人，他们接受广告宣传的产品，首先看重的是该产品的实用价值。实用是他们的首选，不实用的东西再好也不买，尤其是对一些日常生活用品。其次，他们看重的是产品的质量，质量不可靠或信不过的产品也不买。然后，他们考虑的是价格，样式和色彩放到最后，务求价廉物美。这一部分人在广告受众中占有相当大的比例，他们往往是家庭收入一般者，勤俭持家，精打细算过日子。针对这一部分的广告受众，要充分宣传其产品的实用性，带给人们的好处，良好的质量、性能和合理的价格等，这当然也要求广告产品真正物美价廉，令人信任。

（2）求新动机　持有这种动机的广告受众往往是一些经济条件好的中年人和一些爱赶时髦的青年人，同时也是一群从众心理较强的人。每当有什么新、奇、特产品或更新换代产品上市时他们都会格外注意，先买为快。本来有些产品他们已经拥有了，但是为了更新换代，就不惜把旧的产品淘汰掉，而花高价买新一代的产品，如服装、家用电器、家具、学习用品等。其中又以家用电器的更新换代和服装的款式翻新表现得最为突出。据此，商家要努力生产出更新更好的产品，广告要突出宣传其新、奇、特。因为新产品往往与较高的科技水平含量有关，因而往往具备更高的质量和更新的功能，能够带来新的方便和新的享受。

（3）求荣动机　持这种动机的广告受众往往是荣誉感非常强的人。他们喜欢通过所使用的产品和接受的服务来显示自己的身份、地位和财富。他们喜欢购买名牌的产品和高档的产品。很多精品店或专卖店、专柜常常是他们光顾的地方。对此，广告宣传要着力表现其产品的名贵、高档和豪华以及给广告受众所带来的气派和自信。例如，著名歌星周华健代言的一则西服广告就用了"庄重一身，吉祥一生"来表现其气派，还有皮尔·卡丹西装、金利来牌领带和打火机等，都极大地满足了持有这一部分购买动机的受众需要，广告效果一直很好。

3.1.3　广告受众的心理过程

虽然广告受众从接触广告到采取购买行动的过程是很复杂的，但大致遵循了下面五个过程，即目前国内外广告界普遍接受的"AIDAS"规律。

1. 注意（Attention）　由于广告的宣传刺激引起了人们对广告的注意，这是广告受众购买心理过程的第一阶段。因为只有引起注意的广告才能谈得上去接受它所宣传的产品并有可能产生购买行为，不能引起注意的广告应该是失败的广告。所以广告首先要设法引起人们的注意。

2. 兴趣（Interest） 在引起广告受众的注意后，就要设法引起他们的兴趣，达到感情的沟通，心灵的共鸣。要引起他们的兴趣，就要满足他们的需要，要想"投其所好"而达到"一见钟情"的境地，是需要广告人下一番功夫的。

3. 欲望（Desire） 当广告受众的兴趣被引起之后，他们往往会有一种购买的欲望。为了使这种购买欲望更强烈，广告宣传需要大力突出其产品的特点，如先进程度、质量上乘、性能安全可靠等优点以及带给人们的好处等，使广告受众觉得不买不快，非买不可。

4. 行动（Action） 当购买欲望强烈到一定程度时，广告受众就会采取购买行动。这时广告的任务就是让广告受众明确购买的具体事项，如乘车路线、购买地点、产品价格、咨询电话和服务方式等。

5. 满意（Satisfaction） 广告受众在购买了广告宣传的产品后，往往还需要对自己所购买的产品进行欣赏和评价，其满意程度的评价也是对广告宣传的评价。只有那些广告宣传与广告产品实际相符的广告才是受欢迎的广告，而那些名不副实的广告不但会引起广告受众的不满，甚至还可能引发广告诉讼或纠纷。这就要求广告的发布要实事求是，诚实守信，才能让广告受众满意。

3.2 广告注意

从广告受众的购买心理过程中，我们已经了解到，注意是整个购买过程的第一个阶段，没有这个阶段，就不可能有后面的一系列过程。引起广告受众的注意，是广告成功的基础和前提。

3.2.1 注意的含义

注意是人们非常熟悉的一种心理现象。当我们清醒的时候，我们总是在注意着一些事物。尽管我们每时每刻都被无数的信息刺激着，但在同一时间内，我们不可能对所有信息印象深刻，而只能对其中一部分印象清晰、深刻和完整，而对其他部分印象模糊或不完整。也就是说心理活动有一定的指向性和集中性，如看电视转播足球赛时的全神贯注，做作业时的专心致志和读书时的聚精会神等。这种对一定对象的指向和集中的心理活动被称为注意。

注意的形成源于两个方面：① 外界对人们的刺激；② 来自人们自身内部的需要，如生理或心理的需要。作为积极的心理状态，注意是一切心理活动的开始，并且始终伴随着人们的各种心理活动，保证着人们心理活动的顺利进行。在广告心理中引起广告受众的注意，是对广告的基本要求，也是增强广告效果的首要因素。其表现就是要让广告受众对广告引起注意和关心，进而采取购买行动。

3.2.2 注意的特点

指向性和集中性，是注意的两大特点。他们总是伴随着各种心理活动而存在着。

所谓注意的指向性，是指人们的心理活动具有选择性。人们在每一瞬间的心理活动，总是有选择地指向某一事物而同时离开另一些事物。例如,学生考试答卷时,他们只注意考卷上的问题,而对其他与考试无关的事物不予理睬。

所谓注意的集中性,是指心理活动专注于指向的对象,一旦心理活动选择了某一对象,就对这一对象全神贯注,深入研究,以期有一个完整清晰的认识和了解。例如,某一广告受众想找一个厨师学习班学习做菜,他就会在所有的广告中选择开办厨师学习班的广告加以分析和比较,而同时会忽略其他的宣传广告。

3.2.3 注意的形式

根据注意的产生有无预定目的,以及保持注意时意志努力程度的不同,可以把注意分为无意注意和有意注意两种形式。了解注意的种类和特点,并利用好注意的规律,对搞好广告的创作、设计和发布都具有十分重要的意义。

1. 无意注意 无意注意也被称为不随意注意,是指事先没有预定目的,也不需要做任何意志努力的注意。例如,在一个正在上课的教室里,教师正在认真地讲着课,学生们也聚精会神地听着课,忽然教室里闯进来一个人,这时,人们会不由自主地、不约而同地看他而对他产生注意,这种注意,就是无意注意,这种注意没有任何准备,也不需要任何意志努力。广告受众对广告的注意,在很多时候都是这种不由自主的无意注意。因为无意注意不需要任何意志努力,因此对广告受众有很大的影响,非常有必要加以认真研究。

在前面的论述中,我们已经知道,引起注意的原因主要来自两个方面,即外界客观事物的刺激和人本身的主观状态。无意注意的形式也是如此,下面我们将作具体介绍。

(1) 客观刺激物的特点其具体表现为:

1) 新异性。新奇的事物往往容易引起人们的无意注意,人类的共性之一,就是对新奇的、未知的事物充满了好奇心。所以人们总是对那些新涌现出来的产品表现出浓厚的兴趣,对新奇的广告表现手法产生无意注意。

2) 强度。任何强烈的刺激都会引起人们的无意注意。例如,巨大的声响、尖厉的哨音、强烈的气味、鲜艳的色彩等。但有时相对强度的刺激也会引起人们的无意注意。例如,寂静的房间里,一根针掉到地板上也容易引起人们的无意注意,而在人声鼎沸的情况下大声说话也未必人人听得见。

3) 对比。刺激物之间,在强度、形状、大小、颜色或持续时间长短等诸方面的对比关系中,差别越大越多,越容易引起人们的无意注意,如万绿丛中一点红、鹤立鸡群等。在广告设计和表现中,利用对比原理吸引广告受众的无意注意是一个常见的方法。

4) 活动与变化。较之静止不动的事物,活动和富有变化的东西,容易引起人们的无意注意,动感的广告也比静止的广告具有吸引力。例如,夜晚的大街上,灯箱广告是很漂亮的,容易引起人们的无意注意,但相比之下,闪烁的霓虹灯广告更加容易引起人们的注意。在一些大城市悬挂于车站或广场上的大屏幕广告,每当夜幕降临时便大放异彩,有声、有色、有动感,使人们在很远的地方就能看到,非常具有吸引力。

(2) 来自人们自身的主观状态 无意注意不仅可以由外界刺激物的特点引起,而且也和人的主观精神状态有很大关系。同样的条件下,面对同一事物,有的人会注意到而有的人则不会注意到,就是因为他们的主观精神状态不同。影响无意注意的主观精神状态主要包括下面几方面:

1）需要和兴趣。凡是能满足人们的要求和符合人们兴趣的东西，往往能引起人们的注意。例如，走在大街上，面对着路旁的一则房屋出租广告，许多人匆匆而过，不予理睬，而一位正急欲求租房屋的人就可能会被吸引而驻足观看。体育爱好者易于发现体育赛事的广告，而爱赶时髦的时尚爱好者容易注意到最新流行的服装或家具等的广告。

2）情绪和精神状态。人在心情愉快，情绪高涨的情况下，往往对平时不太在意的事物感兴趣而引起无意注意，可谓看什么都有趣；而在心情烦躁、情绪低落或生病的时候，就往往容易把注意力转向自身，而忽视了对外界的注意。本来一些平时可能会觉得有趣的事物也难以引起他们注意，可谓看什么都没意思。

3）追求更新、更好。追求更新、更好，这是人类社会进步，科技发展的巨大动力，它激励着人们不断地创造出更新、更好的产品来。广告受众中很多人去购买广告宣传的产品，就是看重该广告产品表现出来的新颖和先进之处。因为新的东西总是容易吸引人们的注意。新品对于旧的东西，往往更先进、更方便。例如，在计算机的购买上，人们总是追求着更新、更好。而且，只要它在不断地更新换代，就永远能吸引人们的无意注意。

2. 有意注意　有意注意也被称之为随意注意，是指有预定目的，需要一定的意志努力的注意。相对于无意注意，它是受人的主观因素影响的。例如，一个人想买计算机，他就会特别留意有关计算机的广告，并到各大商场去实地考察，比较各个型号、品牌计算机的质量、性能、价格和售后服务等，然后决定买哪个品牌的计算机。买的时候，还要特别地观察所买计算机的开机运行情况。

3.2.4　注意的方法

生活在现代社会的人们，可以说每天都能接触到广告信息。据美国的一项调查统计显示，在美国，每人每天平均要接触到1600多条广告信息。中国的情况也差不多。人们早上一起床，打开收音机或电视机就能接触到广告。走在大街上，人们更是无法逃避随处可见的广告。尽管如此，并不是每一条广告都能引起人们的注意，而只有那些被注意到的广告才有可能是成功的广告。否则，再好的产品也不会被人了解，再好的创意、再美的制作也将付之东流。所以，任何广告的设计和制作都要符合注意的规律和原则，才能吸引广告受众的注意力。常见的吸引广告注意力的方法如下：

1. 增强广告信息的新颖性　在分析引起广告受众无意注意的原因时我们得知：具有新奇特点的客观刺激物容易引起人们的无意注意。因为人们总是对新奇的东西着迷，尤其是在产品和广告类型化的今天，要一枝独秀，必须有新奇的表现。只有标新立异，才能吸引广告受众的注意力并留下深刻的印象。而司空见惯的东西往往容易被人熟视无睹而忽略。所以，在广告设计中，新奇的表现手法，生动有趣的语言都能产生特殊的效果。例如，曾在各大电视台热播的一则退烧药广告，内容是一只红螃蟹和一只黑螃蟹在路上相遇。因为人们都知道螃蟹变红是被煮熟了的原因，是不可能再变成原来的黑色了，可在广告里，它服了"易服芬"后，竟又恢复了本色。这则广告的语言也特别风趣："哥们儿，咋的啦？让人煮了，快服易服芬哪！"画面一转，是那只红螃蟹服了该药又变成了黑螃蟹后精神焕发的样子。由于该广告构思巧妙，表现手法新颖，语言诙谐幽默，一下就引起了广告受众的注意。其广告语更是成了很多人的口头禅，还在后来被引申到别的方面，如有的人在生活或工作中受到了委屈或不公平的待遇，往往就说"让人给煮了"。

增强广告信息的新颖性，除了上面谈到的之外，利用新奇事物引起人们对产品的注意，也是一个极好的方法。这里，宣传的产品一定要和新奇的事物有密切的联系。

2. 增强广告信息的刺激强度　心理学原理告诉我们，刺激物的绝对强度和相对强度都有利于引起人们的无意注意。所以广告设计和制作就要充分利用各种手段去增强广告信息的刺激强度。常见的方法如下：

（1）运用鲜明的色彩　色彩是影响人们注意力的重要因素。强烈的色彩运用得好，会给人很大的刺激强度并使人产生深刻的印象。例如，开阔的马路上，五颜六色的过街横幅广告标语，或在商业大厦等高大建筑物上垂挂巨幅彩色广告标语，或在店铺门前摆放巨大的各种形状的充气气球广告，或在夜晚悬挂彩色灯箱广告或安装霓虹灯广告等，都会格外引人注目，增强广告信息的刺激强度。

（2）扩大广告的空间　据一项调查显示，在一份刊物或报纸上，半面的广告不如一面的广告受人注意，占两页版面的广告比占一页的广告更受人注意。这就是扩大广告空间所产生的效果。像众所周知的瑞士钟表广告，也是利用了这个原理，它把一个直径达16米，重达6吨的巨型广告模型垂直悬挂在日本东京一座新落成的摩天大厦外，十分醒目，每天都吸引着很多人驻足观看。现在许多广告都利用扩大广告空间，增加广告信息刺激强度的原理，设计巨幅广告来吸引广告受众的注意。

（3）增加广告时间、次数和运用多种媒体　一般而言，广告时间长的比短的容易引人注意，但不可过长，过长容易造成人心理上的厌倦。广告的播放次数也是一个值得考虑的问题。次数太少，刺激的强度不够，容易很快被遗忘。反复出现，重复刺激，也等于加强了刺激的强度。广告时间的选择，也是值得注意的问题。首先要选择好广告的受众群体是哪些人。例如，儿童广告，就应该选择在儿童节目时间；成人广告，就应该选择成人节目时间，最好是黄金时间段，才能真正使广告具有一定的刺激强度。另外，利用多种广告媒体如电视、广播、报纸、路牌、网络等同时做广告，也是增强广告信息刺激强度的一个好办法。

3. 增强广告的对比度　现实生活中，人们总是对那些因对比而突出表现出来的东西发生无意注意，所谓"鹤立鸡群"，一下就能被人注意到。夜晚逛街，茫茫黑夜中，那些灯火通明、有声有响的店铺比无声无息灯光昏暗的店铺更容易引起人们的注意。广告也是如此，为了使广告更为突出，引人注目，很多广告都利用对比效果吸引人们的注意力，广告中的对比方法很多，其中包括：

（1）色彩对比　心理学的研究表明，色彩传递信息非常迅速，能在极短的时间内刺激人的视觉，唤起注意并产生印象，而对比强烈的色彩给人的刺激更大、印象更深。例如，在黑白色中突出彩色广告，在彩色广告中突出黑白色广告或在某一色彩背景中突出另一色彩广告，都会给人极强的刺激。

（2）声音对比　在广告过程中，运用不同寻常的音频语调或腔调来强调广告内容，甚至改变语速的节奏，都会引起广告受众的无意注意，从而让人产生深刻的印象。相反，没有变化对比，过于单调的声音，即使再好听，时间长了，也容易使人犯困。所以，广告要注意用对比的声音吸引广告受众的注意。

（3）大小对比　多用于文字广告中，如报纸、杂志、路牌、网络等。如用不同的字体或相同的字体排列时，空间大小对比的组合方式或使用的字体、字号大于周围的广告文字而形成差异，从而使自己的广告在整个版面中突显出来吸引广告受众的视线。

4. 增强广告的动感　因为活动变化的东西比静止不变的东西更容易引起人们的注意，所以，在广告中，要尽可能地使广告活动起来，以动态的形式来吸引广告受众的注意力。在所有非静态的广告媒体中，电视和网络的优势最大，当然成本也最高。其他的媒体如霓虹灯、翻转路牌等也都有极好的效果。近年来，受时装表演的影响而兴起的售货员卖什么穿什么的做法也比只把衣服穿在石膏或塑料模特上的效果好，更富有动感。在一些食品店里，一些商家让顾客亲眼观看食品的制作过程，也是一种极好的动感广告宣传。

5. 增强广告主题的鲜明性　优秀的广告，不仅要引起广告受众的注意，更重要的是要把他们的注意力集中到所宣传的产品上。这就要求广告的主题明确和突出，只有主题突出，才能收到预期的效果。这里要防止两种倾向：① 要防止主题不突出、不鲜明的倾向。例如，市场上有很多消炎药，可哪一种是治疗感冒病毒引起的一系列炎症的最适合的药，人们往往说不清楚，因为很多消炎药都有多种疗效。在这种情况下，哈尔滨制药六厂在广告中特别强调了自己的消炎药"严迪"抗感冒的主题。由于它只强调这一突出的主题，并在各大媒体同时播放，给人们以很大的信息刺激，使很多人记住了"严迪抗感冒"这一广告词，并在感冒时首先想到去买这种药；② 要防止的倾向是喧宾夺主。众所周知，利用名人效应的广告，是广告界流行的做法，但必须分清主次，要注意用名人形象为宣传产品服务，而不能把广告受众的注意力都吸引到名人的身上而忽略了对广告产品的注意。

6. 增强广告的感染力　增强广告的感染力，应从两个方面入手，即广告的表现形式和内容。

（1）*广告的表现形式*　在广告的表现形式上，要努力增强广告的感染力。例如，优美的画面、动人的音乐、风趣幽默或富有哲理的语言及生动的表演等，让广告受众在欣赏广告内容的同时得到美的享受。另外，要尽量采用最新的高科技的手段，创造最新颖的表现形式，最大限度地刺激广告受众，从而引起他们的注意。

（2）*广告的内容*　在广告内容上，要富有感染力：首先，要符合人们的生理或心理需要。因为需要的东西正是广告受众容易注意的东西。广告要告诉人们自己宣传的产品有什么用处和好处，使广告受众觉得应该买，必须买，买得越早越好。例如，补钙的广告很多，但哈尔滨制药六厂的"新盖中盖高钙片"的广告把自己的广告受众对象定位于老年群体，用了著名老艺术家李丁来做广告代言人。由于人物形象贴切，表演自然，很受老年人欢迎。因为老年人普遍缺钙，想补钙又嫌一天吃三次麻烦，而广告词说的是"新盖中盖高钙片，一片顶过去五片"正好满足了老年人的需要，从而打动老年广告受众的心。广告效果好，产品销售量也直线上升。其次，广告要在内容上增强感染力，很重要的是用真情实感去获得广告受众的感情共鸣。广告要打动广告受众，就要从消费者的角度出发，站在公正的立场上，实事求是地介绍宣传产品的优点和带给消费者的好处。例如，国外曾有一则宣传婴儿纸尿裤的广告，因为一开始宣传的重点是可以省去做妈妈的许多时间和麻烦，结果效果不理想，很多妈妈觉得用了这种产品会被认为是一个懒惰又怕麻烦的妈妈。后来广告改为把重点放在该产品可以给婴儿带来许多好处上，一下就打动了妈妈们的爱心，她们纷纷开始给婴儿用这种产品。国内的一些广告也注意到了以情感人的做法，如威力洗衣机厂用"威力洗衣机，献给母亲的爱"的广告词和儿女给妈妈买威力洗衣机解除妈妈辛劳的画面来感染广告受众。

3.3 广告记忆

所谓记忆，是过去经历过的事物通过识记、保持、回忆或再现的方式在人脑中的反映。人在生活实践中会经历很多情感体验，做过很多事情，思考过许多问题，接触过许多的人或事物。这些都会或多或少、或深或浅地保留在人的大脑中。即使过去了很长一段时间，在一定的条件下，那些保留在大脑中的印象也会浮现出来，这就是记忆。记忆是一个重要的心理过程，对于人类的生存和发展有着十分重要的意义，是人们日常生活、学习和工作正常进行的前提条件。记忆对于广告的意义更是重大。因为一个广告，仅仅引起了注意还不够，还应该让广告受众记住广告宣传的产品是什么，在购买时，才会准确无误地购买该广告宣传的产品。

3.3.1 广告记忆过程

广告记忆过程与人的一般记忆过程一样，也要经历四个过程，即广告的识记，广告保持，广告再记和广告回忆。如果用信息加工的观点来研究解释广告记忆，那么广告的识记就是人脑对输入的广告信息进行编码；广告的保持就是对广告信息的储存；广告的再记和回忆就是对储存的广告信息进行提取和再现。

1. 广告识记 广告受众从注意广告的那一瞬间起，便进入了广告的记忆过程。记忆过程的开端是识记过程，即识别和记忆广告的过程。广告识记过程在广告记忆中具有非常重要的地位，是广告记忆成功的重要前提之一。没有广告识记，就无所谓广告的保持、再记或回忆。广告的识记种类有无意识记、有意识记、机械识记和意义识记四种。

1) 广告的无意识记，也称广告的不随意识记，是指事先没有预定的识记目的和任务，不需要经过特殊的意志努力，也不用任何识记方法而记住广告的识记。它往往带有很大的偶然性和选择性。凡是能引起广告受众兴趣的，或能满足他们需要的，或对他们的生活具有重大意义的广告容易被无意识记。能引起广告受众无意注意的广告或是让广告受众产生强烈的情感体验的广告也容易被广告受众无意识记。另外，反复在媒体中出现的广告，也会因反复的刺激，"潜移默化"地被无意识记，如一些耳熟能详的广告词就是被无意识记下来的。

2) 广告的有意识记，也叫广告的随意识记，是指广告受众有明确的识记目的，运用一定的识记方法，并且伴随着一定的意志努力而进行的广告识记。有意识记在广告中同样具有十分重要的意义，它能使广告受众对广告所宣传的产品有更深刻、更完整的了解。要调动起广告受众的有意识记，一定要使广告的主题鲜明、突出，直达广告受众的需要，从而引起广告受众的有意注意，广告受众便会刻意去记住该广告。例如，某些药品广告和某些医疗机构的广告，常常是一些患者有意识记的广告，而有些体育赛事广告则可能是球迷们有意识记的广告。

3) 广告的机械识记，是指广告受众对广告内容、目的没有理解，只是根据广告的外部联系，采取机械重复的方法所进行的识记。它的基本特征是多次重复，因而它能保持广告记忆的准确性。现实生活中，人们有很多广告词能记住，其原因就是纯粹因反复接触某些广告所致。

4) 广告的意义识记，是指广告受众对广告的内容有了充分的理解，并根据广告的内在联系进行了积极的思维活动和对广告进行了加工组织后进行的识记。这种识记保持的时间长、准确而且容易提取,效果也明显优于机械识记。

2. 广告保持 广告保持,是指广告影像在人们头脑中得以储存和巩固的过程。广告保持是广告记忆的中心环节,而且是广告再记或回忆的重要条件。可以说,广告保持是广告记忆的重要标志,没有广告的保持就谈不上广告的识与记。现实生活中,在很多情况下,广告受众看完了某则广告后,会因为各种原因而没有马上动身去购买该广告宣传的产品。从接触广告到隔一段时间后再去购买该广告宣传的产品,这一过程就是广告的保持过程。

广告的保持过程从时间上分有三种类型:瞬时广告保持、短时广告保持和长时间广告保持。它们也分别被称为广告瞬时记忆、广告短时记忆和广告长时记忆。

1) 广告瞬时记忆,也叫广告感觉记忆。它是指广告信息作用于广告受众的感觉器官后在一个极短的时间里保存下来,保持的时间大约在1秒钟左右。这时广告受众储存起来的广告形象会非常鲜明、形象,如广告的一个画面,一个情节,或一个产品的名称等。

2) 广告的短时记忆,是指广告信息作用于广告受众的感觉器官后能保持1分钟左右。短时记忆的信息通常是瞬时记忆的一些广告信息得到进一步的注意和复习,它的容量也较瞬时记忆的内容少。

3) 广告的长时记忆,是指广告信息作用于广告受众的感觉器官后,经过充分的理解和深度的加工后,在广告受众的大脑中长时间保留下来。它的保存时间从1分钟到若干年后甚至终生难忘。它的信息来源主要是短时记忆中储存的信息,也有个别的是从一次深刻印象获得的。

广告的瞬时记忆、短时记忆和长时记忆是互相联系、互相影响的。任何长时间广告记忆都要依赖于短时记忆和瞬时记忆的注意。广告记忆要把重点放在让广告受众长时间记忆上,要设法让广告受众长久地记住广告的内容。但是,也不能忽视瞬时记忆和短时记忆,因为它们是长时记忆的重要条件。通过对瞬时记忆的信息进一步的注意,可进入短时记忆,再进一步强化,就进入长时间记忆。只有长时间记忆的广告信息才能更有效地影响广告受众的购买。

3. 广告的再记 广告的再记,就是指见过或听过的广告重新出现时能够把它识别出来,这种现象也叫广告的再记。例如,听过了一段激动人心的或是悠扬抒情的广告曲子,就能想起广告播放时的情形;或是听到了一句有趣的广告词,就能知道它所宣传的是什么产品;或是见到过一幅广告画后,马上就能识别出它们所代表的产品。

广告的再记,是从广告的长时记忆系统中提取信息的方式之一,它是识记和保持的结果。一般说来,广告再记比广告回忆简单、容易。能回忆的广告一般都能再记,而能再记的广告不一定都能回忆起来。

广告再记是否迅速和准确地发生,主要受下列因素的影响。

(1) 对原广告识记和保持的巩固程度 对原广告印象越深刻、保持得也就越牢固,再记起来也就越快、越准确。相反,如果对原广告识记的印象不深刻,再记起来就困难或根本无法再记。生活中就常有这样的例子,当时看广告时,觉得该广告宣传的产品不错,值得一买,可过了一段时间再到商店去买时,对广告的内容却记不准了。比如买药,可能是只记住了药品,却忘了是哪个药厂生产的,尤其是面对着很多同一类型的药品时,更容易不知所措。

(2) 时间间隔　一般来说，广告识记和广告再记之间间隔的时间越短，再记的效果越好，最好是在识记了一则广告后，马上就去购买该广告商品。因为间隔时间短，广告识记和保持不会马上消失，广告受众会很快地再记起广告所宣传的产品来。而随着时间的推移，由于各种因素的干扰和影响，广告受众会产生另外一种心理现象，那就是遗忘，即对识记过的广告信息不能再记或错误地再记。这种遗忘有时是临时性的，即一时想不起来了，有时是部分地遗忘，有时是完全遗忘。

4. 广告回忆　广告回忆，是指接触过的广告信息不在面前时，能够在脑中重新呈现出来的过程。广告受众在选购某种商品，如计算机时，往往在头脑中把曾经使用过的计算机信息或在别的商店感知过的计算机广告信息重现出来，通过回忆进行各方面的比较，这就是回忆的过程。它是对识记、保持所获得的印象进行恢复的过程。广告回忆比单纯的广告再记要复杂得多，难度也大得多。

广告回忆根据有无预定目的、任务而分为无意回忆和有意回忆两种。

1) 广告的无意回忆，是没有预定的目的，也无需意志努力，自然而然发生的回忆。引起无意回忆的原因很多，凡能引起人们浓厚的兴趣，引起人们无意注意，能激发人们强烈感情的客观事物，启发人们丰富联想的东西，都会长久地保留在人们的记忆里。

2) 广告的有意回忆，是指有预定的目的并需要付出一定意志努力的回忆。例如，人们有时到商店购物时，面对着众多同类型的产品，往往需要经过意志努力去回忆自己所听过、见过的广告上的内容、厂家、销售的具体地址、专柜等。这种有意回忆有时候很容易，有时就很困难，这里就要用到追忆，使通过识记、保持而获得的广告信息得到恢复而被提取出来。

广告回忆又分为直接广告回忆和间接广告回忆。直接广告回忆是不需要任何帮助而直接唤起对过去接触过的广告的回忆。间接广告回忆是借助于提示的线索和中介物才能达到对该广告的回忆，它是以联想为基础的。例如，一提及某明星，便想起了他做的某则广告；通过某句熟悉的广告词、某个动作、某种情绪体验，而联想到某一广告及其宣传的产品。

广告回忆的快慢和准确程度同样受到广告识记、保持的巩固程度和时间间隔的影响。对广告的识记、保持、巩固程度深而间隔时间又短的，则回忆的效果就好，反之效果就差。

以上是广告记忆的四个过程，它们是密切关联的。广告的识记是广告保持的前提，也是整个记忆的前提，没有识记也就没有保持，只有识记得牢才能保持得好。所以，要在广告的识记上下功夫。另外，广告保持也是非常重要的。因为没有保持也无所谓进行广告的再记和回忆。从这一点上说，广告的保持和广告识记一样具有重要意义，它们都是再记和回忆的基础。广告的再记和回忆是广告识记和广告保持的结果，也是对广告识记和保持的进一步巩固和加强。

3.3.2　广告的识记方法

尽管人们爱把人类的记忆过程比喻成计算机信息的输入和输出，但实际上，两者是有区别的。因为计算机可能永远不会"遗忘"，而人的记忆却常常出现遗忘。遗忘是一种正常的生理和心理现象。德国心理学家艾宾浩斯对遗忘作了系统的研究，他以自己的亲身体验得出了遗忘的规律是先快后慢，随后便趋于平稳。他的研究被称为"艾宾浩斯遗忘曲线"。在对遗忘原因进行研究后，心理学家们得出了许多不同的看法，其中最主要的是两种观点：

① 消退说，认为遗忘是由于识记后留下的记忆痕迹得不到强化而逐渐减弱以致最后消退而产生的；② 干扰说，即记忆信息受到干扰而产生遗忘。所以，要想使广告记忆长久，就要运用记忆规律，同遗忘做斗争。当然，心理学家和教育家已经发明了许多同遗忘作斗争的好方法，但它们中有的适合于广告，有的不适合于广告。例如，背诵是克服遗忘增强记忆的好办法，但不适合广告受众，我们不能要求广告受众去背广告词和内容。我们要采取一些行之有效的方法，让广告受众在不知不觉、潜移默化中自动记住广告的内容。常见的增强广告记忆的方法如下：

1. 适当地重复广告内容　遗忘的原因之一，是由于识记后留下的痕迹得不到强化，那么重复则可以使全部刺激的痕迹得到强化，使短时记忆进入长时记忆，从而减少遗忘。重复是加强记忆最简单有效的方法。因此，要想增强广告效果，最重要的手段就是把广告信息不断地加以重复。实际上，我们很多人记住的广告，都是因为天天听、天天看的结果。重复不仅可以加强广告受众对广告内容的记忆，还可以增加对广告的亲切感。例如，蓝猫系列产品广告，就非常受小朋友们的喜爱，甚至把它们当成蓝猫动画片的一部分而看完，当然记忆效果也非常好。

但是，广告的重复也要安排得当。安排不当，要么浪费广告费，要么收不到预期效果，因此要用最少的投入，取得最好的效果。常见的广告重复方法如下：

（1）在同一种媒体上重复刊播一种广告　这是一种最常见的做法。只要一打开电视机，人们就可能遇到同一个或同几个广告，这种现象会持续一段时间。如果随机采访几个常看电视的人，他们都能告诉你现在重复的广告有哪些。而在这些被他们所记住的广告中，有些可能是他们喜欢的，有些可能是他们不喜欢的，仅仅是因为重复播出，他们便记住了。

当然，重复还应该讲究技巧。根据艾宾浩斯的"先快后慢"遗忘规律，一则广告出现之初，重复的频率一定要高。一般说来，新产品首次宣传的广告，一次或几次的宣传是不够的。因为时间短暂，广告受众往往不能形成印象，即使形成印象，因得不到强化也容易很快消失。只有重度重复，给广告受众留下印象后，重复的次数才可以适当减少，以使广告受众对该广告的记忆保持在某一水平之上。

另外，广告的重复也要有所变化。有变化，才能有新意，才能引起广告受众的再次记忆。这种变化，或是更新一部分广告内容，或是变化一部分或大部分形式，或是换一个广告形象，或是选择一个有利的时机重复广告的宣传。这样，再次重复的广告，既保持了原广告的连续性，又使其有了新鲜感，而使广告受众乐于接受。

（2）在不同媒体上重复刊播同一广告　实践证明，同时在不同媒体上相互配合重复宣传同一广告，也是一种极好的增强广告记忆的方法，甚至有时会收到更好的效果。因为广告受众所接触的媒体不同，或接收不到某种媒体，如果只在一种媒体上刊播广告，很可能使一些潜在的或急需购买该广告产品或服务的广告受众得不到该广告信息。例如，大学生群体，是一个很庞大的消费群体，但因在校期间他们接收电视广告的机会很少或几乎为零，如果仅在电视上播广告，他们可能就根本收不到。如果了解到大学生广告受众群体广告信息多是从广播、互联网、杂志、报纸和户外广告如路牌、过街标语等媒体上获得，那么针对他们的一些广告，如学习用品、服装等广告同时刊播在各种媒体上，就会比只刊播在一种媒体上效果好。

从另一方面说，当今社会是信息社会。除了报纸、广播、杂志和电视这四大传统媒体外，还有其他多种媒体，如互联网、路牌、灯箱、展览、手机、交通工具，包括汽车、火车和飞机等，以及不断出现的各种新媒体。综合利用这些媒体来发布广告信息，可以让广告受众从多个侧面和更多的机会去接触广告信息，并通过这种全方位、立体式宣传使广告受众保持记忆。

2. 适度减少广告信息的识记数量　心理学的研究表明，在一定时间内，识记材料的数量和记忆效果成反比，即需要记忆的材料越多，遗忘的速度越快。例如，识记5个材料，保持率为100%；10个材料的保持率为70%；100个材料的保持率为25%。即使是有意义的材料，当识记材料增加到一定程度，遗忘率也同样升高。广告记忆同样符合这个规律。广告是一种短时记忆，其内容越少，人们对广告的记忆程度越高。要提高广告受众对于广告的识记率，广告的文稿应简明扼要，尤其是广告的标题必须短小精悍。但是并不是说广告词越少越好，甚至只用一个"妙"字来代替，就很难让广告受众对该广告宣传的产品有更具体、更确切的了解。因为所有的产品的优点都可以用同一个"妙"字来概括，而广告受众怎么可能单凭一个简单的"妙"字就去购买广告所宣传的产品呢？由此可知，广告词并非越少越好。国外一些广告学家通过研究得出结论：5～8个字的广告标题，广告受众的记忆率在34%，而多于8个字的广告标题，记忆率只有13%。现在的一些广播或电视广告文字过多，读的速度也很快，本意是想在最短的时间内传达给广告受众尽可能多的信息，但效果常常是适得其反，太多了，使广告受众一时记不住。广告要在有限的时间和空间内进行传播，必须简洁。所谓简洁，就是要突出主题。突出主题：首先，广告的目标要单一，不能指望自己的产品什么人都想买，像有的药品广告宣传的那样，广谱抗菌，包治百病。这一方面使自己的广告信息太多太大，广告受众一时认不全，记不准，另一方面也让广告受众产生怀疑：真有那么多功效吗？效果都一定那么好吗？目标太多不如单一、集中更容易让人记住。其次，广告的内容和画面应该简洁，尽量删除无关信息，尽量在极短时间内，将某一人物或某一特点突出地加以表现，使记忆更为深刻。例如，氧立得的广告词是"护心养脑，氧立得好"，两遍语言重复，加上三个画面，给人的印象同样深刻。

减少广告的识记数量一方面是指绝对量的减少，另一方面也指相对量的减少。后者是说，有的广告识记数量已压缩到了不能再压缩的情况下，仍然比较多时，根据心理学的记忆原理，对其进行分组整理，使得识记的材料变得组织化、条理化、系统化，便于广告受众的记忆，也就等于减少了所需记忆材料的数量。例如，蓝猫系列产品很多，人们不可能一一记住，但它把自己的产品广告定位于儿童广告受众群体，伴随着蓝猫动画片，让动画片中的主人公形象在每一种产品广告中出现，让小朋友觉得非常熟悉和亲切的同时，也记住了广告宣传的东西。尽管它的信息量很多很大，但要记的东西并不多，只要记住了蓝猫的名字和蓝猫那可爱的形象，便记住了蓝猫系列产品，因为蓝猫系列产品上都有蓝猫字样和蓝猫图案，很容易与其他广告或产品区别开来，如蓝猫服装、手表、自行车、饮料和学习用具等。

3. 充分利用形象记忆优势　心理学家通过研究发现，在人的记忆里，语言信息量和形象信息量的比例是1∶1000，可见形象记忆的重要。如果一则广告，仅有文字而没有画面，即使文字把该产品宣传得再具体、再好，也不如文字与画面相结合、图文并茂的广告给人的印象深刻。例如，一个售房广告，如果一则仅用文字说明，而另一则配以画面，相信广告受众会受配有画面的广告吸引。因为他们真切地看到了房子的具体形状和大小比例，加上文字说明的位置、户型和功能等，使他们对该广告有了更深刻的印象和理解，从而便于他们作出买与不买的决定。甚至当这个广告已经不在眼前时，他们也能回忆起这则广告的内容和形象来。相反，仅用文字说明的同样的广告就没有配图的广告给人的印象深刻和直观，人们对广告画面的记忆远远超过语言和文字的记忆。所以一则广告要尽量配以画面，图文并茂，才能使广告更加具有吸引力，也便于记忆。另外，在配以画面的广告中，彩色画要优于黑白画（个别除外）。正像彩色电视机优于黑白电视机一样，彩色广告优于黑白广告，因为彩色更接近自然，因而也更逼真、生动和感人。当然，色彩的搭配也是值得考虑的问题。因为不同的色彩给人视觉的冲击力是不同的，它对广告受众的心理有很大的影响。心理学家把彩色分为暖色调和冷色调。红、黄、橙为暖色调，蓝、绿、紫为冷色调。暖色调比冷色调更能引起人的注意，更富有吸引力也便于记忆。当然，形象的色彩还要考虑广告产品本身的需要，才能使其效果最佳。

在前面有关广告注意一节中，我们已经了解到较之静止不动的画面，动感的画面更具有吸引力，更容易引起广告受众的注意。这一点同样适用于广告记忆，动起来的广告形象更便于记忆。例如，一件挂在橱窗里的时装远不如穿在模特身上表演给人的印象直观和深刻；一道印在菜谱上的菜名，远不如亲眼看见一次现场制作各种菜的广告给人的印象深刻和记忆长久，如果再能让广告受众亲自品尝一下，那记忆的效果会更加长久，甚至吃了一次又想下一次再来。

心理学的研究还表明，在人的各种感觉中，视觉是一种最重要的感觉。人们从外界所获得的信息中，80%~90%是通过视觉获得的。所以，要使广告尽量视觉化。即使没有画面的文字性广告，也要用形象化的语言，提示和帮助广告受众在头脑中描绘出一幅广告所宣传的图画来。这就需要用形象化的生动的语言，去引发广告受众的联想，再现广告形象，从而增强广告的形象记忆效果，达到广告的目的。

4. 提高人们对广告内容的理解 大量的实践和研究证明，理解是记忆的重要条件。建立在理解基础上的意义记忆比没有理解的机械记忆效果好得多，记忆的时间也长得多。广告宣传要尽量提高人们对广告内容的理解，才会有好的记忆效果。

（1）**广告的文字要通俗易懂** 让广告受众一眼就能认出来是什么字，并能根据已有的对该字字义的掌握判断出这个字在该广告中的确切意思。不应该用那些不常见的，不通俗的，甚至一般字典都查不到的或一般人不认识的繁体字。另外，广告的语言也要通俗易懂，口语化，以便人们理解广告的内容，从而增强记忆。

（2）**广告的主题要突出** 要让广告受众一下就能抓住重点，一下就明白广告说什么。这不但要求广告的文字表达突出主题，广告的画面也要围绕主题，为主题服务，不能杂乱无章或喧宾夺主。现在很多广告都注意到了这一点，如"黑又亮"鞋油、"冷酸灵"牙膏等，主题非常突出，牌子名称就很能说明产品的特点，非常便于理解和记忆。

当然，有意义的材料还要求具体、形象，才有助于对广告内容的理解。那么对于那些无意义而且需要识记很多的材料怎么办呢？那就尽量给它附加上一个意义或人为地制造一些联系，使其便于理解和记忆。例如，一些商店的电话号码，就尽量把它们搞成便于记忆的组合。如8246810，使其成偶数，或是8135791，成奇数；或是用一些其他的便于记忆的组合，还可以利用一些吉祥数字组合或是一些顺口溜等便于记忆的方法。

（3）**把感情溶于广告中** 这也是提高广告受众理解广告内容、增强广告记忆的一个好方法，如"孔府家酒，叫人想家"。让广告受众在家和酒之间产生联想，从而更好地理解了这则广告，同时也记住了它。

5. 充分利用节奏和韵律 心理学的实验研究表明：诗歌在学习五六天后能被记住80%，散文能被记住40%，而一些无意义的章节只能被记住20%左右。究其原因在于诗歌是有节奏和韵律的，而散文和无意义的章节是没有节奏和韵律的。所以，语言的节奏和韵律对于语言材料的记忆是非常重要的。根据这一原理，在广告设计中，特别是广告文案的写作中，要多创作富有节奏和韵律的广告词以帮助广告记忆。实际上，很多成功的广告都运用了这一原理，如"车到山前必有路，有路必有丰田车""护心养脑，氧立得好"。既通俗易懂，又节奏分明，合辙押韵、朗朗上口，便于记忆。另外，把广告词编成顺口溜或儿歌和歌曲，也是利用节奏感和韵律增强广告记忆的一种好方法。例如，20世纪末小霸王学习机刚上市时，它就利用了儿歌的形式："你拍一，我拍一，新一代的学习机"一直"拍"到九，全面介绍了该学习机的性能和特点，虽然很长，但广告受众并未觉得乏味，并且很快记住了它。所以，某些广告人把节奏和韵律的运用看做是增强广告记忆的第一要素。

3.4 广告态度

态度是人们对客观事物所持的主观评价与行为倾向。它是人们对某一对象所持有的协调一致的、稳定的心理反应倾向。基于这种心理倾向，人们对客观事物作出相应的反应，如赞成、支持、欣赏，或不良的反应如反对、拒绝等。广告受众的购买行为，不仅受需要影响，也受广告态度的影响。因此，研究广告受众的广告态度，是广告研究的主要方面之一。

3.4.1 广告态度的内涵

广告态度是广告受众对广告及其所宣传的产品或服务所持的主观评价与行为倾向。如果广告受众在接触了某个广告后，认为它真实有道理，就会对该广告及其宣传的产品或服务持肯定的评价并产生好感，就有可能去购买它。反之，如果觉得它是虚假广告，没有道理，就会对广告及其产品或服务持否定的评价并且产生厌恶的感觉，会拒绝去购买。

广告受众对广告及其所宣传的产品或服务的态度是由三方面因素构成的。即认知要素、情感要素和行为倾向要素。

1. 认知要素 广告态度的认知要素，是指广告受众对广告及其所宣传的产品或服务的认知。它是态度构成的基础。没有对广告的充分理解和认识，广告受众是不会轻易去购买广告所宣传的产品或服务的。例如，目前对于不少家庭来说，汽车是一件昂贵的东西，所以几乎每个人在购买汽车之前都会咨询一下有经验的人或是已经购买和使用过汽车的人。如果找不到有经验的人，他们也要尽量收集有关汽车的各种广告信息加以比较，认真研究一番。当他们感到对汽车已经有了充分的了解之后才会去买，因此，认知因素在广告态度中占有重要位置。

2. 情感要素 广告态度的情感要素，是指广告受众对广告及其宣传的产品或服务的评价和情感体验。它反映了广告受众对广告及其宣传的产品或服务的好恶和认可态度。积极肯定的态度反映一种喜欢的情感；消极否定的态度反映一种不喜欢的情感。广告受众的情感强度往往决定了广告态度的强度。从这一点上说，态度作为情感的反映，有时比认知要素更为重要。因为情感一方面更能左右人的意向，另一方面又比认知要素的作用更为长久。广告受众常常由于情感的原因，即使认知要素发生变化了，态度的意向还保持原来的状态，这就是人们常说的"道理上是懂了，可感情上却转不过弯来"。例如，一旦某一广告宣传的产品或服务有不实之处被广告受众知道后，广告受众就会对它产生一种厌恶的感情，即使以后它改正了自己的错误，也很难让广告受众再接受它。

3. 行为倾向要素　广告态度的行为倾向要素是指广告受众对广告所宣传的产品或服务将作出何种反应的倾向，即购买倾向，是购买行为的准备。广告受众在接触了一则广告后，如果对该广告有了全面的了解并产生了好的情感体验，就有可能产生购买意向。反之，就有可能产生拒绝购买倾向。行为是态度的外在表现。例如，人们经常光顾某个饭店、某个商店或某个固定摊位，就反映了他们对该饭店、商店或该摊位的态度是积极的、肯定的。所以，广告受众的态度直接影响到他的购买倾向。广告设计者和商家要及时了解广告受众对其广告及广告产品或服务所持的态度，采取各种有效措施使广告受众建立积极肯定态度，从而促成购买意向及最后的购买行动，使广告取得应有的效果。

上述三种要素在广告态度的结构中，是互相依存、互相制约的。其中认知因素是广告的基础。没有对广告及其产品或服务的认知，就谈不上对其产品产生好恶情感，也就无所谓购买意向。但是情感因素在广告态度中起核心作用，它既影响认知因素，也影响行为倾向因素，因为积极肯定的情感可以促进认知的提高，也可以促成人的购买行动。相反的，消极否定的情感则取得相反的结果。情感因素也最能影响广告态度的改变。例如，一位老烟民，明知抽烟有害健康，但却照抽不改，原因就是他喜欢抽烟。作为态度的外在表现的行为倾向，还能在实施了购买行为后反过来加强对广告所宣传的产品或服务的认知和评价，并决定下一次的购买意向，从而省略了下次购买时对该广告的认知和评价阶段。

3.4.2　广告态度的特征

由于广告态度是由认知、情感和行为倾向等方面的因素构成的，因而是一种复合状态。它具有多方面和较为复杂的特征。

1. 针对性　因为态度是社会生活中人们对客观事物所持的主观评价，所以它总是指向一定的对象，总有一定的针对性，无目标的态度是不存在的。广告态度的指向性，是指广告受众的态度必须指向一定的广告对象。它可以是某个广告、某个产品、某个厂家等具体的对象，或者是以某种抽象形式存在的东西，如广告所宣传的思想、观念或行为方式等，而不是对所有广告的态度。

2. 社会性　人们的态度，都不是与生俱来的，而是通过后天的社会生活学习得来的，它是社会现实生活的反映。广告受众对某个广告产品或服务的态度，是通过长期的使用经验学习和总结而来的，或是由直接或间接的经验不断积累而成的。离开社会环境与社会实践，尤其是与其他社会成员的交往联系，就无从形成一定的广告态度。例如，某些产品只因为能满足我们的某种需要，我们就会对其持一种肯定的态度，但当我们了解到这种产品对人类具有某种潜在的威胁，并且周围的人们中已有人因此遭到了伤害的事例，我们对这种产品的拒绝态度也就产生了，并且我们还会提醒其他的社会成员，注意这个产品的危险性。例如，曾有过一种燃气热水器，虽然当初很受广告受众欢迎，但当了解它的设计容易引起中毒事件并有了中毒的例子后，消费者很快就拒绝使用和购买它了。

3. 方向性　广告受众对广告及其宣传的产品或服务所表现出来的积极态度或消极态度，

就是广告态度的方向性。积极的态度,通常的评价是比较喜欢、喜欢、非常喜欢;消极的态度,通常的评价是一般,或较差、差、特差。只有积极的态度才能导致广告受众的购买行为。所以,广告主要应设法激起广告受众的心理共鸣,让他们产生积极的态度,心甘情愿或非常渴望地去购买广告所宣传的产品或服务。

4. 稳定性 广告受众对某一广告及其所宣传的产品或服务的态度一旦形成,就会有相当的一贯性、持续性和稳定性,并且在相当一段时间内不会改变,从而使广告受众的购买行为表现出特有的规律性。例如,现实生活中很多广告受众多年使用的用品都是一个固定的品牌。这不仅仅是习惯,更重要的是他们对该产品品牌的信任态度,就连理发店、美发店或饭店,他们也常常去固定的几家。广告态度的稳定性是广告效果保持长久的重要因素。要想保持广告受众态度的稳定性,必须坚持广告"货真价实"的原则,否则,这种稳定性也会改变。

5. 倾向性 广告态度的倾向性,是指广告受众在接受了广告的宣传后所采取的购买行为上表现出的倾向性。例如,广告受众对某一则广告产生了兴趣,并相信了这则广告的宣传,他就会采取购买行动。反之,如果他不喜欢这个广告宣传的产品,或认为这则广告不可信,他就坚决不买该广告宣传的产品。这样,取得广告受众的信任,就真正成了能打动广告受众的广告。如在现实生活中,人们的广告倾向都指向了那些名牌产品、老字号产品或获奖产品及质量信誉好的产品,买东西也愿意去服务质量好的商店,就医也愿意到信誉好的医疗机构。名牌产品,意味着产品优良的质量、精良的加工等能满足人们的某些生理和心理需要,显示社会地位及其财富等。老字号产品,一是质量信得过,二是让人吃着顺口,用着顺心,像老朋友一样有一种亲切感。而那些信誉好、服务好的机构或店铺,则让人在满足物质需要的同时,也得到了精神上的享受。相反,一些虚假广告尽管能骗得广告受众一时,但最终会被广告受众拒绝。

6. 内在性 广告受众对广告及其所宣传产品或服务的态度是一种内在的心理体验,它虽然具有外在的行为倾向,却并不一定都要表现出来,既可以通过行为表现出来,也可以不通过行为表现出来。因而态度往往不能直接观察到,而只能从广告受众对广告及其所宣传的产品或服务的评价及购买意向、行动中间接地反映出来。例如,一个广告在播出后,该广告产品或服务有很多人购买,就说明它在广告受众中获得了积极肯定的态度。反之,则是在广告受众中获得了消极否定的态度,那么这则广告就是不成功的。另外,广告受众的态度也可以通过一定的问卷调查、随机采访和座谈等形式获得。

3.4.3 广告态度的形成

因为态度是人们对客观事物所持的主观评价与行为倾向,所以面对同一个事物,因受主观与客观影响,不同的人会得出不同的结论,广告态度也是如此。那么,广告态度是如何形成的呢?它是广告研究中一个非常重要的问题。目前,广告界有很多有争议的观点,并且都有各自的道理。我们认为,广告态度是由各方面的原因综合而成的,不能把它们割裂开来,孤立地强调某一个方面,而忽略了另外几个方面。而把各种观点中最主要的三种观点归纳到一起作为广告态度才是形成的主要原因。

1. 广告态度是广告商品或服务综合评价的结果 人们的广告态度不是天生的,它的形成基础是经验和学习,首先是学习。一个广告受众有时对一则广告产生了注意,引起了兴趣之后,他并不会马上就采取购买行为,他需要认真地学习、思考和了解广告宣传的产品或服务的特点和性能，考虑一下该产品或服务是否值得一买。例如，一个想买冰箱的广告受众，他在接触到了一则冰箱广告后，就要仔细考虑冰箱广告所介绍的各个方面，如制冷效果、容积、耗电量、价格、噪声、颜色及售后服务等诸方面条件。在对广告学习研究之后，他还要比较同类产品的其他宣传广告，在其性能、价格等诸方面加以全面比较。然后，他就会得出对这一个广告或这几个广告的评价是积极还是消极的。如果是积极的，他就有了一个肯定的态度，就会去购买；如果是否定的态度，他就不会去购买。一旦他把广告产品买到家后，经过使用感到效果非常好，那么他对这则广告的态度也会更好。反之，则可以否定和改变先前对广告的积极态度。对广告宣传的服务评价也是形成广告态度的一个重要因素。尤其是在一些服务行业，如旅游业、餐饮业、宾馆、商业和交通运输业等，服务质量的好坏直接影响到人们的广告态度。例如，人们去旅游不单单是去游山玩水、享受生活，还享受着旅游部门提供给他们的各种服务。一次愉快的旅行归来，人们会有很多美好的回忆，其中也包括对旅游部门热情周到的服务的美好感受。反之，一些糟糕的旅行，除了令人大失所望、抱怨不已外，对该广告的态度也会非常差。如有的旅游部门，不但接待差，导游的水平和服务也很差，没有人情味，吃、住、行等方面也都令游客怨声载道。还有的发布假广告，坑害游客，严重的可能因广告内容严重失实而导致纠纷、诉讼等。现实生活中，很多商店、饭店生意兴隆，不仅因为他们广告宣传的产品好，也因为他们的服务好。广告受众从他们那里不仅得到了所需要的产品，也得到了愉快的精神享受。而一旦在某一家商店或饭店受了气，广告受众是不愿意再回到那里去的。很多商家现在已经意识到了服务质量决定广告态度的重要意义，开始彻底转变服务作风，打出了"顾客就是上帝"的牌子。如铁路部门就曾因服务质量差而失去了大量的客源和货源。在他们改进了经营思想，提高了服务质量之后，在他们大力的广告宣传下，他们终于又重新赢得了广大消费者的信任。他们又在确保安全的情况下多次提高运行速度，使铁路这一安全、快捷和价格低廉的交通运输工具又成了很多广告受众出行或货运的首选工具。

2. 广告态度是人们为了达到一定的目的而产生的　人们购买广告宣传的产品或服务的基础，是源于人们的需要。需要可能是生理上的物质需要，也可能是心理上的精神需要。需要产生购买动机，动机促成购买行动。广告态度是人们为了达到一定的目的，即为了满足自身的需要而产生的。因此，凡是那些能满足广告受众生理或心理需要的产品或服务会获得广告受众积极的、肯定的态度；凡是那些不能满足人们生理或心理需要的广告产品或服务，会使广告受众产生消极的、否定的广告态度。因为人们需要的层次不同，面对同一则广告，也自然地会有不同的广告态度。例如，面对一款新上市的服装，不同需要目的的人会有不同的广告态度。如一个不爱赶时髦的人面对这款价格不菲的新时装，往往会持否定的态度，她可能会说这件服装价格太贵，不值得花那么大的价钱；而另一位爱赶时髦的人会持一种肯定的态度，她会为了这件时装的时髦而买下它来，而不会嫌价格贵。这里，前者要的是实用，后者要的是流行，所以广告设计制作和商家都要搞清楚自己的产品或服务是定位在什么层次需要水平上的广告受众。如从年龄上分，是面向儿童、青少年还是中年或老年，同样是中年，是低收入的工薪阶层还是高薪阶层等。另外，在确定广告主题上也要考虑会产生什么样的广告态度，是极力宣传价廉物美还是宣传高质高价高档次等。总之，应尽量去满足人们的物质或精神需要，从而赢得广告受众对广告所宣传的产品或服务的积极态度。

3. 广告态度是由外在因素构成的　有的时候，人们的广告态度是由一些外在因素引起的。例如，一个人急欲购买新的大件家用电器，对一种最新上市的产品又不具备相关的知识，又没有看到该类产品的广告，他就会非常愿意跟一位有经验的人或者是一个内行的人去买，在这种情况下，他的广告态度就由这位有经验的人或内行的人来决定。还有，如果一种广告产品，周围的人包括家人、朋友或同事都持肯定态度，都说该产品好，那么自己也容易产生肯定态度，也会尽可能地去买。比如，对于电子字典，一个人可能在此之前没有见过这是什么东西，也没看到过它的广告宣传，但从周围人的广告态度上也能判断出它的优越性，从而产生积极的态度，相反，如果一则广告产品，周围的人都持反对态度，自己也容易产生否定态度。

还有的时候，人们的广告态度是随着社会的发展、科技的进步和社会流行趋势的改变而改变的。例如，随着人们生活水平的提高，人们对吃开始讲究精、细，认为吃大米、白面是好生活，精米、精粉是高质量，大鱼大肉更是好享受。但是越来越多的科学研究表明，精粉、精米营养价值反不如一些所谓的粗粮或粗加工的米、面高。甚至还有研究表明，过去人们曾作为贫困生活食物标志的玉米面含有抗癌物质，于是人们对玉米面的广告就开始产生了积极的态度，商家也把玉米面的价格卖得比大米、白面高。至于对猪肉的广告态度，现在人们都提倡少吃肉，不吃肥肉，基本上是一种谨慎的态度，因为过多摄入脂肪已经被科学证明对健康不利。又如，人们纷纷对减肥广告产品或服务持肯定的积极态度，是因为社会流行瘦身。迫于环境的压力，一些本不愿意减肥的人也加入到减肥的行列里，去寻找减肥产品或接受减肥服务。还有去屑洗发水也常获得广告受众的积极态度，也是因为广告宣传头皮屑有诸多弊端所致，如说头皮屑影响个人形象，影响人际交往等，正是这些外在的影响，形成了广告受众对去屑洗发水的态度。

以上是形成广告态度的三种主要原因，但是它们在广告态度成因中所占的比重是不同的。其中，第一种是广告态度形成的主要原因，后两种是次要原因。

3.4.4 广告态度的建立

建立和改变消费者对广告的态度包括两方面的内容，即建立和强化消费者对广告的积极肯定态度和改变消费者对广告的消极否定态度，从而达到广告的应有效果。

1. 建立和强化消费者对广告的积极态度 广告要实现其最终的目的，首先是要取得消费者对广告的信任，在此基础上才能建立和强化消费者对广告的积极态度，否则，就无法建立和强化消费者对广告的积极态度。要想做到这一点，通常有如下做法：

（1）实实在在地宣传其产品或服务带给广告受众的利益 消费者购买广告宣传的产品或服务，都是为了满足自己的各种需要。广告宣传就应该让他们真切地感受到广告所宣传的产品或服务是真正地能满足他们的需要。例如，杭州娃哈哈集团宣传的"喝了娃哈哈，吃饭就是香"和哈尔滨制药六厂生产的新盖中盖高钙片"一片顶过去五片"等都明明白白地告诉消费者实实在在的好处。又如，"爱普泰克网易拍，集多功能于一体，携带方便而且价格也不算贵"，一下就能让消费者了解到它的优点。另外，在一些药品的广告宣传中，通过对其疗效的具体介绍说明该产品能解除病人的哪些具体病痛和苦恼，获得患者们的信任和好感，从而对该广告产生积极的态度。这里，实事求是是广告取得广告受众的积极态度并加以强化的首要因素，也是重要因素。一些人之所以不相信广告，一是一些广告是假广告，二是一些广告言过其实，名不副实。例如，有的商店门上挂着"顾客就是上帝"的标语，但顾客进去后不但没有找到"上帝"的感觉,还被欺骗或欺负了,有的商家甚至口是心非,弄虚作假骗消费者。现在全社会都在呼唤诚信,广告更要讲求诚信,唯有广告真正地真实可信了,才能使人们建立和强化对广告的积极态度。

(2) 通过有关人士证明广告宣传的产品或服务真实可信

1) 通过权威证明。心理学的研究表明,假如一则信息由专家口中传达,会增加信息的可信程度,称其为权威效应,因为他们具有专业的知识,因而更具有说服力。现实生活中,如果你想买一台计算机,而你又对各种品牌的计算机的质量、性能、甚至价格都了解得甚少,这时如果有一位专家和一位外行人同时向你推荐各自品牌的计算机,相信你肯定会听从专家的意见,买他们推荐的品牌,因为专家的话有权威性。

2) 通过名人证明。心理学的研究还表明,信息的传递者是否被观众信任和喜爱也使他们传递信息的可信度受到影响。相比之下,名人更容易受到人们的注意和信任,称之为名人效应,因为人们欣赏名人、信任名人,因而也把对他们的好感和信任转移到对他们所宣传的产品或服务上去。尤其是在从众心理流行,青少年疯狂追星的情况下,名人效应表现得更为突出,因而在广告中,利用名人效应建立和强化消费者对广告的积极态度,也成了广告界最普遍的做法,只要一打开电视机,就能在广告中看到许多明星的熟悉面容。

3) 通过使用过广告产品或接受过广告服务的消费者证明。现实生活中并非所有的产品或服务都由专家或名人宣传效果才好。如很多生活用品的广告,由普通人来宣传,更显得真实可信。让使用过广告产品的消费者用他们的使用体会或接受广告服务后的感受来证明广告效果,更容易引起其他消费者的积极态度,从而促成其购买行为。如在药品广告中,用服用过该药并获得治愈的患者做广告,就非常具有说服力。在健身器材、化妆品的广告中也多采用这种做法。

(3) 通过示范、试验证实广告真实可信 示范、试验就是通过对广告产品的实际表演、操作、使用、品尝等方法来证实其产品的优良品质和良好功效。俗话说"眼见为实。"通过示范、试验来证实的功效,更容易让人产生信任感,因而很多广告利用这种方法来宣传一些日常生活用品,如拖布、去污刷、卫生抹布等。还有一则令消费者赞叹的广告,是一个席梦思床垫厂家用压路机碾压自己的床垫,而床垫弹簧完好无损的事实来证明其产品质量,播出后给广告受众的印象非常深刻,该产品的销售量也直线上升。

广告的表演者示范、试验固然是个好办法,但如果能让广告受众亲自实践或亲口品尝一下,效果会更好。在过去的计划经济时代,国营商店里的销售额没有同售货员的利益直接挂钩,许多售货员的工作积极性不高,服务态度也不好,总是怕麻烦、怕弄脏所卖的产品,因此,在商店的衣服上常挂着"不买勿摸"的牌子,也不愿意顾客试穿。现在,进入商品经济时代,很多商家已经意识到了让消费者亲身感受一下产品对他们购买行为的意义,不但衣服鞋帽让试穿,而且感觉不满意的还可以在几天内退换,许多食品现场制作完后,让消费者品尝,有的药品甚至免费试用几天,以验证是否有效。这些措施都极大地赢得广大消费者的信任和好感,极大地刺激了他们的购买欲,也进一步建立和强化了了广告的积极态度。

(4) 通过宣传产品的突出特点来建立和强化消费者积极的广告态度 随着科技水平的提高和商家对产品质量的重视,现在很多产品的质量都能信得过。在众多同类型产品中,要想让广大消费者选中自己的产品,突出自己与众不同的特点,不失为一种好方法。例如,"爱普泰克网易拍"突出集多功能为一体、携带方便、价格合理的特点;新盖中盖高钙片突出"一片顶过去五片"的特点。通过这些"一枝独秀"的地位，和"人无我有""人有我强"的特点来吸引广告受众，帮助他们建立和强化广告的积极态度，获得广告受众的信任和好感，从而促成其购买行为。

2. 改变消费者对广告商品的消极态度　改变消费者对广告商品的消极态度，应从以下几个方面入手：

（1）发布真实广告　真实是广告的生命。商家和广告的设计制作者，要坚决克服急功近利思想，发布的广告一定要名实相符。因为虚假广告不但坑害消费者，最终也会毁了商家和发布广告的人。如果一则广告宣传的产品失信于广告受众，那么广告受众会对这家广告产品产生消极的否定态度；如果很多家广告产品都失信于广告受众，那么，广告受众会对所有的广告产品失去信任，从而也对所有的广告商失去信任。现实生活中，很多人对广告的消极态度，就是因为有许多虚假广告存在，让人真假难辨，很怕上当受骗，干脆真假一并拒之。例如，有一则快餐面广告，广告在电视上播出时用的是真正的排骨、牛肉，令人垂涎欲滴，产品外包装也标着牛肉和排骨的图案，让人觉得胃口大开，可一打开包装，里面仅有调料包而不见牛肉、排骨，消费者在大呼上当后纷纷谴责广告虚假。

（2）引导消费者改变价值观　也有很多人对广告持一种消极态度，是由于他们的头脑中原有价值观的影响，尤其是一些老年消费者总喜欢抱着固有的老价值观念生活，对新的观念、新的生活方式甚至新的产品，持怀疑态度。例如，一些人因为传统的节俭思想牢固，认为旅游就是一种金钱的浪费；不做早餐买早点也是一种金钱的浪费；服饰不断翻新与淘汰更是一种浪费，等等。这就需要广告在宣传产品的质量、优点和信誉的同时，宣传新观念、新时尚，让消费者认识到"新"带给他们的好处，从而改变他们固有的旧价值观，树立新的消费理念，如"花钱买时间，花钱买健康，花钱买享受"。针对传统的认为贵的东西就是好东西的思想，有的广告就打出了"只买对的不买贵的"的口号来引导消费者树立正确的消费观念，从而宣传自己的产品。

（3）改变消费者对原来广告产品的消极态度　一旦广告受众对某一广告产品产生了消极否定的态度，作为商家和广告人就应该马上反省自己的问题，并迅速采取改进措施，同时广告要采取强大攻势，一方面真诚地向消费者道歉，一方面宣传改进后的产品的质量、性能等，尽快扭转人们已经形成的消极态度，用上乘的质量和真诚的服务去恢复自己的信誉，化消极态度为积极态度。例如，温州是著名的鞋城，但温州鞋业曾经有过不光彩的历史，因为那段时间里，温州的皮革掺杂使假的现象非常多，使温州皮鞋成了假货的代名词，其结果是自己毁了自己的声誉。后来他们在政府的领导下开始了重塑温州鞋城形象的工作，经过巨大的艰苦努力，重新赢得了消费者的信任，从而改变了人们对他们消极否定的态度。现在不但温州皮鞋获得了积极的广告态度，就连其他温州产品的广告态度也有了很大的好转。

复习思考题

1. 简述广告受众的购买心理过程。
2. 引起广告无意注意的原因有哪些？
3. 增强广告注意力的方法有哪些？
4. 增强广告记忆力的方法有哪些？
5. 如何建立和强化消费者对广告的积极态度？

第 4 章 广告创意

学习目标：

在整个广告运作过程中，广告策划是主体，广告创意是中心。缺乏优秀的广告创意，广告战略和广告主题就难以充分体现，广告表现也就只是一些没有活力的图文。通过学习本章，使学生理解广告创意的概念、广告创意的价值、创意的依据，掌握创意的设计表现方法和思维方法。能运用艺术的手段把广告的主题思想形象化，创意能从全局出发，使每一个广告创意都有利于整体广告计划和目标的实现。

4.1 广告创意的价值

4.1.1 创意的内涵

从广义上讲，创意即"主意""点子"，是广告策划书，也称"大创意"。

从狭义上说，创意是指具体表现的方案，即"按既定的战略意图，把所要传达的信息和特定的表现形式结合起来，以战略性语言和感人的艺术形式影响消费者观念和行为的构想及表达途径。"

这一表述有如下要点：

1）创意必须符合既定的战略意图——广告主（广告客户）的营销目标，因而具体创意是以大创意的推进和实现为目标的。

2）传递信息要靠媒介，而媒介的表现方式——运送信息的视觉或听觉形式则是特定的。

3）创意的目标是信息——媒介——媒介的表现形式的有机结合。

4）创意的目的是影响消费者的观念和行为，因而应该有战略性和感人的艺术性。

从以上表述中，可以认识创意的价值及基本方法。

4.1.2 创意的价值

根据上述认识，我们可以从三个方面来理解创意的价值。

1. 创意是完成广告战略目标的根本途径 创意绝不是广告设计师按个人意愿或表现习惯的表现构思，不是战略意图的简单图解，也不是对技巧或表现技术的炫耀，而是为实现广告整体战略目标而制定的具体方案及表现途径。没有这个方案和途径，总体战略目标不仅不会打动目标对象，也是不可见、不可感的观念形态，而广告目的也是空的。

2. 创意是达成信息、媒介、表现形式统一的催化剂 创意的目的信息传播，信息靠媒介才能进行传播，媒介必须以特定的形式来体现，因此广告表现离不开三大要素，即信息、媒介及表现形式。这三者的统一要靠创意来实现。

具体来说，这种统一是由下述几个因素来实现的：

(1) 创意首先要确定说什么　即信息定位或称概念定位，要确定突出传递产品或企业的哪方面信息。

(2) 应该向谁说　即创意必须确定目标对象，由市场细分确定消费该产品的消费群或企业提供服务的接受层，并确切地把握他们对何种信息和诉求方式最敏感。

(3) 确定媒介及媒介组合　这种媒介是否适合目标对象，适合用何种表现方式（形象、文字、色彩、材料、技术等表现要素及其编排组合），才能发挥此种媒介最大优势并能打动目标对象。

(4) 应该怎么说　即根据上述各点确立的表现策略。

(5) 效果怎么样　即表现策略的知觉化方案即表现的知觉效果，并经测试调整上述各点。

3. 创意决定广告作品的魅力　受众接触的广告均是具体作品，即特定信息和特定面貌的媒介，因而广告作品是创意的物化。

创意的物化通过两方面实现，即口语或文字语言以及两者的结合；视觉语言或听觉语言（如音响、音乐等）以及两者的结合。前者称广告文案，后者称文案的知觉化。

文案（如广告标题、口号、说明词等）是创意的核心，因此一般是文案先行，有的是与知觉化语言（画面、音响、音乐及解说的音色、速度、语气等知觉形式）共同形成。文案是信息在口语或文字语言上的浓缩，知觉化语言是使文案升华、富于打动知觉的具体样式，是信息的形象化，两者的互相推动才能形成"感人的艺术形式"和巧妙、准确的信息表达。从这个角度上说，创意是广告的决战决胜阶段，是决定广告作品魅力的要素，表现技巧在创意的引导下才是独特的、富于生命力的。

所谓广告创意，就是广告所要表现的特殊的文化内涵，经过艺术手段的烘托，使处于一定社会背景下的受众对广告中的这种文化内涵产生认同与共鸣，从而留下较深的印象。广告的创意同时也运用含蓄和迂回的方式来表现广告主题，给观众以更多的联想空间，增添广告的文化内涵，提高广告的文化品位。

4.2　广告创意的特征与依据

4.2.1　创意的特征

1. 主题构想单纯　所谓单纯，是指创意完全围绕一个主题进行构思，不允许其他概念介入，以免造成干扰，冲淡主题效果或给人造成散乱的印象。单纯主题显得清晰、明了、鲜明、突出，容易给人留下深刻的印象，并有利于这种印象的长久保留。同时，也有利于具体设计作品时提高技术成分的表现效率，使其表现技法达到简洁、明快的效果。

2. 表现方式构想新颖　广告所宣传的产品或服务有什么优点和功能，跟消费者的生活有什么关系，能给消费者带来什么利益，所有这些都必须通过一定的表现方式才能传达给受众。表现方式越精彩，其传达功能越强，传达效果越好，给受众的印象也越深。因此，对表现方式的构想，必须力求新颖。新颖是精彩的必要前提。只有那种出人意料的、有趣的甚至是惊人的表现方式，才能给人以强烈的视觉刺激和听觉刺激，造成强劲的冲击力。从心理学分析来说，直觉刺激越强烈，印象就越深，记忆就越容易巩固，将生活中很寻常的事物，以精心设计的惊人表现方式传达给别人，给人以崭新的感觉，使人久久难以忘怀，这是一切优秀广告创意都着力追求的。

3. 广告形象构想确切　任何广告作品都要确立一种广告形象，包括文字的、声音的、图形的形象。广告形象包含着特定的传播内容和传播方式，是经过创造性的构想而确立的。广告形象一方面必须是确定的，要使消费者一见就可以识别，使竞争者无法模仿或不便模仿；另一方面，广告形象与其所宣传的产品或服务必须相吻合、配合贴切，即广告创意所构想的广告形象在"性格"上要与广告策划中所确定的商品的"性格"相吻合。优秀的广告创意，总是力求让自己构想的广告形象既足以淋漓尽致地表现产品的性能，又足以流传千家万户，妇孺皆知。广告形象构想的确切性和贴切性，是广告创意的一个重要特征。

4. 情感效应构想自然　广告创意人员为了尽量接近消费者，使其广告创意扎根于人们的潜意识之中，溶入人们的灵魂，总是在进行其他努力的同时，极力设法在感情上征服受众。优秀的广告创意，无一例外地避免用硬性的或牵强附会的推销表现去劝说消费者，而是力图在亲切感人的气氛中含蓄地劝说消费者，使受众在欣喜愉快或激奋感动的情绪中自然而然地接受广告宣传。广告创意中对情感因素所引起的受众的反应要预先估计，对如何利用情感因素去最大限度地打动人心要进行构想，这就是情感效应构想。情感效应构想要亲切自然，牵强附会无法打动人心，而矫揉造作会失去受众的信任，引起"虚情假意""故作姿态"等负效应。合情合理、和谐自然的情感效应构想，是优秀广告创意的又一特征。

广告创意的上述四大特征，一般是并存的。对具体的某一广告创意过程来说，可能有某些特征比较明显突出而对另一些特征则比较隐蔽的情形，但从广告创意的普遍规律性意义上来说，它们是相互联系、有机配合的，不能把它们孤立分割开来。

4.2.2　创意的依据

广告是将营销目标、方针、策略融入生动可感的媒介里，再呈现在人们面前的。所以人们在感动的同时却很少想到这些作品的背后曾经和即将进行的何等周密和繁重的劳动，没有这些劳动，广告作品不可能达到预期效果。作为一般的受众也许没有必要去深究广告作品背后的劳动，而作为广告创意人，仅仅注意广告作品本身及具体操作方法，就不行了。仅仅从作品到作品的"艺术"性思考，创作出的作品无异于无源之水。

具体创意在大创意基础上形成，以保障创意的战略性。具体创意包括定位及具体表现方案，即说什么、向谁说（产品定位和消费者定位）和怎么说（表现策略及媒介策略），这里只着重说定位。

产品定位，即着重宣传产品的什么特点，这来源于产品特性，也来源于目标对象及产品的市场寿命周期，同一产品可以根据上述不同情况有不同的定位。有些产品质量不错，或与同类产品比并无显著区别，往往强调服务或其他附加值，如时尚、精神要素等，以确立其独特的性格。例如，马自达汽车广告（如图4-1所示），强调其豪华气派。

目标对象定位，即广告主要针对哪些受众。目标对象定位：① 来源于产品性质、类别；② 来源于产品经济生命周期（在市场上要经历投入期、成长期、成熟期、衰退期四个过程，每一个过程拥有不同的消费者）；③ 来源于创造市场的需要。因为有些产品是"中性"的，谁都可以用或没有更鲜明的特点，所以要根据创造市场的战略目标确定宣传定位。

广告创意是一个寻求"最佳理由"和"最佳方式"，从而说服消费者购买的过程。这必须以企业营销策略、广告策略为依据,以产品定位为导向,对消费者进行有效诉求,并遵循一定的原则和依据。

图 4-1 马自达汽车广告

1. 广告创意必须把握广告产品的市场生命周期 任何产品进入市场销售,都有其市场生命周期。广告创意首先应根据产品所处的生命周期,进行创意策划。产品处于导入期的广告创意与成长期、成熟期的广告创意是不尽相同的。如果一个尚处于导入期的新型家用电器,在消费者对其产品的特性和功能都没有了解的情况下,广告创意就去追求气氛表现,进行品牌巩固式的情感诉求,那将使消费者感到莫名其妙。反之,对于消费者已经普遍熟悉其产品特性和功能的冰箱,广告创意仍在展示其既能冷冻食物,又有冷藏保存等功能,会使消费者对此失去兴趣,这种不合时宜的广告创意将导致广告的失败。

2. 广告创意必须针对广告产品的特点 各类产品有其不同的特性,广告创意只有根据不同的产品特性,进行独特而符合广告产品特性的创意,才会收到广告效果,不致误导。假如不分产品类别,都用一种模式或一种表现形态去表现,势必会影响广告信息的有效传递。如果不顾产品的特性,忽视了产品的类别特征,一味地都用美女形象做广告,显然不会起到广告的有效诉求和促销作用。相反,根据广告产品类别,从产品的特性出发,去联想、创意、挖掘和表现这种产品的特性和本质,即使非常简洁、朴实的画面,也会吸引消费者的注意,引发其兴趣,最后导致购买行为。

3. 广告创意必须适合广告的目标对象 每个广告都有特定的目标对象。广告创意应从目标对象的特定文化背景、生活习惯、教育程度、年龄结构和心理特点出发,进行有针对性的诉求。如果不顾目标对象的心理特点,光凭策划人员的主观想象进行广告创意,这样的广告收效甚微。比如,农用拖拉机的广告,其主要目标对象是农民,如果策划人员不针对农民这一主要消费群的诸多特点和背景,而别出心裁地运用高雅、朦胧、含蓄的表现手法,去突出其款式的新颖、迷人,其广告效果将适得其反。

4. 广告创意必须符合目标市场的风土人情　处于不同地理区域的目标市场，由于地貌、气候以及民族、历史、文化等因素的制约和影响，都会有不同的风土民情。因此，在广告创意时，必须充分了解目标市场的区域情况，选择易于接受的语言及表达方式，才能有效传达广告信息。否则，就会造成广告亲和力降低，影响广告信息传达的效果。同时广告表现中的环境选择也十分重要，如果环境选择不当，也会造成广告环境亲和力的失误。美国著名的可口可乐饮料的广告，就十分注重亲和力。尽管其产品配方一成不变，但分布在全世界数百个分公司的广告却并不相同。该公司通常采用委托当地著名广告公司，拍摄符合当地风土人情的广告片的办法，进行极具亲和力的宣传，使可口可乐的品牌形象既十分鲜明又亲切自然，从而使该产品在世界各地畅销不衰。

4.3 广告创意的过程

创意是思维的结晶。"怎样表现"也是一种思维，设计师的表现力很强，思维到位，表现才可能到位。因此，思维可以说是贯穿广告运作始终的活动。

4.3.1 大师们的建议

世界上成就卓著的广告大师们总结的若干创意方法，均可为我们借鉴和效仿，现简要列举如下。

1. 创意工作法　BDO广告公司奥斯本提出"创意工作法"，主要包括以下两点：

（1）搜集相关事实　进行资料（情报）搜集、整理与分析，先找出问题并明确"问题点"。资料的搜集、整理和分析是创意前的重要准备，只有分析这些情报，才能准确进行定位。所谓"问题点"，即解决问题的症结，或称为切入点，这是形成"点子"的开端。

（2）点子搜寻　提出许多点子作为引导，进一步开发并选择有效的新点子。根据找到的"问题点"，提出若干解决的方案——点子，在这种情况下，找出的点子越多，开发新点子的可能性越大。开始提出的新点子不一定是特别恰当和巧妙的，根据这些点子，可以进一步深入挖掘，即许多点子的引申；也可以借这些点子作"横向联合"，即进行有效的组合，最后选择出行之有效的有独到之处的点子。

2. 生产点子的技术　美国广告创意先辈詹姆士·韦伯·扬提出的"生产点子的技术"则对创意提出一系列具体做法。

（1）搜寻原始材料　搜寻原始材料：①与产品或服务直接相关的特殊情报；②与目标对象的生活、事物或令其引起兴趣的任何话题。他认为所有新点子都是将旧素材重新排列组合激发出的新概念、新面貌，因此搜寻到的资料越多，创新机会就越大。将旧素材重新排列组合是创新的重要方法之一。他十分注重对资料的占有，从这一点上说，资料的搜集——调查、查询相关情报的工作是绝对不可以忽视的，不仅如此，调查工作越周到越好，对这些情报进行分析，找出"问题点"，是撞击出灵感火花的重要基础。

（2）反复研究资料　使各种相关事实不断分离组合，逐渐转换为新意象、新意念，而后浓缩成"概念"。这里提到的"意象"和"意念"，是创作灵感的具体起跳点和诞生新技巧的原点。从心理学上讲，意象是意识中的形象和情境，"与依赖于外在感官的知觉相反，意象纯粹是一种内心活动的表现"（阿瑞提所著的《创造的秘密》）。从美学角度上讲，意象是在某种信号（语言、文字、音响、图像、色彩、场景、生理反应等）刺激下头脑产生的具有感情色彩的形象或情境，是艺术创作重要的心理准备。广告创意过程中在头脑中生成的意象主要来源于产品、目标对象等相关资料，即将这些资料反复研究，使其化为创意人的思维原料及改变思维角度的元素，这样被调动起来的意象才是合适的。这种意象与意念（具有欲求性质的想法、念头）汇合成新的广告话题及理由。

（3）孵化　忘掉前两个阶段冥思苦想的内容，尽量放松，玩、钓鱼、睡大觉也行，主要让下意识开始转化，孵化出原先曾想过的许多"想法"。启动下意识，实际上让原来思考的结果（可能是经验的产物）更新，因有些或许带有常规的点子，当它们与潜意识化合后，可能会更新。同时，把思考的暂时忘掉，突然改变环境或思维状态，促使思维向潜意识渗透外，还有一种通过"间歇"更新观念，超越原来的思维模式的作用，再回头看原来的想法可能会是以全新的、"陌生的"眼光来审视过去的思考，也是更新的途径。

（4）形成点子　严谨、认真、踏实、细致地做好前三个过程后，原来还不太成形的点子可能会像雨后春笋一样一个个冒出来。经过潜意识孵化，新点子似乎已瓜熟蒂落。但前提是前几个阶段必须认真去做。

（5）续发定案　这个阶段如黎明即临。第（4）个阶段的点子可能尚不周严和适用，必须调整、加工，以适应市场的实际需要。但这阶段最容易流失许多好点子，因为创意人没有耐心在最后一刻将点子变成大创意。实际上，这是一个优选或优化组合、调整、加工、定案的过程。如果说中间过程自由度较大，这个阶段则要根据广告的宗旨来衡定，必要时这个阶段形成的具体方案要经过测试。

3. 戈登的创意法　戈登的创意法以暗喻及类推法为轴心交叉作用，产生新点子。他的方法对打破习惯性思维作用较大。

（1）直接类推法　将行销传播上的问题与人们生理与之基本相似的各种现象作隐喻式探讨，以此获得创意灵感。如《中国广告》杂志的自身广告的思维方法即属于这一种。本来，中医切脉与广告方面的专业杂志从表象上看完全是两类不同事物，但一旦抓住两者的内在联系，就构成隐喻作用。

（2）个人类推法　以神入法为主，如想象一艘小船即将进入狂风大浪中的情景（或感觉）。任何一种产品，由于其外观、性能、结构、使用场合、使用者等因素，在人们头脑中会构成某种情感意象。在创意时，捕捉它们的"神韵"，以"神入"法（即身临其境般地思考），找到表现这种情境的办法。

（3）压缩冲突法　结合两种叙述不相关属性或内容的词句而激发的新点子，如"凶悍的娇客"，可能带来各种联想。这个办法是"异质同构"产生崭新创意的有效方法。进行这种方法关键是可以激发出新点子，而往往不在词句本身。这种方法对符号化语言的超常组合很有意义。

4.3.2　方法来自目的

1. 法无定法　从上述各种对思维方法的介绍中可以看到一些共同的因素：① 创意首先必须悉心研究所搜集的情报资料，广告人的灵感来源于实际情况及目标对象的需要；② 无论采用何种方法，巧妙是最重要的，巧妙是创意人智慧和正确的思维方式的结晶，是创意的生命。

20世纪70年代，国际上采用超常组合以及大胆夸张的例子不胜枚举，而到80年代末至1993年，亲切的、平易的、追求自然的创意成为主要倾向。

从表象上看，广告创意似乎无法可依，模式或规律似乎是空洞的说教。事实上，任何一个事物都是处于变化之中，广告创意方式的多变性正反映了人们评价及认同的标准的变化，是有规律可循的。其中一个最根本的问题是时刻注意把握目标对象的需求变化。

广告人经常抱怨客户不懂广告或墨守成规，而一些客户则抱怨广告人不切实际，有些本来很有创意的广告被客户否掉的事也常有发生。这两者的矛盾实际上只有一个因素可以统一，即真正启动目标对象。当广告人和广告主争持不下时，都听听目标对象怎么说。如果广告人真正从目标对象的立场出发，并用测试的真实数据去说服广告主，这个问题就解决了。

从这个意义上说：法本无定，天成自然。这个"天"即是目标对象。

2. 创意人的内功　　前面谈的方法只是思维的一般方法。创意人的内在积累不足，其感悟性差，思维方法再正确，也出不来好创意。

为此，创意人必须完善自己的知识结构，吸取多方面营养。广告是多种学科融合的交叉学科，广告运作的目的是为企业实现市场推广战略，因此"市场营销学""心理学""价值工程学""传播学""美学""社会学"等学科对一个创意人来说都是非常重要的，这是超越自我经验狭小的圈子进入更广阔的思维空间的必备条件。

另外，艺术方面的修养及悟性更是不可缺少，艺术流派的演进、人类生存环境的变化以及人们审美理想的发展及变革都应是创意人所关心的问题。广告创意含有较强的艺术性思维，吸收艺术方面营养是创意人的必修课。

创意应该巧妙，更应具备推销力。为此，创意人要向那些卓越的推销人员学习。一个出色的文案撰写人，如果有当推销员的经历更好。创意人如果兼备艺术家及推销员两者的能力，他将是一个永不老化的创意专家。

平日在生活中的积累更加重要。随时观察周围的事物，如果能"事事入心"，他的敏感将超过常人。在别人看来无关紧要的事物，如果能发现其独特的营养，并积累起来，这样一点一滴地去做，他将是一个强者。从道理上说，任何事物均含有方方面面的信息，如果视而不见，其中蕴涵的信息等于零，如果带着某种目的去搜集，某些方面的信息的确会成为一种价值。

广告大师奥格威从事广告活动之前，曾在巴黎的一家饭店当厨师，领班的管理方式使他大受启发，为他以后管理广告公司奠定了基础。

去主动经历，到生活中去，到各种不同的人群集中的场所去，去看、去听、甚至去参加他们的议论；到各种档次的购物环境中去，看看人们购物时的动作、表情、心态，听听他们对商品的评价，听听他们的选择、购买时的问询及自言自语……广告人为他们服务，不可脱离他们。

广告人应是杂家，因为他可能面对方方面面的委托；广告创意人的知觉（各种信息接收器）也应十分敏感，要像章鱼的触觉一样。

广告是引人入胜的事业，你如果能在这个变幻莫测、五光十色的事业中成为强者，就会永远焕发出年轻人的勃勃生机。

4.4 广告创意的策略与表现

4.4.1 创意设计表现手法

创意设计表现手法主要有以下几种。

1. 直接展示法 这是一种最常见的运用十分广泛的表现手法。它将某产品或主题直接如实地展现在广告版面上,充分运用摄影或绘画等技巧的写实表现能力,细腻刻画和着力渲染产品的质感、形态和功能用途,将产品精美的质地引人入胜地呈现出来,给人以逼真的现实感,使消费者对所宣传的产品产生一种亲切感和信任感。

这种手法由于直接将产品推向消费者面前,所以要十分注意画面上产品的组合和展示角度,应着力突出产品的品牌和产品本身最容易打动人心的部位,运用色、光和背景进行衬托,使产品置身于一个具有感染力的空间,这样才能增强广告画面的视觉冲击力。运用直接展示法的广告画面如图 4-2 所示。

图 4-2 运用直接展示法的广告画面

2. 突出特征法 运用各种方式抓住和强调产品或主题本身与众不同的特征,并把它鲜明地表现出来,将这些特征置于广告画面的主要视觉部分或加以烘托处理,使观众在接触广告画面的瞬间即能很快感受到,对其产生注意和发生视觉兴趣,达到刺激购买欲望的促销目的。

在广告表现中,应着力加以突出和渲染的特征,一般是由富有个性的产品形象、与众不同的特殊能力、厂商的企业标志和产品的商标等要素来决定。

突出特征的手法也是我们常见的运用得十分普遍的表现手法,是突出广告主题的重要手法之一,有着不可忽略的表现价值。

3. 对比衬托法 对比是一种趋向于对立冲突的艺术美中最突出的表现手法。它把作品中所描绘的事物的性质和特点放在鲜明的对照和直接对比中来表现,借此显彼,互比互衬,从对比所呈现的差别中,达到集中、简洁、曲折变化的表现效果。通过这种手法更鲜明地强调或提示产品的性能和特点,给消费者以深刻的视觉感受。

作为一种常用的行之有效的表现手法,可以说,一切艺术都受惠于对比表现手法。对比手法的运用，不仅使广告主题加强了表现力度，而且饱含情趣，扩大了广告作品的感染力。对比手法运用的成功，能使貌似平凡的画面处理隐含着丰富的意韵，展示了广告主题表现的不同层次和深度。运用对比衬托法的广告画面如图4-3所示。

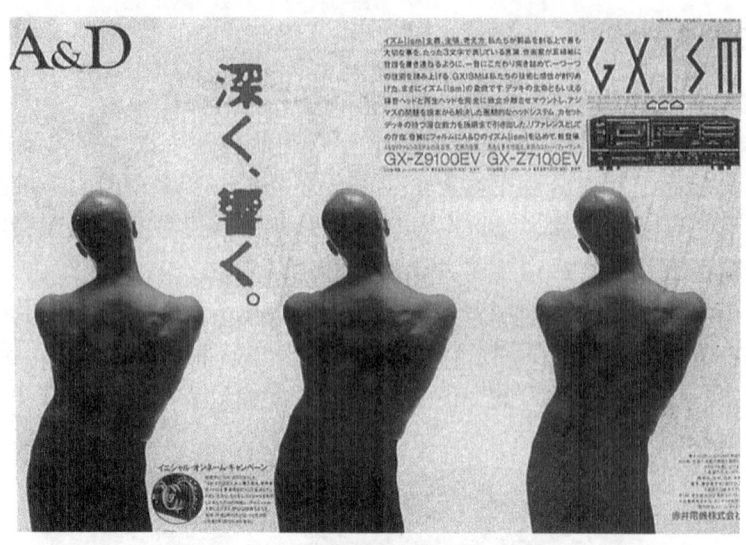

图4-3　运用对比衬托法的广告画面

4. 合理夸张法　借助想象，对广告作品中所宣传的对象的品质或特性的某个方面进行相当明显的过分夸大，可以加深或扩大对这些特征的认识。文学家高尔基指出："夸张是创作的基本原则。"通过这种手法能更鲜明地强调或揭示事物的实质，加强作品的艺术效果。

夸张是在一般中追求新奇变化，通过虚构把对象的特点和个性中美的方面进行夸大，赋予人们一种新奇和变化的情趣。

按其表现的特征，夸张可以分为形态夸张和神情夸张两种类型，前者为表象性的处理，后者则为含蓄性的情态处理。通过夸张手法的运用，可以为广告的艺术美注入浓郁的感情色彩，使产品的特征更鲜明、突出、动人。

5. 以小见大法　在广告设计中对立体形象进行强调、取舍、浓缩，以独到的想象抓住一点或一个局部加以集中描写或延伸放大，以更充分地表达主题思想。这种艺术处理以一点观全局，以小见大，从不全到全的表现手法，给设计者带来了很大的灵活性和无限的表现力。同时为接受者提供了广阔的想象空间，获得了生动的情趣和丰富的联想。

以小见大中的"小"，是广告画面描写的焦点和视觉兴趣中心，它既是广告创意的浓缩和升华，也是设计者匠心独具的安排，因而它已不是一般意义上的"小"，而是小中寓大，以小胜大的高度提炼的产物，是简洁的刻意追求。运用以小见大法的广告画面如图4-4所示。

6. 联想法　审美联想产生的前提，是感官所直接感受的对象与审美者的经验记忆之间有某种联系，所以诗人艾青说，"联想是由事物唤出的类似回忆；联想是经验与经验的呼应。"

所谓"触景生情"即是联想。它是回忆的一种表现形式，是由视觉和听觉引发出来的加进了储存的记忆的思维活动，是一事物到另一事物的连接，是一种合乎审美规律的心理现象。在审美的过程中通过丰富的联想，能突破时空的界限，扩大艺术形象的容量，加深画面的意境。

通过联想，人们在审美对象上看到自己或与自己有关的经验，美感往往显得特别强烈，从而使审美对象与审美者融为一体,在产生联想过程中引发了美感共鸣,其感情的强度总是激烈的、丰富的。

图 4-4 运用以小见大法的广告画面

7. 幽默法 幽默法是指在广告作品中巧妙地再现喜剧性的特征,抓住生活现象中局部性的东西,通过人们的性格、外貌和举止的某些可笑的特征表现出来。

幽默的表现手法,往往运用饶有风趣的情节,巧妙的安排,把某种需要肯定的事物,无限延伸到漫画的程度,造成一种充满情趣,引人发笑而又耐人寻味的幽默意境。幽默的矛盾冲突既可以达到出乎意料的效果,又产生在情理之中的艺术效果,使观赏者会心微笑,以别具一格的方式,发挥艺术感染力。

8. 借用比喻法 比喻法是指在不同设计中选择两个在本质上各不相同,而在某些方面上又有些相似性的事物,"以此物喻彼物",比喻的事物与主题没有直接的关系,但在某一点上与主题的某些特征有相似之处,因而可以借题发挥,进行延伸转化,获得"婉转曲达"的艺术效果。

与其他表现手法相比,比喻手法比较含蓄隐伏,有时难以一目了然,但一旦领会其意,便能给人以意味无尽的感受。

9. 以情托物法 艺术的感染力最具有直接作用的是感情因素,审美就是主体与美的对象不断交流感情产生共鸣的过程。艺术有传达感情的特征,"感人心者,莫先于情"这句话已表明了感情因素在艺术创造中的作用,在表现手法上侧重选择具有感情倾向的内容,以美好的感情来烘托主题,真实而生动地反映这种审美感情,就能获得以情动人,发挥艺术感人的力量,这是现代广告设计的文学侧重于美好的意境与情趣的追求。运用以情托物法的广告画面如图 4-5 所示。

10. 悬念安排法 在表现手法上故弄玄虚,布下疑阵,使人对广告画面乍看不解题意,造成一种猜疑和紧张的心理状态,在观众的心理上掀起层层波澜,产生夸张的效果,驱动消费者的好奇心和强烈举动,开启积极的思维联想,引起观众进一步探明广告题意之所在的强烈愿望，然后通过广告标题或正文把广告的主题点明，使悬念得以解除，给人留下难忘的心理感受。

图 4-5　运用以情托物法的广告画面

悬念手法有相当高的艺术价值，它首先能加深矛盾冲突，吸引观众的兴趣和注意力，造成一种强烈的感受，产生引人入胜的艺术效果。

11. 偶像法　在现实生活中，人们心里都有自己崇拜、仰慕或效仿的对象，而且有一种想尽可能地向他靠近的心理欲求，从而获得心理上的满足。这种手法正是针对人们的这种心理特点运用的，它抓住了人们对名人、偶像仰慕的心理，选择观众心目中崇拜的偶像，配合产品信息传达给观众。由于名人偶像有很强的心理感召力，故借助名人偶像的陪衬，可以大大提高产品的印象程度与销售地位，树立名牌的可信度，产生不可言喻的说服力，诱发消费者对广告中名人偶像所赞誉的产品的注意，激发起购买欲望。运用偶像法的广告画面如图 4-6 所示。

12. 谐趣模仿法　这是一种创意的引喻手法，别有意味地采用以新换旧的借名方式，把一般大众所熟悉的名画等艺术品和社会名流等作为谐趣的图像，经过巧妙的整形改造，使名画名人产生谐趣感，给消费者一种崭新奇特的视觉印象和轻松愉快的趣味性，以其异常、神秘感提高广告的诉求效果，增加产品的身价和注目度。

这种表现手法将广告的说服力，寓于一种近乎漫画的诙谐情趣中，使人赞叹，令人发笑，让人过

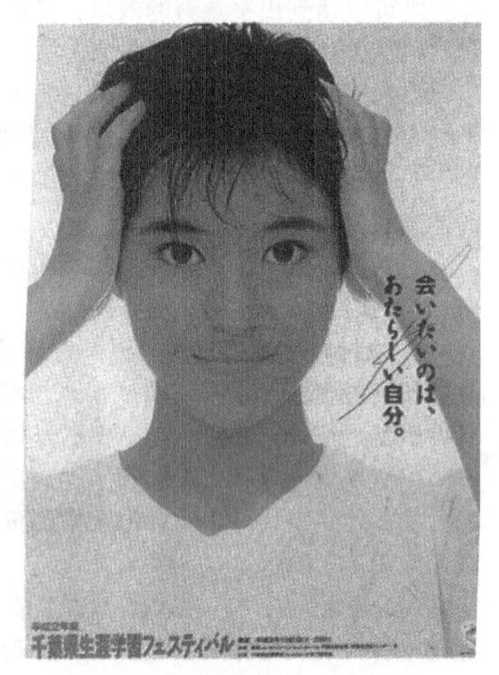

图 4-6　运用偶像法的广告画面

目不忘，留下饶有奇趣的回味。

13. 连续系列法 这是目前国外广告设计中常见的、十分流行的一种表现手法，就设计原理而言，所谓系列化就是具有同一色彩、同一格局与基调来进行发展和变化，既有重复的变迁，又有渐变的规律。

一组系列广告，需要若干个广告画面组合，这个组合在统一的基调下有规律地变化着，统一的设计要素在不同的广告画面上从不同的侧面出现，引导人们从一个画面到另一个画面，形成一个完整的视觉印象，使通过画面和文字传达的广告信息十分清晰、突出、有力。

广告画面本身有生动的直观形象性，是广告中最重要的视觉形象，多次反复的不断积累，能加深消费者对产品或服务的印象，获得好的宣传效果，对扩大销售，树立名牌，刺激购买欲，增强竞争力有很大的作用。对于作为设计策略的前提，确立企业形象更有不可忽略的重要作用。运用连续系列法的广告画面如图 4-7 所示。

图 4-7 运用连续系列法的广告画面

4.4.2 文字设计准则

文字设计准则主要表现为：

1. 连字 将复数以上的汉字或字母，不予分开，使文字的线面互相结合成一个整体，便是连字。连字的运用在标志、主标题、副标题和装潢设计等方面居多。在设计时，除了要注意字义的可读性之外，可看性的视觉造型也居于相当重要的地位。另外，还应避免只注重字与字结合时产生的整体造型的结构美，而忽略了文字的辨读性等现象的发生。

2. 装饰文字 文字除了以其基本的字形、构架来作为传达和沟通的记号外，一道线条的延伸、弯曲、加粗、变细，一块面积上的加网点、添色彩、加图、加各种造型记号等手法的应用，都构成其装饰性造型。从广义的观点来看，立体字、渐层字、变形字等，都是装饰字体的一种，这里所介绍的装饰字，则偏重纯粹的花体字。花体字在包装、广告媒体中应用得较为广泛，如女性服装、饰品、礼品、餐饮、烟酒、唱片封套、书籍装、电影海报等。

3. 立体字　在广告创意中，立体字造型的使用是相当常见的。立体字的特点是在二元平面上表现出其棱角的、厚度的三维空间之深远的立体感。立体字除了有刚硬厚实的造型特性之外，还有其优美而富装饰意味的视觉效果。

立体字的透视可从各个角度任意画出，不同角度的立体字均能传达出不同的空间意境，另外，利用视觉错觉的原理，改变数次视点，产生矛盾的视觉现象，可给观众以不同的视觉感受。

4. 几何造型文字　几何造型文字就是将文字的字形、笔画单纯化、抽象化，并将其造型还原至最简单的几何图形，如三角形、圆形、方形、矩形和菱形等。

英文字母的字形结构、笔画单纯，比较适合用于几何形的造型。

5. 变形文字　文字有其固有的文字形象，将其固有的形象破坏，或运用扭曲变形的手法，是现代设计中常用的手法之一。

文字变形手法很多，大体可归纳利用人力加以变形和利用光学仪器加以变形两种。

由于使用手法、素材、环境的不同，会影响到变形效果的不同，不同的变形效果会传达出不同的文字感情。如何变得有道理，如何将变与创意寓合，如何因变而得到相称的效果，这便是设计者最大的难题，它将直接关系到设计的成败。

6. 手写文字　手写文字是与印刷文字完全不同风格的字体。它完全是一种个性的、自然流露的字体。中国的行书和草书可谓手写文字的极致，它无拘无束的自然挥洒、行云流水、一泻千里，观赏其间不禁心胸开阔，浑然忘我。

手写文字应用到设计上的例子相当多，一般以大标题或副标题的大字居多。设计作品中以海报、包装、装帧等设计表现的概率最大。

7. 字与图的结合　字与图结合的应用，依设计者的创意而异。好的字母结合设计，可在视觉效果的传达上发挥更大的威力，使其变为人类沟通的语言，加深、加速观众对所传达内容的把握能力，表现文字和语言所无法表达的意境，增加画面的趣味性，使观众毫无抵抗地踏入设计者所布置的视觉陷阱中。

8. 文字编排成图形　在现代文字的造型设计中，也常模仿象形文字的特质，将一个或一群文字的字义，设计成符合字意的图案造型。

为了配合图案的外形，而将文字勉强塞入，难免会抹杀文字的可读性。图形和文字的可读性，这两者何为其主，在设计中占有相当重要的地位。设计者应配合创意，结合构图和整体空间，作出最适宜、最贴切的设计。

9. 文字的渐层效果　文字的渐层效果，在彩色印刷时可利用网点的比例表现出浓淡和色彩渐层。在单色处理时，以线及网点来表现渐层效果的居多。在文字的渐层设计时，要特别注意线条的粗细、线条的间隔、网点的大小、网点的疏密。要做到线条、网点明显毕露，有一种强而有力的渐层质感。

10. 差异中的个性文字　差异中的个性文字，是指在一排文字中间取出一字或多字，作不同的造型和编排处理，使之有别于其他文字，造成观众视觉集中的焦点。这种从差异中强调个性的手法，在文字设计中经常应用。

4.4.3　文字设计方法

文字设计方法主要有以下几种：

1. 中文活字的设计　中文活字的书体，主要有宋体、黑体、仿宋体和楷体四种。

中文活字的设计，首先要掌握不同字体的形态特征和表达功能，注意文字在大小、黑白和风格上的和谐统一，使其有视觉上的整体感。大小和形态的组合变化要有一个基调，力戒不必要的过多变化，否则会削弱其视觉表达能力，降低了文字的诉求力。需要着重把握的是以适当的字体变化产生一定的视觉刺激，以突出文字总体中的重点。

中文活字设计还包括活字排版的技术。首先要选择适当的字体作为版面的文字主体，其次在组合两种或两种以上字体时，要考虑在字形和方位上的对比调和关系，再就是对空白的处理要得当，因为空白不仅有突出图形和文字的注目价值，而且能缓和版面的紧张关系，对观众的阅读产生良好的诱导作用。

2. 外文活字的设计　外文活字的书体，即拉丁文字书体，主要有罗马体、歌德体、无饰线体和意大利体四种。

外文活字的设计，首先要在视觉效果上产生吸引力，有较高的注目价值，以诱导观众进行主动的阅读。在版面表现内容的安排上，应该有主有次，突出重点，层次分明，有轻重缓急之分，使观众能循序渐进地进行阅读，能很快地把握住版面的中心要点。版面的编排组合要简洁生动、变化有致、富有情趣，在视觉流程上要有节奏性，以使观众在阅读时有乐趣，不感到疲劳和厌倦。

3. 书法字体的设计　书法字体是以中国汉字和拉丁字母为基础的文字设计，能以其独特的艺术造型和别具一格的笔画组合韵味，表现广告主题的品格，给人以非同一般的视觉感受。

在广告设计中，运用不同的书法字体，可表达不同的内容，例如，隶书可表达一种传统的权威感，篆书可给人以历史悠久的信赖感；草书有很高的装饰价值，运用得当可作为广告画面的陪衬和衬托；行书变化美妙，将其恰当地用在极简短的广告标题或标语文字上，能产生一种画龙点睛的点题效果，也能提高画面的设计格调和风采，增加广告的表现力和感染力。

4. 美术字体的设计　美术字体，是根据广告主题和创意表现的特定要求所进行的具有美工效果的字体设计。广告设计中对广告标题、产品名称或企业名称常用这种字体设计。

美术字体的设计：首先，要使其造型精练单纯，易读耐看，可认性强，能准确地表达内容；其次，字体的造型特征必须服从于广告的宣传内容，并能很好地表达内容；此外，字体要有个性色彩，造型要新颖独特，不同一般，容易记忆，能给人以独特的审美感受并留下清晰的视觉印象。

5. 商标字体的设计　商标字体的设计一般也称合成字体设计，它是指组合两个以上的文字，用以构成商标或标志符号，或把文字变成一种装饰图形。

商标字体的设计：首先，要注意组合的两种文字的各自的特意性和组合时的协调性，使其协调而又易于区别，在总体上能给人完整的视觉印象；其次，字体的适合性要强，能够使用于不同的场所和不同的广告媒体，使消费大众对其具有亲切感，并乐于接受和便于理解；再次，字体在造型上要高雅优美，具有鲜明的形式美感，在视觉传达中能够给观众留下深刻的印象。

6. 标题字体的设计　报纸、杂志、招贴、路牌广告、标语以及电视、网络广告的片头和片尾的文字设计，是广告主题表达的重点，是广告版面中需要予以突出的部分。

标题字体的设计：首先，要注意文字字形的选择，使其与广告标题的含义和广告产品的属性相符，选择格调相似的字体，可使形式与内容协调一致；其次，标题文字在广告版面上必须占有突出的地位，但字体的大小与版面的比例必须在视觉上协调，不能过大也不能过小，这样才能保证发挥良好的诉求力；再次字体在造型上要粗壮有力，简洁大方和有很高的可视性，如选择黑体字或黑体变体字，这样可有较强的视觉冲击力。

7. 装饰字体的设计　装饰字体主要指对文字进行装饰性的处理，使之图案化。

装饰字体的设计，一定要根据主题的需要，从广告的主题出发，不能主观臆断，妄而为之。如果将那些不需要进行装饰的文字进行了装饰设计，不仅无助于主题的表达，反而会产生视觉误导，使观众抓不住诉求的重点。装饰字体的造型可作多种变化，但造型上的风格确定一定要符合特定的广告主题，不能使字体的格调与广告主题相互脱离。值得注意的是，装饰字体的图案设计一定要把握分寸，追求过多的变化造型会造成堆砌烦琐，会丧失字体的明快效果。

4.4.4　文字编排规则

文字编排的规则主要有：

1. 整齐式的编排　整齐式的编排，在正文文字的编排中最为常见，它主要是指中文或英文都要齐头齐尾形成方形。但英文单词常由多个字母组合而成，由于齐尾的限制，常会有将字母分开到下一行的现象。

2. 左齐式的编排　左齐式的编排，是指每行文字的左边齐头，右边不齐，在编排时，左右必须先确立一个固定的长度，当右边的单字没排进既定的长度时，会造成凹凹凸凸的空间，自然优美，富有机能性。中文采取这种编排方式时，通常以一句完整的字义或一个段落作为区分。

3. 右齐式的编排　右齐式的编排，正好与左齐式的编排方式相反。在编排时，首先要确立一个固定的长度，文字齐尾不齐头。这种编排对正文文字较少的广告十分适用，当正文文字较多时，参差不齐的开头会使读者阅读费力，影响广告效果。

4. 左右对称式的编排　左右对称式的编排，是指在编排时先确定中轴线，然后确立一个版面文字的最长度，再按文字的句尾或段落，将其放在版面的中间位置，使文字左右两边的自然凹凸有较大的承接空间，产生一种对称的形式。

5. 不规则的编排　不规则的编排，是指在特殊的设计中，采取行间不相同，方向性不一致的排法。目的是强调其动感，不安定感，表现设计中需要表达的内涵。在进行这种编排设计中，应特别注意处理，以免失去控制，造成一团混乱不可收拾的局面。

6. 文字中间插图式的编排　文字中间插图式的编排，是指为了版面整体气氛以及加强意思的传达，而在文字中插进一张或多张的图片，避免由于正文过长而造成的沉闷、单调的气氛，并可使图文并茂、趣味横生。

7. 文字沿图式的编排　文字沿图式的编排，是指在编排正文的过程中，遇到图片时，顺着图片的轮廓线编排，使图片和文字互相嵌合。当单独的图形在单独配置感觉不平衡时，借用此法可使图形同文字配合，产生和谐的效果。

8. 书写式的编排　书写式的编排，是在编排正文时，按汉字书写时的形式，在正文段落开始时"低头"（空两个字），然后顺次排列。这种方法不仅符合中国人的阅读习惯，还能提高视觉的注目效果，表现中文广告特有的效果。

9. 突出正文式的编排 突出正文式的编排，是指当正文很长，而采用的又是普通的排列方法时而采取的一些措施。如果广告是彩色的话，重要的内容可以用彩色印出，报纸广告可以采用套红的方法，杂志广告要用醒目的颜色。还可将重要的正文用较大号的字体排印，其余部分用较小号的字体印刷。此外，也可在重要正文一行的下面加印一条有颜色的水平线，以引起读者的重视。

4.4.5 特种文字编排

特种文字编排主要表现有：

1. 广告上文字的编排 一个好的广告设计者必须具备较好的文化素养，他必须将文字语言浓缩精练成简短而吸引人的词句。词句的文字编排，应力求达到视觉传达的最佳效果。因为消费者没有耐心看长篇大论，所以，广告标题文字的编排，更是决定广告成败的关键。

2. 包装上文字的编排 包装上文字的最大功能，就是使消费者了解商品的功能、特性，于是，包装上的文字便担负起推销员的任务。包装上最主要的文字要算是商品名称及大标题了。包装上文字的造型、编排设计和色彩使用，必须符合商品和商品包装造型，同时还要针对消费阶层、竞争品牌等因素作种种考虑，作出最佳的设计，以达到促销的功能。

3. 招牌上文字的编排 招牌上的文字内容，以公司、商店的名称占绝大部分。招牌上文字的造型和设计，要能充分显示出企业或商店的格调。招牌除了本身的设计要美观之外，更要考虑到与整个都市的景观融合，与建筑物以及周围招牌的变化协调。招牌上的文字编排，必须根据企业和商店的性质，设计字体、选择材料、规划大小，使其更能符合营业内容。

4. 图形文字的编排 图形文字，是跨越地域文字的一种国际语言。图形文字具有比文字本身更易懂、醒目的视觉冲击力。编排这种文字时，除了使其具有易懂、醒目、跨越国际性的意义外，还要使其达到美观的目的。公司和企业也常用图形文字作为自己的符号。当人们看到知名度高的图形文字时，几乎马上可以认出是某公司或企业的标牌名称。

5. 食品文字的编排 这里所指的食品文字，主要指引起食欲感的形体文字。如食品业广告设计中的圆体字，因其字形圆圆、软软、柔柔的，非常符合食品的形体感，但黑体字的刚硬和有棱有角的造型特性，就不常为食品业所采用。编排食品的商标或品牌的文字字体时，要使其能与食品的印象相符合，使文字看起来给人以质感。这时的文字便会与它的造型脱离，把人们带入食品联想和食品回忆的境界。

6. 文字图形的编排 文字图形的编排，是指配合广告的内容、目的，将文字编排成图形，如排成圆形、方形、三角形或梯形等几何图形，也可排成人物、动物、植物及器物等自然形状。进行这种编排时，一定要注意整体的视觉传达效果。

7. 数字文字的编排 数字文字主要指可视的数字。例如，商店折扣酬宾的数字，会使贪便宜的消费者，在折扣数字的诱惑下，买下平时想买却不舍得买的物品。数字文字的编排，要求设计者利用建筑物的户外广告、海报、公告等传播媒介，将使人心动的数字，以大而醒目的方式表现出来，以产生不吸引消费者不罢休的作用。

8. 文字的编排 在户外街头，人们接触最多的是动态的文字广告，如车身上的广告文字。车身上的文字编排，是一项专门的问题。车身如同一个人的外表，衣着是否得体是否考究，可以看出一个人的修养、品性和个性。此外，车身上的文字一定要给观众以深刻的印象，同时也要考虑到速度与角度的印象。当车辆处于停止状态时，文字当然可以看得很清楚，但设计者也要考虑如何使车辆在移动时仍能看清车身上的文字。

9. 时髦文字的编排 在现代社会中，时髦文字在服装上应用得比较广泛，如深受年轻人喜爱的T恤衫，这也是年轻人追求时髦流行的途径之一。中国文字、书法、外文各有其不同的造型和韵味。作为室内装饰，设计者利用草书的字体造型，书写在布上，作为客厅沙发的外罩或窗帘布等，洋溢着中国的民族特色，新鲜而别致。

4.4.6 文案设计方式

文案设计方式的主要表现有：

1. 直铺式 直铺式文案，是指采用实事求是平铺直叙的撰写方式，不讲究文字的技巧和修饰，直截了当地表达广告主题。语言和文字的表达上很少带感情色彩，内容具体全面，而且以科学的论据予以证实，其主要目的是向消费者提供产品和服务信息，把产品和服务的特点和性能直截了当地进行表述。

2. 描写式 描写式文案，是指对一种产品或服务进行绘声绘色的描绘或巧妙地予以述说，使人们对产品或服务有一个真实的印象。描写要生动形象，富于情趣，不令人乏味。它往往运用文学艺术的力量打动消费者的感情，令其改变态度。

3. 幽默式 幽默式文案，是指运用其有知识性和趣味性的幽默诙谐的笔法，在轻松风趣的情调中介绍产品或服务，能使老生常谈的一般化描述变得富有生机，把一个简单的内容介绍得生动形象，激发消费者的兴趣和购买欲望。

4. 故事式 故事式文案，是指用故事的形式介绍产品或服务，是传达广告内容主题的一种有效形式。故事情节要单纯、简洁且有点曲折，一般是故事的中心人物遇到的某种麻烦，接着引出能解决矛盾的产品或服务，从而产生引人入胜的效果。

5. 印象式 印象式文案，是指其文案撰写的重点不在产品或服务的本身，而着重在建立消费者对企业的印象，使消费者对企业有明确而全面的认识了解，产生好感，树立起企业的信心，来说服消费者购买该企业的产品。这种形式的文案多用于创造和提高知名度的企业广告。

6. 气氛式 气氛式文案，是指其文案的重点不在于具体介绍产品或服务，而在于对产品或服务营造出一种气氛或情绪。此种文案适用于女性商品、软性饮料、旅游广告等，意在烘托出一种令人向往的羡慕激情，来诱发人们的心理欲求。

7. 引证式 引证式文案，是指采取引证权威方面的鉴定评论资料或奖励加以证实，或用知名人士的赞扬、推荐来表明产品或服务的优异特性的真实可信，抬高销售地位，具有定论性的说服力。但权威性一定要站得住脚，否则会适得其反，反而丧失了应有的说服力与推销力。

8. 说明式 说明式文案，是指文案对广告版面的图片而言只属于从属地位，只是利用文字对图片进行说明介绍，帮助消费者进一步了解广告产品或服务的特点或性能，以加强图片的诉求力量，扩大广告的促销效果。

4.4.7 画面设计题材

画面设计题材主要表现有：

1. 健康 这是人类赖以生存发展的基本诉求，是为维持生命和发展生命所必需的外界条件的欲求。增强体质，身心康宁，获取营养，防病治病等都可以选择健康作为广告主题的题材，如医药、卫生用品、营养食品、体育器械等商品都可以此进行诉求。

"只要你有时间坐下，我们就能给你健康。"（电子按摩椅）

"和医生、护士一样……不要把病菌带回家。"（清洁剂）

2. 食欲 人类最基本的需求之一，是人类肌体生存的根本所在，它不仅解决人们生理饥渴的需求，还满足人们追求营养、讲究口味等心理方面的需求，是食品、饮料、饮食服务业常选用作为广告主题的题材，通过食品的美味芳香引诱消费者，刺激其食欲的需要，可取得良好的促销效果。

"舌头可能是最富有创造性的。"（日本两样饭）

"您要一尝真正精致的传统佳肴时……"（高级饭店）

"'酱'出名门，传统好滋味。"（酱菜）

3. 安全 保障自己生命和财产不受威胁侵犯和掠夺，是人们基本需要的一个层次，是保证人们正常工作、生活及社交活动的重要因素，是人们十分关注和敏感的重要问题。某些广告如交通工具、防盗设备、银行信托、卫生用品等可选安全作为广告主题的题材。其诉求如能吻合消费者的关心点，就可发挥良好的促销力量。

4. 爱美 人们对某些产品的选择往往是以其欣赏价值为主要目的，注重产品本身的美感和对人体的美化作用以及对环境的美化功能，目的不仅在于产品的使用价值，而是为了从中得到美的享受。随着社会生产的不断发展，物质、精神文明的逐步提高，消费者对自身美化和产品美感的渴求会越来越强烈。爱美常是化妆品、服装、饰品等商品作为广告主题的题材，突出美的风采和格调，渲染美给人们带来的心理上的满足，刺激人们对美好事物的欲求。

"长夜如诗，衣裳如梦。"（服装）

"把柔媚洗在身上。"（香浴乳）

"春之美，夏之恋。"（化妆品）

5. 时尚 在消费品市场中，尤其是在一些软性饮料的销售过程中，消费者的购买潮流对人们的心理有很大的冲击力，表现出一种追求商品的趋势和新颖为主要目的的需求，成为时髦流行的消费趋向。它刺激和诱发消费者产生一种同步的心理欲望，在购物时特别注重商品的款式和社会流行样式，而不太注重商品本身的使用价值和价格高低，追求变化，喜逐潮流，表现出凭一时兴趣而产生的冲动性购买。时尚常是化妆品、服装、摩托车等广告主题选择的表现题材，能创造非常成功的促销效果。以时尚为主题的广告设计如图4-8所示。

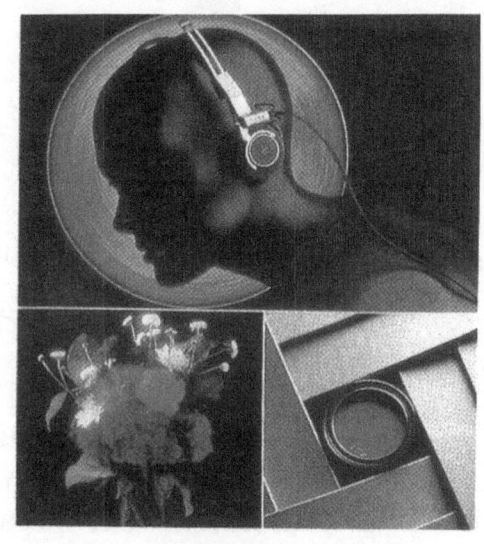

图4-8 以时尚为主题的广告设计

"……领导世界潮流,美丽过关。"(美丽关化妆品)

"流行的新魅力,俏丽的新风采。"(女用摩托车)

6. 荣誉 人类通过实现自己的潜在能力,发挥自己的聪明才智,在事业上获得一定的成就,有所发明,有所创造,对社会作出贡献,以期得到社会的尊重和赞赏,给予一定的评价和社会承认,从而得到经济上的慰藉和满足。这种心理需求是在社会发展过程中逐渐形成的一种社会性的高级欲求,是一种文化、道德和名誉上的精神需要。

一些消费者为了显示个人的成就或成功,而购买某些特殊产品产生一种建立荣耀的心理满足。广告如能针对这种欲求进行诱导式的诉求,能很有效地唤起消费者的需求欲望。

"名门淑媛,名品新资。"(女皮鞋)

"绅士笔表露名人风范。"(钢笔)

"一部可以改变您汽车价值观的新车。"(轿车)

7. 母爱 这是人类情感中最为诚挚的一种感情,也是人类情爱中天性的自然流露,具有震撼人心感人肺腑的力量,是人类存在以来一个古老的艺术表现题材。纯正、高尚的母爱动人心弦,催人泪下,具有不可抗拒的心理感召力,这种出于天性的依恋之情,对人有很强的感染力,在广告中作为某些主题的题材,运用得好能产生很好的移情共鸣作用,儿童用品、食品、玩具、衣物等均可选择母爱作为题材。以母爱为主题的广告设计如图4-9所示。

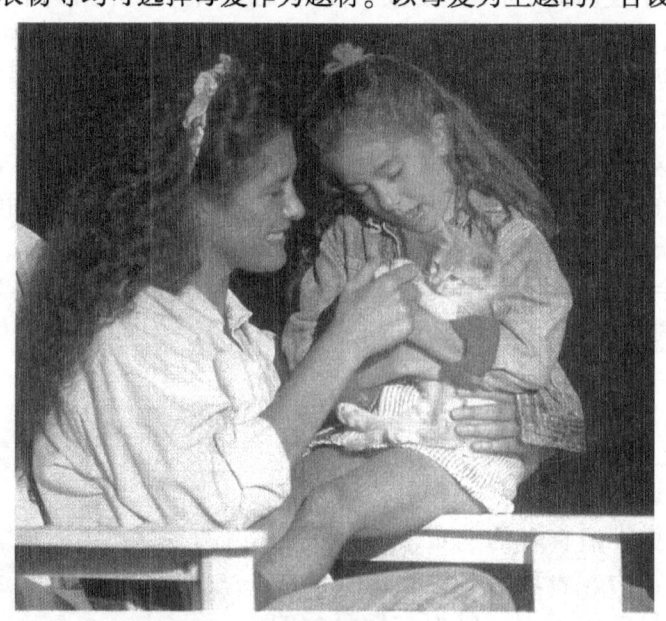

图4-9 以母爱为主题的广告设计

"沐浴在妈妈的爱心里。"(婴儿香皂)

"宝宝穿得开心,妈妈选得满意。"(纸尿布)

"这双鞋就像妈妈牵引宝宝的双手。"(儿童鞋)

8. 地位 人们有一种显示自己的地位和声望的心理欲求,这种心态在具有一定的社会地位、经济实力的人士中较为多见。他们往往产生一种"扬名"和"炫耀"的购买动机,购买时特别注重商品本身的象征意义,以及显示自己的超过一般人的社会地位和表示生活的富裕或表示自己卓越的生活能力,从中得到心理上的满足。消费者在购买中具有很强的感情因素,出发点往往是为了领先，超过他人或赶上他人，以维持或提高自己的社会地位，获得一种自豪感、优越感的满足。

"杰利雅绅士名品，名士隽品，身份非凡。"（服饰饰品）

"法国'第一夫人'与您同行。"（法国雪铁龙轿车）

"轿车的高雅气派，名流的身份地位。"（摩托车）

<h2 style="text-align:center">复习思考题</h2>

1. 什么是广告创意？有何特征？
2. 广告创意的价值如何理解？
3. 广告创意的依据是什么？
4. 创意设计的表现手法有哪几种？
5. 广告文案设计的方式有哪些？

第 5 章　广 告 文 案

**学习目标:**

通过学习，让学生理解广告文案的含义及基本特征，了解广告文案的结构与分类，领会广告文案写作的要求；了解广告标题的作用，能够判断直接标题、间接标题和复合标题，通晓广告标题写作的一般技巧，初步掌握广告标题的写作方式；熟悉广告正文的结构和类型，能够运用所掌握的技巧，撰写不同类型的广告文案；了解广告标语的类型和特点。

5.1　广告文案概述

文案写作是广告实务的重要组成部分，在整个广告的创作过程中，与美术指导一样，文案撰稿人发挥着越来越重要的作用。

5.1.1　广告文案的特征

1. 广告文案的含义　对广告文案的含义，历来有两种理解。一种认为，广告文案指广告作品的全部。这里"文案（Copy）"一词并非只是文稿的意思，而是指文稿、图片、影片等的抄本或复制，即指广告作品，包括报纸广告作品、杂志广告作品、电视广告作品、广播广告作品、网络广告作品、招贴广告作品、路牌广告作品等。如广告传播效果事前测定，主要是对已设计制作的广告作品（Copy）进行测试，即"复制测试（copy test）"。从这个理解来看，整个广告作品的全部内容，如文字、语言、图片、色彩、布局等均属于广告文案的范畴。

另一种认为，广告文案仅指广告作品中的文字或语言，不包含图片、色彩、布局等非文字或语言部分。即在平面广告中，仅指文字部分，在影视广播广告中，仅指语言部分。

语言和文字作为信息传播符号，在人类传播的发展进程中意义重大。在经历了口语传播、文字传播、印刷传播，进入电子传播后，语言和文字仍然是人类最主要的信息传播符号。在现代广告传播初期，当年的平面广告，如户外看板、海报、单张印刷品、报纸广告、杂志广告，其绝大部分的创意都是利用文字与图画或照片的结合，广播广告则是利用文字、音乐与声效的结合。随着社会的发展和科技的进步，新的广告媒介不断涌现，如电影、电视、多媒体、立体活动看板、互联网等，这使得广告文案的工作范畴更趋繁复，文字和语言的表达技巧也越来越丰富。

随着广告专业水平的不断提高，广告内部职业分工的细化，为了提高广告文案的写作水平，应从狭义上规范广告文案的概念，把广告文案的含义理解为广告作品中的文字或语言部分。

2. 广告文案的基本特征　作为一种特殊文体，广告文案具有商业性、独创性、真实性、通俗性和多样性的特点。

（1）**商业性**　广告文案不同于文学，文学是人们自愿牺牲时间去阅读，而广告文案是基于推销原理，直接引起读者购买行为的文字，需要引诱读者来阅读。它必须考虑受众的接受心理，想办法在瞬间引起读者注意，并促使其保持记忆，最终促成购买行为。广告文案的内涵属于"商业买卖"范畴，目的是为了推销产品或服务，因而具有明显的商业性特点。

广告文案的这一特点是由广告活动的营利性质所决定的，因而追求商业效益成为广告文案写作与其他写作最显著的区别，也成为衡量广告成败的标准。奥格威在谈论"什么是好广告"时说，好的广告是不引起公众注意就把产品推销掉的作品。好广告应该把受众的注意力引向产品，受众看了广告后说的不是"多妙的广告！"而是"我从来没有听说过这种产品，我一定要买它来试试。"从表面上看，广告文案的商业色彩有些体现得比较明显，有些体现得不明显，然而那些不知不觉就把公众引向产品消费的文案却最具商业效益。

（2）**独创性**　广告文案必须具有独特的创造力，能在瞬间引起人们的注意，且能吸引人从头读到尾，否则便失去了做广告的意义。文案的独创性，也即文案的创意性，在这一点上，文案撰稿人不仅要具有很好的文字表达功底，而且还要具有丰富的创造力。也就是说，不仅要有手法，而且还要有想法。

　　　如果怀孕的是你，你是否会更加小心呢？
　　　避孕是生活中的当紧要事之一。
　　　家庭计划协会忠告每位已婚和未婚者。

这是萨奇兄弟创立广告公司之初一炮打响的杰作。在这幅海报中，设计师用诙谐手法描绘了一个怀孕的大肚子男人形象，用离开海报高度的 17 倍距离也能看清的黑体字写下了这种让人刻骨铭心的文案。

没有独创性，只能使广告沦为废品广告的境地，广告文案也迅速淹没在信息的海洋里。

（3）**真实性**　广告文案是广告信息的主要传播符号，直接影响着公众的消费动机，涉及消费者的利益。从消费者的利益看，广告文案必须真实。奥格威在谈到怎样创作高水平的广告时说："你不会对你的妻子说谎话，也不要对我的太太说谎，己所不欲，勿施于人。如果你就产品讲了谎话，你迟早会被发现的，不是被政府发现，就是被消费者发现。政府发现，你就要吃官司，消费者发现，就会以再也不买你的产品来惩罚你。"所以奥格威建议，如果你认为产品不好，就别费心为它做广告，如果讲了谎话，那就帮了客户的倒忙，甚至损害了自己的形象。广告与消费者在长期的经济活动中相互依存，你中有我，我中有你，消费者需要真实的信息，在这种长久不变的要求下，真实性成为广告文案最主要的特征。

从广告创作的角度看，真实性也是文案吸引力的源泉。消费者不是低能儿，他们不会因为一句简单的口号和几个枯燥的形容词而去购买广告产品，也不会因为虚假的文案吹嘘而与产品保持关系。因此，历史上许多有效的广告都非常注重讲事实，广告文案从不做夸张的承诺。奥格威当年为劳斯莱斯汽车做的广告讲的全是事实，甚至没有一个形容词。

（4）**通俗性**　广告文案既要准确无误、真实可靠，又要通俗易懂。文案是否吸引人，不是靠华丽的辞藻、优美的句式，而是靠用最通俗的语言辅助或表达的创意。优秀的创意是让人一看就懂，从而心领神会，文案写作就是在这个过程中把复杂的事物变得单纯，从而使信息的传播变得通畅、迅速。日本资深文案撰稿人石田胜寿在谈到他的创作时说："写谁都懂的文案，谁都写不出来的文案。"这位昔日的电通创意总监写了近30年的文案，用这一句来概述他的创作观，可谓精辟。广告作为一种沟通的艺术，文案撰稿人作为一个沟通的专家，面对的不是作品欣赏者，而是成千上万的各类消费者，除了让更多的人听懂你的产品，你还能做些什么？十多年前，国际广告杂志社和国际广告研究所在北京做了一次广告语研究问卷调查，在230多条广告语里，排在首位的是蓝天六必治的广告语"牙好，胃口就好，身体倍儿棒，吃嘛嘛香"，究其原因，是地方色彩浓郁的广告语顺耳顺口，通俗易懂。

（5）多样性 广告创作是对多种艺术形式的综合运用，它广泛地吸收了语言、文学、音乐、绘画、舞蹈、戏剧等各门艺术手段和技巧，这就决定了广告是一种多样性的创作活动。在广告创作中不同的媒体具有不同的艺术表现形式，广告文案必须与各类媒体相协调，因而广告文案也呈现出多样性的特点。如影视广告与报纸广告，由于媒体不同，其广告文案的写作原则也不同。在影视广告里，最忌讳对图说话，因为画面都把故事演绎出来了。而在报纸广告中，因为图片是静止的，对图片的解说也是理所当然。即使在影视广告里，文案的多样性也有明显的表现。广告中，不论是对白、旁白或是字幕、口号、标题，文案可长可短，形式多样。有的言简意赅，用短文案提示画面；有的细致入微，纯粹用文案突显创意。下面是影视广告文案多样性表现中的一种，极具代表性：

在自行车比赛的运动场上，数名工作人员扶持单车选手准备出发，枪声一响，众选手离开始点往前冲刺，唯独一女性工作人员死抓不放其中的一名赛车选手，这时候，口号出现：LYNXX香水的效果。

5.1.2 广告文案的结构与分类

由于对广告含义有两种不同的理解，广告文案的结构也有两种不同划分。一种认为，广告文案的结构可分为：标题、正文、插图，同时还包括副标题、简单的插图说明、箱形框、标语以及标准字体。另一种认为，广告文案的结构分为标题、正文和标语三部分。显然，前一种划分，是基于对广告文案的广义理解，而我们更赞同从狭义上规范文案的概念，将广告文案分为标题、正文和标语三部分。由于广告媒介不同，广告文案的三部分在广告中并非面面俱到，但对大部分印刷广告而言，常常不可缺少。

1. 广告文案的结构

（1）标题 广告标题是揭示广告内容核心的语句，位于广告文案的醒目位置，通常放在广告文案之首。标题不仅仅是传达广告内容，更重要的是，它是以受众所关心的事物为着眼点，扮演诱导阅读广告正文的角色。一则好的标题，往往能够迅速引起受众的注意，能够抓住主要的目标受众，能够吸引受众阅读正文，能够对受众说明所介绍的产品或服务的种种好处。

（2）正文 正文是广告文案的核心部分，基本上是对广告标题的解释以及对所介绍的产品或服务的详述。正文通常摆出种种事实、种种理由，因为标题已经吸引了受众的注意力或激发了他们的兴趣，因而能否说服受众坚定信心，并促成他们采取行动就取决于广告正文的力量了。

（3）标语 广告标语是文案的重要组成部分，是企业反复使用的特定的宣传语句。在广告中，它是用简明文字写出的具有宣传鼓动和加强印象作用的文字形式，其结构与标题相似，实际上，许多广告口号都是从一些被证明为非常成功的标题演变而来的。因此，可以说，广告标语是为了维持一场广告运动的连续性而使用的表现广告基本概念的短句。

广告口号有持续的促销作用，一经定型可持续多年，它对受众来说就像老朋友一样，使受众对该产品、服务或企业形成固定的良好的印象，因而被广告主视为一笔无形的巨大财富。在某些国家，广告标语常常同商标一起注册，并受法律保护。

2. 广告文案的分类 为便于研究，根据广告所表现的内容，广告文案可分为两种主要类型：

（1）理性式文案 这种类型的广告文案，通常表现产品或服务的品质、价格、功能与结构等信息。该类文案通常面对理性消费态度，即在市场中经过认真考虑之后才决定是否购买的消费态度。文案中的产品或服务，也多属理性程度高、卷入程度高的那一类产品或服务，如个人计算机、人寿保险、房地产、杀虫剂等。下面这则日本无限牌汽车广告文案就属于这一类型的文案。

漆车工艺源自古艺。

让我们从头说起。

在非洲和亚洲有一种植物叫漆树，最好的漆树长在日本。收集漆液的方式和弗尔蒙特人收集槭糖浆的方式一样。

髹漆——给一只碗、一个托盘或一支水笔的表面涂上漆的工艺，是一项古老而尊贵的工作。

在日本的无限装配厂里，喷漆部的人（多数是男人，因为一门父子相传的手艺）报酬都很丰厚。

对于古代的漆匠以及无限车的喷漆师来说，灰尘是致命的敌人，一辆车离开喷漆间时如果发现漆面上存有一颗尘埃——哪怕要在显微镜下才能看清，就会被退回。

另一个敌人是时间。

时间会给一辆车的漆面留下痕迹。一辆无限车至少反复经过三道喷漆、烘烤工艺，其表面能长年保有湿润感。

通过这种喷漆工艺，您会对我们的无限制造人和其继承父辈、祖父辈的艺术而带来的自豪感有很多了解。

当然，这种精神也渗透在无限的所有制造把手、开关、引擎零件和闩销的工人，以及销售和售后服务人员中。

这就是为什么在日本，漆艺不仅仅是漆艺的缘故。

（2）感性式文案 这种类型的广告文案，通常表现某种否定的（如害怕、内疚、羞愧等）或肯定的（如幽默、热爱、骄傲、高兴等）感性的信息。该类文案通常面对感性消费态度，即在市场中是否购买仅凭"个人感觉"的消费态度。文案中的产品或服务，大多属于感性程度高、卷入程度低的那一类产品或服务，如贺卡、啤酒、香水、电视节目等。下面是杨·罗必凯广告公司为美国纽约法兰克福酿造公司"四玫瑰"威士忌所撰写的文案中的一则，属感性式文案。文案重点是诱发受众的感性，告诉受众购买使用了这种产品后将会带来的美好感觉。

令人凉爽的主意

记得这个画面吗?

6年前我们用它提醒你,一杯加冰苏打水的"四玫瑰"在盛夏一个炎热的下午会何等美好地令你凉爽清新。

要是你曾试过一杯的话,我们可以肯定你没有忘记。因为一杯加苏打水加冰的"四玫瑰"威士忌那无比的芳香和成熟温顺的口感给你带来的极度享受会在你脑海中长久驻留。

今天,和当年一样,没有任何其他威士忌有"四玫瑰"这样与众不同的芳香。只要你一试把这个为你带来凉爽的主意变成难忘的现实——就在现在,你就会看出我们是多么的正确。试一试"四玫瑰"加苏打水——难道你不吗?

理性式与感性式是两类不同风格的广告文案,那么,在实务中是采用理性式文案还是采用感性式文案,这要取决于很多因素,如产品的同质化程度、产品的生命周期、产品的消费场合以及产品的竞争对手等。但按产品卷入程度和理性、感性程度的高低作为选取因素,则是更加便捷的做法。这其中又涉及两个因素,一个是产品卷入程度,一个是产品理性、感性程度。一般来说,高卷入产品宜采用理性式文案,低卷入产品宜采用感性式文案;理性产品宜采用理性式文案,感性产品宜采用感性式文案。美国博达大桥广告公司(FCB,Foote Cone & Belding)主张,在选择广告诉求方式时应将二者结合在一起综合考虑。比如,普通洗发水,应属低卷入产品,然而进一步分析又会发现,实际上人们十分重视自己的头发,洗发除了感觉外,还有实际可比的效果。因此,普通洗发水应属低卷入的理性产品,在文案中,应采用理性式文案,同时用感性式文案作为烘托提升。这就是市场上的洗发水往往找一个形象代言人作为感性烘托,却又都少不了讲述产品质量事实的原因。

5.1.3 广告文案的写作要求

根据广告文案的基本特征,结合对广告文案构成要素的分析,文案的写作应遵循以下基本要求:

1. 主题突出　广告文案的主题必须鲜明突出,传达一种明确的概念,这就要求撰写文案时,要注意标题首先要准确,以简洁的文句反映要点,其次所用事实、数据等内容要集中,对目标受众有效力,另外文案中的卖点或主张要单一,以使广告传播信息清晰、透彻。

2. 创意新颖　根据广告主题的表现要求,经过反复精心思考和策划,创造出一个新颖独特的构思,即写出一个有创意的文案,这是对广告文案的另一个要求,也是难度较高的一个要求。要写出创意新颖的文案,除了具备基础的文字功底外,更主要的是要创作出有概念性的想法。而这一点的培养不在写作方面,而在于更多地熟悉和掌握广告产品的个性,多方面接触不同类型的资料,以增加对文案撰写的敏感度。

广告的创意需要文案撰稿人和美术指导配合完成,而一个有创意的文案则是由文案撰稿人来完成。

3. 语言有力　有创意的文案是通过语言文字表达的,如果缺乏良好的文字功底,再好的创意也会黯然失色。什么才算语言有力呢?用奥尔德斯·赫克斯利的话来说,是"使人一看便知,一听即晓,直接打动人心。"

从形式看,语言分口语和书面语,两种语言各有长处。在广告文案中,使用哪一种好呢，这往往要考虑目标受众的受教育程度。但一般而言，口语化的通俗语言在广告中最有力。文案大师奥格威对通俗语言一直倍加推崇，认为"除非有特别的原因要在广告里使用严肃、庄重的字，通常应该使用顾客在日常谈话中用的通俗语言写文案。"

4. 技巧熟练 优秀的撰稿人从不会从娱乐或欣赏的角度去写广告文案，衡量好文案的标准是看它们使多少新产品在市场上腾飞。奥格威在谈论"怎样写有效力的文案"时，对标语和正文的写作技巧有许多具体解说，至今也是我们在平面广告文案写作上的重要参考。但文案的写作技巧何止于此。随着科技的进步，新的媒介不断出现，广告文案写作就应更多考虑不同媒介的环境、个性以及受众的差异等，如一则30秒的影视广告里，有音效、音乐、对白、旁白，那么文案该怎么说呢？这就需要熟练的技巧。

5.2 广告标题的写作

在广告文案中，由于媒介不同，标题、正文和标语三部分并非面面俱到。然而，没有标题对广告的损失又是巨大的。奥格威曾经说，在广告行业最大的错误莫过于推出一则没标题的广告。为什么呢？因为据当时调查，读标题的人平均为读正文的5倍。换句话说，标题代表着为一则广告所花费用的80%。

标题是大多数平面广告最重要的部分，它是决定读者是否读正文的关键所在。

5.2.1 广告标题的主要作用

广告标题的作用主要体现在以下两个方面：

1. 突出主题 广告主题不仅可以借助标题的引导，在正文中体现，而且可以直接在标题中表现，即标题具有表现主题、突出主题的作用。

文案大师奥格威曾说，"如果你没有在标题里写点什么有推销力的东西，你就浪费了你的客户所花费用的80%。"他为什么这样说呢？这是因为读标题的人多于读正文的人，也就是说，在广告信息的丛林里，大多数人是不读正文的。所以，突出主题、表现产品主要信息的任务便自然落在了广告标题上。因此，这位文案大师劝诫撰稿人："标题上尽可能写上品牌名称、尽可能写上产品给潜在消费者自身利益的承诺、尽可能写上所要强调的新信息以及有效果的字眼。"也正因为如此，奥格威对长标题情有独钟，而从生理学上看，这种长标题显然不利于人的记忆。但是，如果采用牺牲正文，突出标题的作用的话，显然长标题有利。比如，在标题中要写进销售承诺，这样的标题就要长一些。据当时调查，10个字或10个字以上带有新信息的标题比短的更能推销商品，6～12个字的标题招回的订货单比短标题招回的要多。奥格威为劳斯莱斯汽车写的标题用了18个字：At sixty miles an hour the loudest noise in the new Rolls-Royce comes from the electric clock.（在时速60英里⊖时，这辆新劳斯莱斯汽车的噪声发自车上的电子钟。）

2. 吸引受众 广告标题除了上述作用以外，还有一个重要作用就是吸引受众。广告界常把标题（Headline）称作"引人注目的文句（catch phrase）"。日本广告界称其为"惹句"，即惹人注目的文句。人们阅读广告时，一般先看标题，如果标题有吸引力，才会接着

⊖ 1 英里约为1.6093千米。

看正文。一条好的标题，应该一下就抓住受众，并能诱发阅读正文的兴趣。如一则公益广告的标题"我爱上了一个名叫 Cathy 的女孩，但我却杀了她。"广告劝告人们不要酒后行车。初看标题，就会被深深震动，好奇心会驱使人们继续阅读正文，以使弄清为何出现如此悲剧。另一则广告标题"为何 Gas 公司能以快三倍的速度向你提供一箱又一箱热水？"Gas 是美国一家生产煤气灶的公司，标题采用提问方式，激发受众的兴趣。

标题具有吸引受众的作用，对这一点，奥格威也持赞同看法。他认为标题是决定读者是否读正文的关键，如果能吸引读者的好奇心，读者很可能会去读广告的正文。然而奥威格强烈反对那些故意卖弄的标题，如双关语、引经据典或别的晦涩的词句。这一点，在今天仍具有现实意义。

5.2.2 广告标题的基本种类

从内容和形式两方面结合起来考虑，广告标题可分为直接标题、间接标题和复合标题。

1. 直接标题　通过标题把广告所要传达的内容和主题直截了当地告诉受众，使其一看就清楚广告的主要信息。这类标题开门见山，直奔主题，在写作中往往写进品牌名称、新的信息或销售承诺。如"光临风韵之境——万宝路"（万宝路香烟）、"Datsun 牌汽车一天节省一加仑汽油"（Datsun 牌汽车）、"隆重推出一种你能买到的最高效的防汗液——New sure roll-in。它将给你带来无比的清爽与舒适"（New sure roll-in 防汗液）、"五日之内，鸡眼消失，无效退款"（药物广告）。

2. 间接标题　这类标题不直接介绍产品或服务，而是通过使用能够引起受众好奇心的词语、会产生良好效果的字眼，或是加进一些充满感情的字等手法来吸引受众阅读广告正文。例如，"今日光辉，永留回忆"（柯尼卡胶卷）、"35 岁以上的妇女如何能显得更年轻"（海伦娜·鲁宾斯坦的荷尔蒙霜）、"亲爱的，我现在体验的是最不寻常的感受——我全身都沉浸在朵芙里"（朵芙肥皂）。

3. 复合标题　前两种标题都是从内容上考虑的，复合标题在内容上兼有前两种类型，在形式上却与前两种不同。

形式上看，它是一个由引题、正题、副题所组成的标题群，这个标题群在实际运用中有三种组合方式：① 引题、正题和副题齐全的标题组合方式；② 引题和正题组成的标题组合方式；③ 正题和副题组成的标题组合方式。

下面是一种齐全的标题组合方式：

引题：美丽离不开水和肥皂

正题：蜂花液体香皂

副题：使你头发根根柔软

令你肌肤寸寸滑嫩

从内容上看，引题在前吸引受众，正题居中突出主题，副题随后补充说明，其内容各不相同。在奥格威那个时代，许多文案大师常常采用正题和副题组成的标题方式：

正题：慷慨的旧货换新

副题：带来您的太太

　　只要几块钱

……我们将给您一位新的女人（奥尔巴克百货公司）

正题：在时速60英里时，这辆新劳斯莱斯汽车的噪声发自车上的电子钟

副题：什么原因使得劳斯莱斯成为世界上最好的车子？一位知名的劳斯莱斯工程师说："说穿了，根本没什么真正的戏法——这不过是耐心地注意到细节。"（劳斯莱斯汽车）

5.2.3 广告标题的写作方式

广告标题的写作方式多种多样，但无论哪一种写作方式，都应以突出主题、吸引受众为目的。下面仅举一些常见的方式。

1. 新闻式 标题类似报纸新闻标题。利用人们对新闻的注意及阅读新闻的习惯，以新闻的口气对产品或服务作介绍。例如，"我国第一台大型连续水平真空带式过滤机问世"（过滤机）；"衬衫大革新"（某衬衫）。

2. 建议式 标题中为消费者出点子、提建议，使其在信任中消除对广告的排斥心理。例如，"果珍要喝热的"（果珍饮品）；"你只需按一下快门，余下的一切由我来负责"（柯达照相机）。

3. 颂扬式 以赞誉口吻，夸奖产品或服务的特殊优点和名贵之处，但却应实事求是。例如，"人参蜂皇浆，提神开胃见效快"（人参蜂皇浆）；"名牌冰箱香雪海，美观大方够气派"（香雪海冰箱）。

4. 比喻式 运用贴切的比喻来描述产品或服务，使受众产生联想。例如，"像母亲的手一样柔软舒适的儿童鞋"（KEDS牌童鞋）；"有如第二皮肤"（牛仔裤）。

5. 提问式 运用发问的口吻来促使受众注意，启发其思考，达到吸引的目的。例如，"什么样的男士要看《花花公子》?"（《花花公子》杂志）；"咳痰不畅，怎么办？"（药品）。

6. 悬念式 在标题中设置悬念，以激发受众的好奇心，产生阅读正文的愿望。例如，"紧急寻找小雨点"（小雨点饮品）；"把广州彻底拧干"（胜风除湿机）。

广告标题的创作方式很多，除了上述几种以外，还有抒情式、诗文式、对比式、说明式、致谢式等，在实际写作中，应结合产品，根据市场情况，发挥自己的特长灵活运用。

5.2.4 广告标题的写作技巧

广告标题的表达形式多种多样，写作技巧也千变万化。要想成为一个出色的文案撰稿人，需努力实践，然而借鉴学习前人的经验却必不可少。奥格威在谈论"怎样写有效力的文案"时，讲到标题写作的原则，其中有许多他喜欢使用的技巧：在标题中加进新信息，可使用的最有分量的两个词是"免"和"新"；在标题中使用会产生良好效果的字眼或充满感情的字；将产品所能提供的承诺放在标题中；标题中写进品牌名称；在标题结尾前写点诱人继续往下读的东西，以引起读者好奇心；标题中避免使用否定词等。

其他的文案大师，如威廉·伯恩巴克、李奥·贝纳、乔治·葛里宾以及罗素·瑞夫斯也都给后来的广告人留下许多范例，需学习者细心揣摩。

5.3 广告正文的写作

广告正文是广告标题的解释以及对所宣传事物的内容详述。广告的主题，通过标题的揭示后，在正文中进一步详细说明；广告的主题，在经过标题对受众激发、吸引后，在正文充

分表现。如果说广告标题的主要功能在于吸引消费者,那么,广告正文的作用则在于说服消费者。

正文是文案的核心部分,要想广告有效,正文必须言之有物,具有说服受众的力量。

5.3.1 广告正文的结构

1. 引言 引言是广告标题与广告正文的衔接段,是广告正文的开头部分。广告正文的引言既然担负着承上启下的衔接使命,那么就必然要求它能以高度的概括和精炼的笔触,迅速、生动地点明标题原意并引出下文,以吸引读者继续阅读,否则就会前功尽弃。

下面以海赛威衬衫这则经典广告文案举例说明。标题是:"穿海赛威衬衫的人",请看正文的引言:

美国人最后终于开始体会到买一套好的西装而被穿一件大量生产的廉价衬衫毁坏了整个效果,实在是一件愚蠢的事。

因此在这个阶层的人群中,"海赛威"衬衫就日渐流行了。

该广告的引言文字简练清晰,由美国人的穿着审美体验起头,进而揭示时尚将日渐流行的原因,即紧承标题,扩展说明"穿海赛威衬衫的人"是有品位的人,点明了标题原意,又引出了下文,吸引读者进一步了解:为什么海赛威衬衫将会日渐在这个有品位的人群中流行。

引言部分的写作方式,因人而异,有很多种,如概述式、提问式、声明式、原由式等。在写作中并没有统一格式,只要能迅速、准确、生动地点明标题原意并引出下文就很成功。

2. 主体 主体是广告文案的主要部分,其内容是根据广告的主题,具体阐述产品的特点及好处,用事实来证实或丰富引言。该部分根据产品情况决定文案长短,可以整段,也可分段写。

前面提到的海赛威衬衫广告文案在引言结束后,立即转入正文的主体,从耐穿性、剪裁、用料、生产史等各方面详细叙述产品事实:

首先,"海赛威"衬衫耐穿性极好——这是多年的事。其次,因为"海赛威"剪裁——低斜度及"为顾客定制的"——衣领,使得你看起来更年轻、更高贵。整件衬衣不惜工本的剪裁,因而使得你更为"舒适"。再次,下摆很长,可深入你的裤腰。纽扣是使用珍珠母作成——非常大,也非常有男子气。甚至缝纫上也存在着一种南北战争前的高雅。最后,最重要的是海赛威使用从世界各角落进口的最有名的布匹来缝制他们的衬衫——从英国来的棉毛混纺的斜纹布(VIYELLA AND AERTEX),从苏格兰奥斯特拉德地方来的毛织波纹绸(WOOLEN TAFFETA),从英属西印度群岛来的海岛棉(SEA ISLAND COTTON),从印度来的手织绸(HAND WOVEN SILK),从英格兰曼彻斯特来的宽幅毛布(BROAD CLOTH),从巴黎来的亚麻细布(LINEN BATISTE)。在穿了这么完美风格的衬衫后,会使你得到众多的内心满足。

海赛威衬衫是缅因州的小城渥特威的一个小公司的虔诚的手艺人所缝制的。他们老老少少的在那里工作了已整整114年。

3. 结尾 结尾是广告正文的结束部分,其主要目的在于用最恰当的语言敦促读者及时采取行动。文字一般比较简短,但对于渲染全文、加深印象、刺激消费具有重要作用。请看海赛威衬衫广告文案的结尾:

你如果想在离你最近的店家买到"海赛威"衬衫,请写张明信片到"C·F·海赛威"缅因州·渥特威城,即复。

文中语句精炼、语气恰当,再次提及产品品牌,给人以深刻印象。

结尾部分的写作方式也有很多种,如祈使式、强调式、决心式、祝愿式、总结式、抒情式、设问式等,在写作过程中并无定规,只需灵活运用。

以上正文结构的划分,是从形式结构的角度来观察,另有广告学者从内容结构的角度来划分,将广告正文分为五个部分,这五个部分的内容具有逻辑顺序,即吸引注意、表明利益、提供证明、掌握枢纽和鼓舞行动。

5.3.2 广告正文的类型

正文类型从内容上分为理性式和感性式,从表达方式上分为叙述式、描写式、说明式、议论式和抒情式。写作前,文案撰稿人从内容上对正文类型事先有所考虑,但从表达方式上对正文类型的选用,却是在写作过程中实现。为了将正文写得生动有趣、令人信服,广告正文,可能运用这种表达方式,也可能运用那种表达方式,或者综合运用。下面仅从表达方式上对正文加以分类:

1. 叙述式 叙述,就是把人物经历、事物发展变化过程的情况表述出来。叙述式在广告中往往使用故事形式,过程性强、有情节、吸引人,具有较强的说服力。

舒味思的人来了

英国伦敦舒味思厂派出的惠特海先生来了。舒味思厂自1974年即为伦敦的一家大企业。惠特海先生来到美国各州,为的是确查此地生产的第一滴"舒味思"奎宁柠檬水是否都具有本地厂所独具的口味。这种口味是长久以来由"舒味思"厂制作的全世界唯一的杜松子酒及滋补品的混合物形成的。惠特海带来了"舒味思"独创的虔修醇剂,而"舒味思"的碳化秘方就锁在他的小公事提包里。他说:"'舒味思'有一整套毫厘不差地地道道的制法。"

"舒味思"历经百余年之经验,才产生出了奎宁柠檬水这种半苦半甜的完美口味,你把这种奎宁柠檬水和杜松子酒及冰块混合在高脚杯中,只需30秒钟。然后,高雅的读者,你将会由于读了上述文字而赞美这一天。

文案通过叙述方式,推出惠特海这个具有美国绅士气度的产品代言人,从而强化了品牌形象,使高雅、独特的舒味思成为饮品名牌。

2. 描写式 描写,就是用生动形象的语言,把人物或事物的状态、特征具体描摹出来。在广告文案中,描写式通过对产品形象、品质等的刻画,能达到激发人们基本情感和欲望的作用。

这里是一个一心一意

戴着帽子吃凯洛格玉蜀黍片的青年人

这可以吗?妈妈哪里去了?她在别的地方,她是很放心的不必管他。小孩子很快活。他舀出了牛奶,再把那些金黄色的玉蜀黍片用羹匙盛进去。

看起来那些东西他认为很好——发出沙沙的声音。他吃起来嘴里很舒服——既脆又薄。它们风味绝佳——一种甜甜蜜蜜的味道，这使他举起羹匙。凯洛格玉蜀黍片对小孩及大人都有引起食欲的力量，已有五十年以上的历史。

当洛克威勒替我们画这个小孩的时候，这就是他曾努力想捕捉的人。也许这会给你一个构想去查对一下你所贮藏的凯洛格玉蜀黍片。你知道它是怎样——一旦你有了一满包，你知道的下一件事，就是你把玉蜀黍片都吃光了。

这是李奥·贝纳所写的一则广告文案。文中描写了金黄色的玉蜀黍片又薄又脆，吃起来发出沙沙声音的品质，诱人食欲。

3. 说明式 说明是一种对客观事物进行介绍或解说的表达方式。在广告正文中，往往通过具体事实说服受众，其特点是直接、精炼地将产品或服务的特点客观地表达出来，没有过多的修辞与描绘。

1）行车技术主编报告："在时速60英里时，最大闹声是来自电子钟。"引擎是出奇的寂静。三个消声装置把声音的频率在听觉上拔掉。

2）每个"劳斯莱斯"的引擎在安装前都先以最大气门开足7小时，而每辆车子都在各种不同的路面试车数百英里。

3）"劳斯莱斯"是为车主自己驾驶而设计的，它比国内制造的最大型车小18英寸⊖。

4）本车有机动方向盘，机动刹车及自动排档，极易驾驶与停车，不需司机。

5）除驾驶速度计之外，在车身与车盘之间，互相无金属之衔接。整个车身都给以封闭绝缘。

6）完成的车子要在最后测验室经过一个星期的精密调整。在这里分别受到98种严酷的考验。例如：工程师们使用听诊器来注意听轮轴所发的低弱声音。

这则719个英文字的文案是奥格威的得意之作，以上只是正文的一个片断。原文从19个角度介绍产品的细节事实，采用说明的表达方式，文字精炼、准确、朴实，毫无夸张，堪称广告文案之典范。

4. 议论式 议论，是通过事实材料及逻辑推理阐明道理，表明见解，以及驳斥别人观点的一种表达方式。在广告正文写作中，往往围绕一个有关产品或服务的论点，进行分析、议论，从而打动受众。

老二主义　　　艾维斯宣言

我们经营的是汽车租赁，在一位巨人后面，扮演的是二等角色。

最重要的是，我们必须学着活下去。

在斗争中我们也学知了世界上老大和老二的基本区别。

老大的态度是"别做错事，别犯错误，你就没事。"

老二的态度是"做正确事，找新办法，我们要再努把力。"

老二主义是艾维斯的信条，它很管用。

艾维斯的客户从一位笑容满面的艾维斯小姐那里租来一辆清洁的普利茅斯，雨刷子在刷着，烟灰匣干干净净，油箱灌得满满的。

⊖ 1英寸约为2.54厘米。

艾维斯自身从赤字转为黑字。

这是美国 DDB 广告公司为美国艾维斯租赁汽车公司撰写的一则文案的大部分节选。文案采用议论为主的表达方式，围绕"我们是老二，我们更努力"的论点展开议论，论证了艾维斯公司虽处老二却具有勇创最佳的观念和行为。在系列广告攻势下，艾维斯招徕了大量顾客，两年间，市场份额上升了 28 个百分点，而老大赫尔茨汽车租赁公司的市场份额很快由 55% 下降到 45%。

5. 抒情式 抒情，是凭借客观事物而抒发写作者主观上某种感情的表达方式。在广告正文中，往往通过与产品相关联的某种感情的抒发，打动受众的心。请看罗素·瑞夫斯当年为总督牌香烟所写的一则配合插图的文案：

只有总督牌在每一支滤嘴中给你两万颗过滤凝汽瓣。当你吸食丰盛的香烟味道透过时，它就过滤、过滤、再过滤。

男人：有那两万颗过滤凝汽瓣，实在比我过去吸食没有滤嘴香烟时的味道要好。

女人：对，有滤嘴的总督牌吸起来是好得多……并且也不会在我嘴里留下任何烟丝渣。

上面文字运用间接抒情的表达方式，并结合说明，通过一男一女两个人的对话，抒发了使用者吸食总督牌香烟时的内心体验，真切自然，其独特的销售主张给受众以深刻印象。

5.3.3 广告正文的写作技巧

正文是广告文案的核心，撰写正文也是对一个文案撰稿人功力的测探。那么，如何写好正文？尽管其中涉及因素很多，但单纯从写作技巧上看，还是有些有用的经验可作答案。这些经验来自于广告前辈，来自于那些成功或失败的实践。

1. 突出创意 广告的正文要富于创意。突出创意实际上要解决两个问题，一个是说什么，另一个是如何说。解决这两个问题，都需根据实际情况而定。在文案写作中，往往有很多创意表现方法，如情感法、含蓄法、幽默法、出奇法、夸张法、对比法、逆反法、诚实法、出奇法、反常法、惊吓法、信誉法等，在正文中灵活运用以上方法，将会很好地突出文案创意。

2. 突出事实 在广告正文中，不能随意杜撰与产品或服务无关的内容，要讲事实。一位美国专家讲，讲的事实越多，销售得也越多。一则广告成功的机会总是随着广告中所含的中肯的产品事实数据量的增加而增加。

3. 突出利益 广告正文应从受众的立场出发，写出他们最想知道的东西，即产品能给人带来什么好处。为此，根据前辈们的经验，可在正文中给读者以有益的忠告或提供有效的服务，或者在正文中使用用户经验谈。

4. 突出个性 要写高度个性化的文案，包括视角、用语、口气等。奥格威告诉人们用这样的心态来写文案：你坐下来写广告正文的时候不妨假设你是在晚宴上和坐在你右手边的那位女性交谈。她问你，你呢，就好像在回答她的问题那样写你的广告文案。文案要有亲切感，让人觉得你只对他一个人讲话，可常用"你"字。尽量在文中表露你对产品的热情，但要避免夸大其词。

5. 突出通俗 正文中要避免使用术语或难懂的话，应经常使用日常交谈中用的通俗语言。要懂得怎么写短词、短句、短段。广告不是文艺作品，不要从文字欣赏的角度去写文案，用美国广告大师霍普金斯的话来说就是，高雅的文字对广告是明显的不利因素，精雕细刻的笔法也如此。他们喧宾夺主把对广告主题的注意力攫掉了。

5.4 广告标语的写作

广告标语在整个广告文案作品中，特别是影视广播广告文案中，具有特殊的传播作用。一则优秀的广告标语，不仅可以烘托渲染或直接突显主题，而且还能够促使受众相互传诵，扩大广告传播的范围。

5.4.1 广告标语与标题

广告标语（slogan），是用简明文字写出的具有宣传鼓动和加强印象作用的文字形式。"slogan"曾是古代苏格兰盖尔人表达"战争呐喊（battle cry）"时所用的一词，其词义为显明易记的词句。在广告中，由于它简短易记，因而显示着极大的注目效果。

广告口号和广告标题都是广告中引人注目的词句，两者之间有联系，更有区别。其联系是，两者都是将产品或企业的特点高度浓缩概括而成，广告口号与标题的结构常常相似，而实际上许多广告口号都是从一些被证明为非常成功的标题演变而来的。两者的区别在于：① 目的不同。标题是为了在一则广告中突出主题或吸引受众阅读正文；标语除了渲染突显主题外，更主要是利用标语便于传诵的特点，使受众建立一种观念，加深对企业或产品的印象；② 适用范围不同。标题多用于对某种具体产品的宣传；标语则适用于对企业所有产品的整体宣传；③ 使用时间不同。标题短期使用，根据需要经常更换。一个系列广告中，广告标题会各不相同，陆续更换；标语则相对固定，具有较长时间的连续性，尤其是那些成功的广告标语，长期使用，经久不衰；④ 出现的位置不同。标题一般位于正文之前，标语多位于正文之后；⑤ 适用的媒介不同。标题多用于平面广告，而标语多用于影视广播广告。

5.4.2 广告标语的特点

1. 简短 广告标语一般只有寥寥几字，却能以最少的文字表达出丰富的内容，显示出高度精练、概括的特点。例如，"小而冷，小而省"（松下空调机），多年来，空调机的卖点从"强""静"到"健"，竞争激烈，而松下空调机推出最小型的分离式空调机，打出"小而冷，小而省"的标语，脱颖而出。面对一些都市生活空间狭小与能源短缺的城市，这句标语共6个字，简短有力，深得人心。

2. 便于记忆，易于上口 广告标语大都朗朗上口、流畅通顺便于记忆。例如，"中国平安，平安中国。"（平安保险）。该广告通过中国大地遍布的平安地名，表达平安在中国文化习俗中所具备的历史、人文寓意。广告标语运用顶真的修辞手法，易读易记，使平安品牌形象广为传诵。

3. 意境深远 广告标语常常使用成语、俗语、格言、谚语、警句等，以此烘托和渲染广告主题，造成广泛的传播效果。例如，"一呼天下应"（润迅通信），该广告标题随广告片在北京播出后，反响很大，特别是这句广告语，简单明了，意境深远，其产品的特质尽在不言中。

4. 偏重于情感 在广告文案中，广告标题最富有情感色彩，往往通过强化某种情感化的氛围，更好地渲染广告主题。例如，"不在乎天长地久，只在乎曾经拥有"（铁达时手表），这句广告标语，出自中国香港广告界名人朱家鼎之手。它以浪漫的情怀，触动人心。这句话咏叹了爱的真谛，文字流畅、词句押韵、令人难忘。

5. 感召力强 广告标语一般都比较注重激励语言的运用，往往包含广告传播的特定目的，具有较强的鼓动性。例如，"我不识你，但是我谢谢你。"（捐血运动协会），这句自1990年开始在中国台湾使用的献血广告标语，让无数人挽起衣袖做快乐的献血人，也使中国台湾的献血人口达到6%。这句广告标语用通俗的话语，从内心深处激励受众的高尚情操，具有持久的感召力。

6. 相对稳定 广告标语一经使用，常常不会轻易更改，总是力求一致，在不同时期，不同的广告中反复使用，给人以持久的印象，造成累积的效应。例如，"只溶在口，不溶在手"（M&M糖果），这是罗素·瑞夫斯为M&M糖果寻找的独特的销售主张，这则广告语从1954年一直沿用到20世纪90年代，还伴着M&M糖果成功地打进中国市场，用了40年，仍然历久弥新。

5.4.3 广告标语的类型

广告标语从不同角度划分有多种类型，从表现的语气上看，有以下三类：

1. 号召式 这类标语用鼓动性的语言，激励受众购买某种产品或接受某项服务，带有敦促、激励的语气。例如：

"挡不住的感觉！"（可口可乐）

"要想皮肤好，早晚用大宝。"（大宝润肤霜）

"乐百氏，今天你喝了没有？"（乐百氏纯净水）

"汽车要加油，我要喝红牛。"（红牛饮料）

"喝孔府宴酒，做天下文章。"（孔府宴酒）

2. 赞扬式 这类标语用赞扬的语气，突出产品或服务的优越性，使受众产生好感。例如：

"味道好极了！"（雀巢咖啡）

"新飞广告做得好，不如新飞冰箱好。"（新飞电冰箱）

"清新爽洁不紧绷"（碧柔洗面乳）

"飞跃无限"（摩托罗拉）

"晚报，不晚报"（北京晚报）

3. 抒情式 这类标语采用抒情的词句，用富有感情的语气，渲染产品或服务的内在品质。例如：

"四十年风尘岁月，中华在我心中。"（中华牙膏）

"珍惜所托，一如亲递。"（UPS）

"人头马一开，好事自然来。"（人头马XO）

"人间有冷暖，东宝最相知。"（东宝空调）

"孔府家酒，叫人想家。"（孔府家酒）

5.4.4 广告标语的写作技巧

广告标语在广告中，特别是影视广播广告中，越来越重要。写出一条耳熟能详的广告标语，将会大大增强广告传播的效力。现介绍几种广告标语写作的基本技巧。

1. 语短字少 在关于记忆的研究中，人们早就发现，记忆材料越多，越容易遗忘。因此，在广告文案写作实践中，人们普遍强调广告标语不能太长，字数不能太多。语短字少，是广告标语容易被受众记忆的条件之一，而只有被记住，标语才有可能广为传播。

例如："活出真精彩"（可口可乐）；"从心开始"（和路雪）；"新一代的选择"（百事可乐）；"羊羊羊"（恒源祥）。

2. 活用口语 即从人们日常的口语中，选择适合产品特点和宣传主题的语句作为广告标语。口语的句式结构比较松散，短句多，加上来自于日常会话，具有顺耳、顺口的特点，因而成为许多广告标语成功的重要原因。

例如："牙好，胃口就好，身体倍棒，吃嘛嘛香"（蓝天六必治牙膏）；"啊！福气啦！"（中国台湾三洋维士比药酒）；"总统用的是派克"（派克钢笔）；"我只用力士"（力士香皂）；"让我们做得更好"（飞利浦电器）。

3. 巧用辞格 "言之无文，行而不远。"文，就是文采、文饰，好的内容，如果没有优美的形式来表现，也不容易流传。在汉语里，常用的辞格有10多种，如比喻、夸张、对偶、反复、双关、仿词、顶真、回环等，辞格用得好，非常有利于广告标语的传播。

例如："今年20，明年18"（肥皂），用夸张；"输入千言万语，奏出一片深情"（文字处理机），用对偶；"车到山前必有路，有路必有丰田车"（丰田汽车），用顶真；"像妈妈的手一样柔软"（童鞋），用比喻；"中国平安，平安中国"（平安保险），用回环；"永远的绿色，永远的秦池"（秦池特曲），用反复，等等。

4. 突出个性 影响广告记忆的因素，除了语短字少外，另一个因素就是广告标语的独特性，即越是独特的广告标语，受众的记忆越牢固。因为广告语长不易记忆，但广告语短也不一定被记忆。在现实生活中，与众不同的东西比较容易让人记忆，广告标语也是一样。广告标语的个性独特，就是要用个性化的语言概括体现产品或服务的独特性。

例如："格兰仕——努力让上帝感动"（格兰仕）；"农夫山泉——有点甜"（农夫山泉纯净水）；"它傻瓜你聪明"（柯尼胶卷）；"我选择，我喜欢"（安踏运动鞋）；"滴滴香浓，意犹未尽"（麦氏咖啡）。

复习思考题

1. 广告文案的含义和基本特征是什么？
2. 广告标题有何突出作用？
3. 广告正文是由哪几部分构成？
4. 广告标语与广告标题的区别是什么？
5. 广告标语有哪些类型？

第 6 章 广告制作

学习目标：

通过对各类典型广告媒体设计制作方法的介绍，使学生对广告的设计过程及制作方法有深入的认识，使其具备一定的理论分析能力，通过各类实例的欣赏提高对广告创意思想、主题表现的认识能力。结合各种设计制作形式的练习，使学生初步具备一定的广告表现能力。

把广告的"创意"写成方案是由广告文案人员来完成，把广告"创意"视觉化是由美术设计人员或美工来完成的。根据广告媒体各自的传播特点，充分运用语言、文字、音乐、画面、图片等各种表现形式，将广告的主题创意直观地、生动地加以体现被称为广告的设计与制作。由于广告制作后都要通过某种媒体与消费者直接见面，而广告能否对消费者产生强烈的吸引力，从某种意义上说，直接取决于广告的设计制作水平。另外，广告的设计制作又与科技进步有着密切的关系，新技术新材料的应用使广告的时代特色显得尤为明显。

不同形式的广告，由于所宣传的商品对象和使用的媒体不同，对广告的设计制作有着不同的要求，本章我们仅就一些典型广告（如印刷广告、电波广告和网络广告等）的设计制作方法、步骤技巧等问题进行讨论。

6.1 报纸广告的设计与制作

印刷广告的形式繁多，如报纸广告、杂志广告、单页或复页广告等。其中，报纸广告是印刷广告中的最典型的形式之一。从制作的工艺过程来看，报纸广告更具有代表性。报纸广告由于具有较强的针对性和灵活性，覆盖面大，读者比较固定，制作简单，费用较低等优点，目前尽管受到电视媒体的强大冲击，但仍然被大多数广告主所青睐。

6.1.1 报纸广告的设计方法

1. 报纸广告的设计流程

（1）初稿的设计 在这一阶段，广告设计人员要将酝酿好的广告创意用草图的形式表现出来，并加上一个醒目的标题。然后征求广告主的意见，经同意后，再制成一个较详细的稿样。

（2）文字的设计 印刷品广告中的文字，具体有三种书写样式，即：

1）印刷体。印刷体包括宋体、仿宋体、黑体、隶体等多种。报纸广告标题运用最多的是黑体和宋体。

2）手书体。手书体包括篆体、隶体、碑体、草体、行体、楷体，以及各种流派的手书体等。

3）各种美术体。不同的字体有不同的"个性"。一般来讲，印刷体规范、正式、严肃；

手书体富有人情味和生活味;美术体装饰性强。而各种具体的字体,又各具特点。例如,黑体显得凝重有力;仿宋体优美轻灵;手书体中的隶书圆润生动,魏碑朴拙险峻,颜体肥而端庄、正大雄伟,柳体瘦而力健,劲紧秀丽等。无论采用哪种字体,其根本原则是:让字体的"个性"与广告商品特性、广告主题表现和广告的整体格调气氛保持和谐,不能随意化。

(3) 色彩的设计　色彩是影响读者注目率的一个重要因素。不同的颜色会让读者产生不同的心理反应。西方发达国家,报纸多采用彩色印刷。据调查,与黑白广告相比,彩色广告注目率要高10%~20%,回忆率要高5%~10%。媒体受众对彩色广告的注目时间是黑白广告的2~4倍。在我国,随着经济的不断发展,企业的经济实力逐渐增强,套色、彩色印刷广告已占主导地位,但黑白广告仍在使用。对于黑白广告,如果能恰当地运用黑白的对比衬托,也会收到非常好的效果。

(4) 画稿的设计　广告创作进入这一阶段,创作稿即可提供给印刷厂,让其做好拼版准备。同时,应将美工画稿和标题、正文排好,拼接在一起,完成画稿设计。画稿设计是确定广告各部分位置的尺寸大小。画稿制成后,一定要检查其与原稿是否一致,一致后,再次征求广告主的意见。必要时,要进行修改。

(5) 制版　它是指将完成的画稿稿样送给有关制版部门制版,并印制清样。

(6) 校对清样　它是指将制版后的清样与原稿进行对照,以保证画稿的质量。有时也可进行修改和补充,但只是局部的、个别的。

(7) 印刷　它是指将校对无误的清样送交印刷厂印刷。印刷后即可投放市场。

2. 报纸广告设计的整体要求

(1) 引人注目　报纸广告的设计要注意在版面位置、构图、语言文字表述、插图等方面下功夫,以新颖独特的面目出现,抓住受众的视线,引起注意,吸引读者在第一次目光触及后就有兴趣细读广告的内容。

(2) 版面设计要简洁明快　报纸广告是属于平面广告类,版面的设计非常重要。报纸广告是否有好的版面设计起着很重要的作用。在版面设计中要注意各构成要素的有机排列,有意识地按视线运动规律把受众的视线引到广告的诉求重点上。版面设计要简洁明快,留有一定的空白,尽可能去掉一些可有可无的东西,如花边、装饰图案等,不要让一些无关紧要的因素干扰广告主题的表现。

(3) 突出识别标志　在报纸上发布广告总要持续一段时间,同时也可以在不同的报纸上做广告,以加强广告信息的传播结果。为了使受众形成记忆累积的效果,以加深印象,在报纸广告中要设计统一的识别标志,在整个广告发布期间不变,甚至是与产品共始终。

广告有统一的识别标志和固定的形态,有助于受众辨认,能让受众很快判别出广告的产品及企业,减少报纸中其他广告和其他因素的干扰。这样能加深受众的印象,长期的积累可在受众心目中树立起企业形象和产品形象,这是广告活动的重要策略。

(4) 重点在标题　绝大多数的读者是不会有耐心细读广告内容的,大多只是瞟一眼广告的标题。所以,报纸广告要在标题上下功夫,要在读者看标题时,即抓住他们的注意力,在他们心中产生冲击作用,或引起他们的兴趣,或激起他们的好奇心,或引起他们的关心,使他们在接受了标题传递的信息后还想进一步阅读正文以了解更多的信息。

6.1.2 报纸广告的表现形式

在读者尚不了解广告内容前,它首先被广告所吸引的是广告的形式。由此可见,形式对一幅成功广告的重要性。如何提高形式美感呢?形式美的法则又有哪些呢?概括起来,形式美的法则以多样统一为支柱,包含以下几部分具体内容:

1. 整体 整体是由许多局部组成,局部服从整体,在这个前提下,每个部分又具有相对的独立性。比如,标题、图片、广告文是三个部分,它们之间有变化、差异,但又存在着内在的联系。广告设计人员设计时是不能随心所欲的,而必须根据三部分的主次进行安排,绝对不可将次要部分凌驾于主题之上,整体型的广告画面如图 6-1 所示。

2. 对称 对称是一个基本形的反射、移动、回转和扩大,在广告设计中,有绝对对称和相对对称。在多数情况下只要依中心线,上下或左右基本一致的设计都可以称之为对称。对称式构图给人严肃、端庄、大方、平稳、完整、古朴的联想。在进行画面处理时,要注意变化,不要使画面显得呆板,对称型的广告画面如图 6-2 所示。

图 6-1 整体型的广告画面

图 6-2 对称型的广告画面

3. 对比 对比就是强调矛盾双方,任何事物都具有两个方面,它们是矛盾的双方。一幅画,缺少对比就缺少活力,对比是保持画面充满生机的关键,强烈的对比可以使人兴奋,增强感染力。但是在运用对比的法则时,必须顾及协调,其目的是维护内在的秩序感,对比型的广告画面如图 6-3 所示。

4. 比例 从古希腊至今,人们把黄金分割比 1∶1.618 作为最有"美学价值"的比例关系。有人认为:在我们扁平的椭圆形视域中,1∶1.618 的矩形很容易引起美感。在实际运用中,按照数列 2、3、5、8、13、21、34…由此得出:2∶3,3∶5,5∶8,8∶13,13∶21 等比值与黄金分割比近似,这些都是良好的比例关系。在设计时,对形的比例注意利用黄金分割比,就能得到合适选择。

图 6-3 对比型的广告画面

这里需要说明，在艺术创作中，有时需作夸张处理，这当然不能受黄金分割比的限制，但夸张要有"度"，超过这个度就会失真。

5. 韵律 韵律是指人们在看画面时，视线的流动、停止、起伏等变化中感受到的节奏。韵律是有规律的变化，如形的疏密、长短、明暗、粗细等有规则的变化交替。大海的波浪、层林的重叠都给我们以韵律美。

6. 分割 分割促使画面空间产生变化，是增加对比效果的手段。对于画面的分割，主要靠线和面，确定它们的位置，涉及分割是否合理。合理的分割是当画面被分割后，产生的诸多的小空间都应形成对比关系，分割型的广告画面如图 6-4 所示。

7. 视线途径 广告具有较强的视觉冲击力，同时要有利于读者欣赏，这样，我们必须了解读者在看广告时视线移动的习惯——视线途径。

从左到右，自上而下，这是人们长期的生活习惯。例如，写文章、阅读报刊，习惯自左到右；欣赏风景、观察一个人都习惯从上到下，上部的注意价值要大于下部。这样就决定了处理整版广告时，根据这一视线途径的特点，我们就要考虑第二、第三个视觉点。视线具有流动性、连贯性，读者是否能按照设计者的意图去看画面，这就需要我们去苦心经营。

图 6-4 分割型的广告画面

8. 标准型 此种类型最为常见，首先用图片来吸引消费者，然后利用标题来诱导消费者注意广告文案。标准型的特点，使消费者养成阅读图片说明的习惯，标题安排在图片下面，可以使消费者为了解图片的含义进而急于阅读广告文案。标准型是基本、简单而规则化的构图，这在广告设计方案的选择中，往往会被忽略。广告设计构图越简单，设计者就会感到越棘手。因构图越简单就不允许有错，稍有不合适就会从版面上表露出来。而复杂的构图，由多单元的组合而成，容易被很多的装饰所掩盖，即使有点不足也不易被觉察，标准型的广告画面如图6-5所示。

9. 标题型 广告设计也如建屋造楼，其结构是否最佳，要视其材料而最后决定设计版面构图的类型。对设计人员来说，材料即是广告文案。有很多广告文案，必须将标题置于图片之上，首先要让消费者看到标题，起到"导读"的作用，标题型的广告画面如图 6-6 所示。

图 6-5　标准型的广告画面

图 6-6　标题型的广告画面

10. 文字型 大部分的广告都要求做到图文并茂，通过更多、更大的图像，以配合消费者有限的阅读时间。但是有些广告所要广而告之的消息既重要又抽象，无法在图片上来表现广告的内容，这就给设计者带来难题。对于这种广告，广告设计者需要动一番脑筋，或作象征性的点缀，或用商标作饰物，或加花边、底纹，加强文字的美感。有人认为，光用文字来做广告是不会有更多的人去阅读它的，如要使广告被阅读，就要将文字的内容写成读者所关心的内容。

11. 图片左、右位置型 人们的视觉习惯一则是从上至下，另一则是从左到右。在广告材料中，除广告文外，图片就很重要，它在编辑中也相应占有重要的位置。是否比广告文更重要，这要根据设计需要而定。有时广告主提供的图片为竖长片，则正好可以用此类型。竖长的图片与横向的文字，形成明显有力的对比。

12. 散布型 此种类型是由于广告主提供的文字、照片是多种的、多组的，设计者在布局时，打破常规，因材制宜，或大或小，或上或下，或左或右，照片的安置舍去背景，只取产品外形，广告的边框也不取花边、线框，由照片直接接触边框自然形成。

13. 不稳定型 报纸上的广告、大多在版面上只占一部分，或1/4、或1/6不等。其余版面为新闻所占，正常版面大多以方形自上到下排列，有平衡感。为了使广告引人注意，设计者可以采取打破平衡的做法，平衡中取不平衡，即使只是其中一点，也会异常突出。

14. 上下分割型 此种类型是利用标题字将照片和广告文字分割开，使整幅广告产生一种韵律，而不是平铺直叙式，可以用舞曲的华尔兹来比喻，上下分割型的广告画面如图6-7所示。

图6-7　上下分割型的广告画面

15. 指示型　指示型就是利用照片或标题为导向，指向广告内容。一幅引人喜欢的照片，当人们在欣赏这幅图片的同时，它自然地将读者的注意力吸引到广告文案上，这就是指示型广告的成功之处。

6.1.3　报纸广告的版式种类

1. 报纸广告版式　我国的报纸现有大报和小报两种，大报为对开，小报为四开。一般都以80克的新闻纸印刷，彩报也以新闻纸为主，个别也有用铜版纸。因铜版纸费用高，加之考虑发行的原因，各报社都较少采用。

报纸广告的版式以对开大报为例，整版的版心尺寸为35厘米×48.5厘米，不同地方的报纸版心可能有些差别，所以在绘制正稿之前必须问清版心的尺寸。

报纸广告的版式繁多，比较普通的版式为整版、半版、1/4版、1/6版、1/8版等。

版式大小既是作为收费标准的依据，也是为了编辑排版的需要，设计者所设计的广告版式，必须符合排版要求。

除了普通的版式，也有特殊的版式。为了取得广告的特殊效果，征得报社的同意，广告主也可以采用特殊的版式。例如，通版广告，即将报纸打开，将两个版面连在一起统一使用，也有的报社将报纸打开，竖起来使用。也有些广告版式为竖1/2版、竖1/3版等不一。

2. 报纸纸张的种类 一幅成功的报纸广告作品，除了创意和制作因素外，纸张的质量也是一个很重要的因素。纸张的种类很多，性能不一，常用的纸张有以下几种：

（1）新闻纸 新闻纸具有纸质松软、纸面平滑不起毛、吸墨性强、墨迹干燥快、机械强度较高等优点。其缺点是抗水性差、易发脆变黄、不宜长期保存等，一般用于印刷报纸、杂志和书籍等。

（2）凸版纸 凸版纸具有质量均匀、不起毛、色白、不易发脆变黄、抗水性较好、机械强度较高等特性，一般用于印刷书籍和期刊。

（3）胶版纸 胶版纸有双面和单面两种，它具有伸缩性小、纸面平滑、质地紧密、不透明、色白、可印多种颜色等特性。它主要用于印刷图片、书籍封面、插页及地图、画报、商标等。单面胶版纸主要用于印刷招贴和年画、宣传画等。

（4）铜版纸 铜版纸具有表面平滑、洁白、无斑点和气泡等特性，一般用于印刷高级精细的证件、单页、折页、样本、目录和日历等。

（5）白板纸 白板纸分单、双面两种，它具有洁白、平滑、质地紧密、伸缩性小、韧性好、耐折叠等特性，主要用于包装装潢等。

（6）玻璃纸 玻璃纸具有纸面光亮、洁白、上墨性能好、印品色彩鲜艳等特性，常用于高档品的印刷。

纸张的规格，一般用克（g）重来表示其厚度，如60克、80克、100克等。

6.2 杂志广告的设计与制作

杂志广告较报纸广告时效性长，是四大媒体中广告信息最宜保存、阅读的有效时间最长的一类。杂志出版周期较报纸长，内容丰富，广告重复阅读可能性高，并常常被传阅、借阅，杂志广告的传播面就扩大了。由于杂志的专业性、知识性、趣味性较强，具有一定的保存价值，在一定程度上深化了广告的传播功效。

杂志从一开始在读者定位上就有特定的目标阶层，不同专业的杂志是做相应专用商品的广告。杂志在出版物中有较高的品位，偏重知识性、教育性、娱乐性，也具有专业的权威性。西方市场经济的发展导致竞争激烈，杂志广告成为主要促销形式，发展日趋成熟。当今，美国、英国、瑞士、日本等国杂志广告比较发达，印制都很精美。不少国际名牌商品都有固定的广告版位。

6.2.1 杂志广告的基本形式

杂志广告的表现形式丰富多彩，除了文字编排和插图上多变化、多式样外，可以制作连页广告或连续页的系列广告。还可以根据广告具体内容要求夹带实物样品，如纺织品面料、皮革制品的皮张小样、餐巾纸实物样品、插页广告贺卡或日历卡片，甚至广告音乐芯片，有的还制作成纸质立体广告等。不少富有创意的杂志广告会给读者带来意外的惊喜，取得良好的广告效果。

1. 内页广告 将广告单独印成一页夹在杂志之中发送，这种广告在杂志中比较引人注目，容易引起读者的注意，特别是若将内页广告设计印刷得精美，更是会赢得读者的喜爱。

许多广告主利用某些重大节日，把广告印刷成贺卡的形式随杂志发行，效果很好。

2. 邮寄广告　在杂志上有一类特别的广告，就是邮寄广告。这类广告主要用文字表现，说明某地有何商品购买，商家可从邮局将商品邮寄给消费者。这类广告的表现形式简单，内容一般包括商品种类、价格、服务方式、企业名称、地址、邮编等。尽管形式简单，但包含的信息量大。这类广告不注意表现形式是因为针对性比较强，有需要的读者不在乎广告主用什么样的形式去吸引和取悦他们，而在于邮寄的商品和服务方式是否适合他们，他们自然会在杂志上仔细寻找这类广告。

3. 有声广告　这种广告是将广告内容做成超薄微型集成电路，夹在杂志的广告页中，当读者翻到这一页时，即可听到集成电路中发出的悦耳的音乐或者有关广告内容的解说，以吸引读者注意并产生阅读兴趣。

4. 味觉广告　为了加强广告的表现力和吸引力，有时把广告版面进行气味处理，将广告产品的气味处理到广告中，使读者产生嗅觉兴奋，增强记忆，如化妆品、食品等适合做味觉广告。

5. 直销广告　直销广告是企业或商家为了增强市场竞争力而采用的一种广告形式，在杂志上发布直销广告，可使广告的有效性延长，发挥更好的效果。直销广告包含四个基本要素：标题、文案、图片和赠券。赠券有两种形式：① 商场赠券，消费者凭赠券可以得到优惠购物和优惠服务；② 生产厂家直接退折扣款的票券，赠券可刺激消费者购买商品。

6.2.2　杂志广告的设计方法

杂志与报纸同属印刷类媒体，所以杂志广告的制作过程和报纸广告基本相同。但由于杂志这种媒体的自身特点，以及杂志广告的多种不同的基本形式，所以在制作工艺和方法上又与报纸广告有许多不同之处。

1. 初稿设计　杂志广告的初稿设计内容与报纸广告一样，主要包括字体的编排设计、广告版面位置及其尺寸设计等。

字体的编排设计原则、编排组合形式、编排视觉流程等与报纸广告相同。但在进行杂志广告的版面尺寸设计时，一般要注意以下问题：① 杂志的版面位置；② 版面的大小。版面位置及版面大小，对广告效果有明显的影响，版面较大的，则广告效果就较好，反之则较差，对此，与报纸广告的情况基本一样。而杂志版面位置对广告效果的影响则比较复杂。杂志版面位置可分为不同版面的位置和同一版面的不同位置两种。

杂志可作广告的版面主要有：封面、封底、封二、封三、扉页、内页等，不同版面位置的广告，其效果也不相同。一般封面广告效果较好，以后依次递减，而且广告费用也相应减少。特殊情况下，杂志还可向广告主提供特殊的广告版面，如插页、折页和跨页等。

杂志同一版面的不同位置主要有：版面的上位、中位、下位、左位和右位等。不同位置的广告，其效果也不相同。一般来说，整页广告效果最好，上位比下位好；中位比上、下位好；字体横排时，左位比右位好；字体竖排时，右位比左位好。

杂志版面尺寸，常见的划分形式主要有跨页、全页、半页和1/4页等。杂志广告版面尺寸的大小同样是影响广告效果的重要因素之一。

综上所述，初稿设计时，广告版面位置及其尺寸的确定，主要是根据以下原则：版面位置与广告效果，版面尺寸与广告效果，以及广告主所付出的费用等。

2. 字体选择 杂志广告字体（正文、标题）的选择范围一般比报纸更为广泛，除了可选择常用的黑体和楷体字之外，也可使用各种类型的变体美术字。不仅如此，杂志广告字体的色彩还可以根据广告的具体内容，采用多种颜色，而报纸则多为黑、白两种颜色。

3. 美工画稿 杂志广告的美工画稿制作，和报纸广告一样，主要是体现在初稿设计和进行广告插图两方面内容。必须注意的是，报纸广告的插图，由于报纸所使用的纸张以及印刷手段等原因，其插图绝大部分都是以黑白绘画为主。而杂志广告的插图则大都以彩色绘画和彩色摄影为主。所以，杂志广告的美工画稿制作要比报纸广告复杂。

我们所见到的杂志广告，无论是在印刷质量方面，还是在色彩运用上，都远远优于报纸。杂志广告的色彩大都鲜艳华美，能逼真地表现商品形象。凡是在报纸上难于表现的，在杂志上均能得到尽善尽美的发挥。

4. 画稿制作 杂志广告的画稿制作也是把广告的画稿、标题、正文排好并拼在一起，使广告各部分的位置和尺寸大小准备到位。

5. 制版 根据画稿制作后的样稿经印刷制版车间制出的印刷版称为制版。

6. 清样和印刷 清样和印刷这两道工序与报纸广告基本相同，但杂志广告的印刷工艺要比报纸广告复杂。

6.2.3 杂志广告的制作要求

1. 清晰完美 杂志广告中的插图要把广告产品表现得清晰完美，既然杂志的印刷水平提供了这样的条件，就要充分利用。清晰完美的插图可把广告产品表现得真实，进行美化，以加强信息对受众的冲击力。

2. 不拘一格 在杂志上做广告，一般是利用杂志的封面。在杂志中的任何一页上都可做广告，只是受到注意的可能性下降了。在杂志的中页做广告也受到重视，这是因为中页常可做跨页广告，从杂志上取下时不会损坏画面，很多广告主利用这一特点在中页上做出艺术性较强的广告，许多读者都将中页的广告作为艺术品贴在墙上欣赏，这无形中为广告主再做一次广告宣传。

在广告中夹寄单页广告的做法也很流行，这样的广告可以做成精美的卡片，也可做成比杂志版面大几倍的广告，可折叠起来夹在杂志中。

在杂志中做实物广告在国外盛行，在我国还不多见。做实物广告的目的就是让读者使用一次商品，体验一次广告商品会给消费者带来什么样的好处，或是让消费者检验一下商品优良的品质。例如，有一家真皮制品的厂家在杂志中夹了一页真皮，广告文字印在真皮上，让读者感受到该厂的产品货真价实。

3. 注意图文并茂的视觉效果 杂志广告要尽量发挥其优势，利用色彩鲜明、形象逼真的图片来加强视觉的吸引力，表现服务或商品的形象，给人以逼真、直观、形象的深刻印象。很多杂志广告都运用彩色图片为主体，激发读者的阅读兴趣。文字也是杂志广告中的重要组成部分，其表现形式要与图片的表现有机地结合起来，互为补充。

4. 注意版面位置安排 杂志广告的传播效果与其版面位置安排有很大关系，在不同版面位置上的广告其阅读率有很大差异。一般来说，封面上的广告被读者注意的可能性更大些，内页广告就很难引起读者的注意，除非读者仔细地阅读了全部杂志，否则内页的广告就有可能被忽略，杂志广告发布时就应注意这一特点。

6.3 广播广告的设计与制作

广播广告也称电台广告，即借助电磁波传递广告信息的一种广告形式。广播广告主要是通过语言、音乐、声响三个要素的有机配合来实现广告的诉求效果。广播广告具有覆盖面广、传播速度快、灵活性大、制作过程简单、费用低廉等特点。广播广告尽管目前受到了电视的强大冲击，但仍然是部分广告主所选用的对象。

6.3.1 广播广告的设计程序

广播广告的设计大体上可分为两个阶段，即前期的文稿撰写阶段和后期的作品设计阶段。

1. 文稿撰写 广播是听觉媒体。广播广告文稿一般没有明显的标题，通常只有正文和结尾两部分。广播广告文稿最初是以文字稿的形式出现，最后通过声音将其传播出去。正文与结尾在声音化的过程中没有明显的差别，它们的区别仅在于结尾是对正文必不可少的补充。

广播广告文稿的结构，一般可分为单一式结构和复合式结构两种。

（1）单一式结构　这种结构的特点是只有待转化为声音的文字，而没有音响和音乐两要素出现。这类广告因可采用直接形式，所以又称为直播广告。

（2）复合式结构　这种结构的特点是不仅有待转化为声音的文字，而且还包括音响和音乐。它的各种要素要分别录制，然后再合成播出，因此也叫合成广告。这是一种比较复杂的广告形式，可以利用多声优势发挥广播广告的综合效果，因而在实践中被经常使用。

广播广告文稿没有固定不变的形式。广告设计人员应充分利用语言、音响、音乐三要素的优势，在实践中不断创新。

2. 作品制作 作品制作阶段主要包括以下具体过程：

（1）校正、落实制作方案　要根据广播广告文稿风格、产品特点以及媒体受众的习惯，进一步落实已经编制好的制作方案，一旦发现有不实、不妥之处，要立即进行修改、校正，以确保方案的切实可行。

（2）检查、试验制作设备　具体广播广告的制作是离不开录音机、调音台、卡座、功率放大器、监听扬声器等有关设备的。这些机器设备的工作状态如何，直接影响着广告的效果。因此，在制作时要对它们进行检查和调试，以确保它们处于正常的工作状态。

（3）选择播音员　播音员的声色，发音的抑扬、快缓等都会影响广告的播音效果，每个播音员的声音都有优缺点，选用时要注意一定的特色，即最适合于表现某一特定广告的声音，而不一定选择最悦耳的。

（4）排演、录制　上述工作完成后，就可进入广告片的排演、录制阶段。直播式广告，播音员可以直接录制。对话式广告，演员之间要讲求相互配合，需要进行排练和试录。带表演性的广告，更需要有排练的时间，不仅要求演员全身心地投入，构图人员也必须精心策划、细心安排，不能有丝毫马虎。需要合成的广播广告，要先分别进行录制，这就更要求有关人员进行通力合作，确保广告的艺术效果与促销效果的有机结合。

（5）广告作品试听阶段　　为了检验广告是否具备易传、易听、易记等特点，广播广告录制合成工作完成以后，必须进行试听工作。试听者除了包括广告的专业设计人员、广告主以外，还要邀请部分一般听众，以检验广告的效果。试听结果如果满意，在选好的播出时间内就可以播放了。若有问题，对个别地方应作修改，满意后再播出。

6.3.2　广播广告的制作要求

1. 注意语言的艺术　　广播广告是听觉广告，所以要特别注意语言艺术的运用，以此来吸引听众，广告语言应生动活泼、亲切感人，讲究韵律；要简洁鲜明，容易记忆，大众化和通俗化，这样才能在传播中给听众留下印象。

2. 运用以影响听觉见长的文艺表演形式　　采用生动活泼的文艺表演形式可使广播广告更具有魅力，让听众在欣赏文艺节目中接受广告信息。以文艺表演形式出现的广告容易受到听众的欢迎，如相声、京剧、快板、评书等文艺形式就是常用的广告表现形式。

3. 广告结构力求简洁　　广播广告的时间一般为60秒，时间有限，在广告的结构上要下功夫，简洁是关键的一点。广播广告必须靠语言和音乐音响的效果使听众产生形象思维，建立起产品或企业的形象。以听觉媒介传播信息，复杂的内容结构常常会使听众记不清楚，不知所云，抓不住主题和要领，所以广播广告必须用简洁的内容结构，突出主题。听众在听广播时，常常因外部的因素影响而使注意力转移，因此，广播广告必须开门见山，突出要点。一个广播广告最好只突出一个重点，而且要直接明确地表述出来。

4. 善于抓住听众的注意力　　一般说来，极少有听众专门安排出时间来听广播广告，大多是在欣赏文艺节目或听新闻时漫不经心地听广告，而且注意力并不集中。广播广告要采取有效的手段抓住听众的注意力，变听众漫不经心地听广告为专心致志地听广告。引起听众注意可在两个方面下功夫：① 写好广告文案；② 运用音乐音响。

5. 注意音乐和音响的配合　　音乐和音响在广播广告中起着很重要的作用，它能烘托广告主题、渲染情感、营造气氛、塑造形象、增强广告的感染力。真实的音响使听众有身临其境的感觉，感觉到广告对象存在的真实性。广告歌在听觉广告中是运用较多的一种表现形式，它使广告内容（歌词）和音乐很好地结合成为一体。

6. 重点重复　　广播广告由于有瞬时即逝的特点，重复就成了广播广告中的必要表现手段，把重要的地方（如商品名称、销售地点与时间、广告主题等）重复几次，使听众有机会多听几次，加深印象。

6.3.3　广播广告作品欣赏

1. 可口可乐公司雪碧汽水广播广告

（蝉鸣起伏……）

男孩：渴，渴……

（闪烁的音响……）

女孩声：晶晶亮，透心凉……

（喝一口，吸干声，如清凉的水淋头）

男孩：哇！

男声：哦，雪碧，当今生活，无论是宴会、旅游、运动……到处都有你清凉的奉献！

（孩子笑声，青年欢乐声，摩托艇驶过，一个海浪，又一个海浪）

女声：雪碧（飘过）

这是一则上海无线电台制作的"雪碧"饮料广播广告，广告中利用了各种音响效果：蝉鸣、畅饮声、欢笑声、摩托艇声、海浪声……广告在听觉上刺激了听众的欲望，也烘托了"清凉"的主题，并以欢笑声等确立起了广告的形象。这是运用音响效果较为出色的广播广告。

2. 珠江啤酒广告

"吡！"（开啤酒音响）

（男）"珠江"啤酒（混响）啊！

"珠江"啤酒，清亮、顺喉，挂杯持久，令您有意想不到的享受。

这一声"吡"用得是那么的传神，它记录下了人们启瓶喝酒的一个瞬间，抒发了珠江啤酒带给人们的舒适感受；那一阵"混响"声，更烘托出人们豪饮"珠江"的热烈气氛，给听众以无穷的回味。

3. 先锋音响

流水声、青蛙声、蟋蟀声浑然一体，自然和谐，效果声突出5秒——压混

男：你能听出来吗？这些声音中有一部分并不是大自然发出的。

电闪雷鸣、风声、海鸥叫声、蟋蟀叫声，混成一体，突出3秒——压混

男：我也听不出来，尽管我知道有一部分是先锋音响发出的，但就是听不出是哪一部分。

牛哞声、马蹄声，突出2秒——压混

男：先锋音响，高保真设计，逼真再现自然声音，耳听是实，先锋音响。

马嘶叫声突出2秒结束

这个广告的制作是语言与音响的合成，两步完成。用音响效果来突出广告主题，先锋音响，高保真设计，逼真再现自然声音，使听众感到逼真、可信。

6.4 电视广告的设计与制作

电视在四大媒体中最年轻，然而又是四大媒介中发展最快、影响力最大的传播媒体。在世界上的大多数国家里，电视都已得到了普及。

电视是一门融视觉和听觉、时间和空间为一体的艺术形式。电视作为大众传播媒体之一，因其无可比拟的影响力和优越性，理所当然成了广告媒体之首。它为广告提供了大显身手的用武之地。综观各类广告媒体，电视可以说是最完善、最具表现力和魅力的媒体。

电视广告的设计制作过程可分为三个阶段，即前期准备阶段、制片阶段和剪辑合成阶段。

6.4.1 准备阶段

前期准备阶段的主要任务是创作电视广告脚本、选择演员、准备道具、安排场景、估算设计费用、选定制片人等。

1. 电视广告脚本　电视广告分镜头脚本通常包括镜号、时间、镜别、画面、音响等项内容。其中，"镜号"栏用来说明电视广告拍摄的镜头数，起标志作用，同时也使摄制人员对电视广告的拍摄有一总体上的把握。"时间"栏主要用来标志每一镜头的时长，由于电视广告片通常有10秒、15秒、20秒、30秒、60秒等几种固定的类型，它的长度涉及电视广告播映时的媒体租用费，因而控制好每一镜头的时长相当重要，"时间"栏的标志便于导演控制好演员表演和场面调度的时间，也便于制片人控制好剪辑过程中的镜头切换。当然，在实际摄制过程中，镜头实际的摄制时长会根据摄制需要而有所改变。"镜别"栏用来说明电视广告分镜头的类别，除了切入切出、淡入淡出、叠化等几种类型外，还有特写（包括脸部、头部、肩以上三种类型）、近景（胸以上）、中景（膝以上）、全景、远景、极远景等几种景别镜头，以及推、拉、摇、移等几种活动镜头。"画面"栏是对电视广告活动画面的描述，是电视广告创意的核心部分。"音响"栏则是对电视广告听觉要素的陈述，包括画外音、音响效果、广告音乐等方面内容。电视广告分镜头脚本范例如表6-1所示。

表6-1　电视广告分镜头脚本范例

镜号	时间/秒	镜别	画面	音响
①	1	特写	两条金鱼在水里悠闲自在地游来游去	
②	1	叠化	一只鱼缸平稳地放在架子上	
③	1	拉至全景	突然，鱼缸从架子上跌落下来，掉在地上摔得粉碎，水、金鱼和玻璃碎片四处飞溅	（画外音）"哎呀！"
④	1	特写	一条金鱼在地上来回翻腾，奄奄一息	
⑤	3	全景推至中景	地上的水、金鱼和玻璃碎片逐渐聚拢起来，顺着倒下的轨迹回复到架子的原来位置上，玻璃碎片合拢成鱼缸，两条金鱼又像先前那样在水里悠闲自在地游来游去	（画外音）"咦！"
⑥	1	叠上字幕	"参加保险，化险为夷"	（画外音）"噢！"
⑦	1	叠化至全景	百元的人民币迅速一圈开排	（画外音）"参加保险，化险为夷"
⑧	1	全景叠上字幕	"中国人民保险公司，上海分公司"	（画外音）同字幕

2. 选择演员　广告影片演员，就是演员在荧屏上介绍商品，替商品作广告，其职责是做宣传的媒介。所以，广告影片演员应具备以下特性：

（1）推销性　从前的经商原则，多是被动地让消费者上门，现代人经商靠"说服"和"推销"来争取顾客，广告影片演员应是典型的推销员。

（2）催化性　演员应当能说善道，还须擅长表演，商品因人在广告影片里有声有色的介绍，能充分表明商品的用途和好处，使观众在选择商品时，由犹豫到抉择，这就是催化作用。此种作用能将商品的潜在效果经催化而趋向明朗化。

（3）赋活性　演员能赋予商品以生命力，以人体的心灵表现物品的应用性，感化消费者的心灵。

必须注意的是，选择演员时，许多电视广告过于重视外形的"美"，从服装、发型、化妆上大下功夫，以求引人注目，但是却忽略了个性和内在气质的选择标准，其结果往往造成商品与演员的相互游离，观众只注意了演员，而对商品的印象却不深刻。演员的作用是以其身体的某一部分的特征（如声音、眼睛、头发等）及其特殊的个性影响商品，直接起到传达的作用，使观众对演员有兴趣，因而对商品更有兴趣。演员的个性既不能被商品同化，更不应压倒商品，否则，观众就不能借助于演员的印象为媒介，去记忆商品，因而这样的广告也只能是失败的。

3. 道具及场景　电视广告中的道具及场景是指衬托商品的用具及环境。在选用道具及场景时，一般要注意以下问题：① 不能喧宾夺主，即要处理好商品与道具场景的主次关系；② 选择的道具及场景要与表现商品的主题相协调，即道具的类型、形状、大小、颜色等要与商品相呼应；③ 道具的摆放位置及场景的布置要合理。

6.4.2　制片阶段

制片就是将广告画面录制在胶片上的过程，广告制片的主要工作是拍摄，它的表现手法和技巧与电影、电视基本相同。

电视广告片有两种：① 用电影胶片拍摄制作，然后转录为录像磁带的；② 由电视摄录机拍摄，采用微处理技术的电子编辑，制作周期短，时间快，成本低。而且电视摄录机在拍摄过程中，可以借助于彩色监视器当场监测确定效果，有利于导演、摄像师、录像师、灯光师通力合作。

在创意人担任导演，或导演充分领会了广告创意的基础上，整个现场拍摄的总指挥就由导演来担任。原则上说，导演的意志不容改变，起决定的作用。摄像师在视觉效果的判定上，有特殊职能。

广告讲白、声音、影像，应三者一体，才能产生好的作品。兹将企划的有关事项，逐条列举如下：

1. 讲白　讲白是用做传达广告商品的语言，音调抑扬顿挫，与影片本身息息相关。

2. 声音　声音可以引出魅力的影像，声音包括音乐、效果音、讲白等，它有高低、速度、旋律、气氛，尤其是个性之别，有魅力的声音，能使人联想到有趣的画面。

3. 影像　其功用是追求新奇的画面和新鲜的动作，影像在影片里十分重要，无影像就无影片可言。默片（无声影片）时代有很多杰出的名片，足以证明影像的功能。影像与声音之重要性比例是：

影院——影像70%，声音30%。

电视——影像50%，声音50%。

企划广告影片，犹如企划印刷媒体的广告，必先了解商品，认明诉求对象与厂商之广告意图，广告影片有动感有色彩和声音，企划人员要充分具备这三方面的知识，怎样组成，怎样配合,以期发挥最佳的广告效果。

企划广告影片,首先要想出创意,创意只是灵感一动,而不是钻牛角尖,所以创意应该到处皆是而与万物有关。我们所见之每一物,其引起的五官感觉,或其他刺激,所引发的新概念,都算是一种创意。

广告影片是由一个出类拔萃的创意所构成,因其诉求时间有限,必须简洁有力,一句话或一个动作都能形成冲击。

镜头是构成一部影片的单元,镜头的巧妙组合可使影片更生动。镜头组合原理就是蒙太奇原理。由于镜头衔接技巧,对观众可产生不同的感受,例如:① 轻盈、旋转的舞姿;② 旋转的水涡;③ 洗衣机。如果按 ①、②、③ 顺序衔接,观众会很自然地领悟到这种象征性手法的妙处,从而对这种洗衣机产生一种美好的感觉。而如果按 ③、②、① 顺序或 ②、③、① 顺序衔接,观众便会摸不着头脑,弄不清你宣传的是洗衣机还是舞蹈。如果按 ②、①、③ 的顺序衔接,观众甚至会产生一种危险感,似乎舞蹈着的人将要被卷进洗衣机里去。可见在镜头的衔接上,如何巧妙地运用蒙太奇原理是多么重要。

6.4.3 剪辑合成

拍摄完成之后,即可进入剪辑合成制作阶段。在拍摄毛片阶段时,广告的图像和录像分别录制在不同的胶片上。剪辑就是将毛片上的广告画面进行删削处理。剪辑主要有两项内容:① 广告画面的取舍,即对与表现广告主题无关或画面质量较差的镜头进行删削;② 检查毛片的长短在时间上与音乐及广告主的要求是否一致。合成就是将图像(含字幕)和声音(广告词的配音、音乐、音响)录制在同一胶片上。经过合成后的胶片即为正式复制。

在正式播放之前,应先用黑白和彩色电视机分别检测其效果。经广告主认可后,即可正式播放。

6.5 网络广告的设计与制作

6.5.1 互联网的概念

互联网,又称因特网(Internet),它是 1969 年由美国国防部资助的一个有关广域网络的项目。互联网包含以下两个方面的内容:

1. 信息库 它是一个跨地区、跨国家、跨领域、全天候的超大规模的信息库。它无所不包。例如,从世界各地几分钟前刚刚发生的新闻时事,到经济贸易信息、科学文化、教育、商业、体育、娱乐等,应有尽有;既有静止的信息,也有动态的信息。

2. 传播网 它是一个多功能的信息传播渠道。通过它可以传递文字、声音、图像(静止的或动态的)。互联网传播信息的速度快,时效性强,容量大,覆盖面广。它能检索,可互交,把文字、声音和动画融为一体,所以有人称它为继报纸、杂志、广播和电视之后的第五大媒体。在互联网发布的广告称为网络广告。

6.5.2 网络广告发布

广告主如何通过网络发布广告?就目前看来,一般有以下几种方法:

1. 主页形式　建立自己主页，对于大公司来说，是一种必然的趋势，这不但是一种树立企业形象的有效形式，也是宣传产品的良好工具。实际上，在网络上做广告，归根到底要设立公司自己的主页。其他的网络广告形式，无论是黄页、工业名录、免费的网络服务广告，还是网上报纸、新闻，都是提供了一种快速链接至公司主页的形式，所以说，在网络上做广告，建立公司的 Web 主页是最有效的形式。按照今后的发展趋势，一个公司的主页地址也会像公司的地址、名称、标志、电话传真一样，是独有的，是公司的标志，将成为公司的无形资产。

2. 专类销售网　这是一种将专类产品直接在网络上进行销售的方式，现在有越来越多的这样的形式出现，如 Automobile Buyer's Network、Auto-ByTel 等。以 Automobile Buyer's Network 为例，消费者只要在一张表中填写上自己所需要汽车的类型、价位、制造者、型号等信息，然后用鼠标选中 Search（搜索）键，计算机屏幕上就可以马上出现完全满足你所需要的汽车的各种详细信息。

3. 免费的网络服务　在网络上有许多免费的服务。例如，国内外的 http：//bigfoot.com、http：//www.hotmail.com、http：//www.163.net、http：//www.telebrid.com.cn、http：//www.263.net 等都是提供免费的电子邮件服务，很多用户都喜欢使用。由于网络上广告内容繁多，即使公司建有自己的 Web 页面，但是需要用户主动通过大量的搜索查询工作，才能看到广告的内容。而这些免费的电子邮件服务就不同，它能帮助这些公司将广告主动送至使用该免费的电子邮件服务。

每一个人在第一次使用免费电子邮件时，必须要详细地填写一张用户档案（Member Profile）。这就使得提供免费电子邮件的服务商能详细地知道使用者的具体情况，若公司利用免费电子邮件做广告，免费电子邮件服务商就会每月给你一份调查报告，告诉你在这个月中有多少用户看到了你的广告，又有多少用户进一步了解了广告的内容（即点击广告的图标）。在每月报告中，电子邮件服务商还会提供给你的产品或服务感兴趣的用户的具体情况的统计资料。

随着免费电子邮件会员的进一步增加，广告主还可以根据使用者的特性（地域、年龄、性别、家庭收入、职业、受教育水平、兴趣爱好、婚姻状况等），有针对性地发布自己的广告。

4. 黄页广告　在网络上有一些专门的用于查询检索服务的网络服务商的站点如 Yahoo!、Infoseek、Excite 等。这些站点就如同电话黄页一样，按类别划分便于用户进行站点的查询。在其页面上，都会留有一定的位置给企业做广告。比如，在 Excite 上，只要在 search 一栏中填入关键字 automobile（汽车），Excite 页面的中上部就会出现某汽车公司的广告图标。

5. 行业名录　一些网络服务提供者（ISP）或者政府机构会将一些行业信息融入他们的主页中，如中国香港商业发展委员会（Hong Kong Trade Development Council）的主页中就融有汽车代理商、汽车配件商的名录。只要用户感兴趣，就可以直接通过链接，进入相应行业代理商（或者配件商）的主页。

6.5.3　网络广告制作

1. 网络广告的创意　可以说，传统广告重点放在说服，而网络广告则强调信息的传送。目前在电视上看到的广告，传播有关产品的详细信息都比较少，而绝大多数都是经由印象和说服技巧使人们去购买。网络广告不仅仅是应用视觉冲击去说服客户，更应该对消费者提供有效和直觉的产品信息传送，整合各种形式的传播，达成一致诉求，与消费者建立起经久不散的关系。① 广告主利用网络广告吸引受众，首先必须了解消费者心理；② 网络广告创意必须更具有吸引力。要有效地发挥网络广告的吸引力，广告应该是生动的，必须具有强烈的动感，才能抓住人们的视线。由于网络广告都是被动传播，不是主动展现在用户面前，这就意味着用户接触广告具有选择性。几年前，网上的广告还充斥着静态的旗帜广告（Banner Ad），如今动画技术的应用，更能抓住人们的视线。但是这种形式的广告显得十分被动，必须由读者来点选（Click）而不是主动呈现在消费者的面前，广告主发现其不足之处，逐渐要求更有创意的方案与设计。最近又兴起了赞助式网络广告（Sponsored Ad）和插播式网络广告（Interstitials Ad），赞助式广告以长期合作和增添网站内容为主。插播式广告则充分利用网页下载时间，插出5~10秒的媒体动画广告，这种形式的网络广告既具有"强迫阅读"的主动性，又可以利用计算机的屏幕，做法与电视节目中插播广告一样，网友可以看到或听到企业的网络广告，因此很受广告主的欢迎；③ 在创意的表现形式上要有所突破。例如，麦氏咖啡的网络广告就别具创意：它让访问者浏览《纽约时报》上的"咖啡早餐"故事，而不是仅仅宣传麦氏咖啡，其广告效果极佳。许多广告专家对其评价是：它充分利用了网络的优势，使信息传送个人化，让每个接触广告的人感到，这种产品是专门为他们准备的。

网络广告设计创意的关键点是简洁、生动的文案，令人惊讶的视觉和合理安排。因为在网络中，广告总是要么置于点击率最高的首页（Homepage），要么是进入内容的入场页（Entry page），而读者常常只有5秒的时间在这些"过场页"上停留。也就是说，网络广告只有5秒钟被接触的时间。这好比高速公路的路标一样，它必须使平均时速80千米开车的驾驶员在短短5秒钟里被吸引。为此，网络广告必须在极短时间里从众多的资讯中跳出，以留住读者的目光。

网络广告的文案创意，与传统广告有着许多相同之处，一些传统广告的创意技巧都可用于网络广告，这里不再另述。常见的网络广告画面如图6-8所示。

图6-8　常见的网络广告画面

2. 网络广告的制作　网络广告的制作与传统广告的最大区别就是不需要材料，网络广告的制作是根据创意构想，直接在计算机上完成的。目前网络广告的制作，一般都是利用Authorware、Photoshop、Flash或3ds Max来完成的。它们都是多媒体开发的工具，是创作多媒体（集文字、声音、图像及动画为一体的传播技术）作品的应用软件。

网络广告的制作，由于是在计算机上用多媒体应用软件来完成的，因此网络广告的制作具有以下特点：

（1）不需要任何广告材料和广告器材以及制作设备　广告的文案、插图、音响等都是在计算机上直接进行的，这样，使得广告的制作几乎不需要任何成本，从而大大降低了广告的制作费用。

（2）制作者不需要具备较深艺术创作的功底　目前，Authorware、Photoshop、Flash 或 3ds Max 等多媒体创作软件，都有相应的使用说明和专著，制作者只要掌握了这些软件的使用技巧，按照广告创意的构想和网络媒体的特点，就可以制作出优秀的网络广告美术作品。有关 Authorware、Photoshop、Flash 或 3ds Max 等多媒体制作软件的使用，可参阅有关书籍。

复习思考题

1. 报纸广告设计流程要经过哪些步骤？
2. 报纸广告设计的整体要求有哪些？
3. 杂志广告的基本形式有哪些？
4. 广播广告制作的整体要求有哪些？
5. 网络广告的制作特点是什么？

第 7 章 广告媒体

学习目标：

通过学习，让学生了解广告媒体的内涵及功能，知晓广告媒体的类型、特点和作用，重点掌握电子媒体广告、印刷媒体广告的特点、优势，了解广告媒体的选择方法、选择技巧和选择程序，以利于正确、科学地选择适用的广告媒体进行广告信息发布。

7.1 广告媒体概述

在现代广告活动中，广告信息必须借助于广告媒体进行发布和传播，研究各类广告媒体的特点、功能，恰当地选择有效的广告媒体进行最佳的优化组合，对于增强广告效果意义重大。

7.1.1 广告媒体的定义

媒体又称媒介，是指将信息传递给社会大众的工具。广告媒体是指实现广告主与广告对象之间联系的物质或工具。凡是能刊载、播映、播放广告作品，在广告宣传中起传播广告信息作用的物质都可称为广告媒体。例如，大众传播媒体（包括电视、广播、报纸、杂志）、路牌、交通工具、互联网、手机、霓虹灯、商品陈列、橱窗、包装物以及产品说明书、企业名录等。

7.1.2 广告媒体的沿革

广告媒体有着悠久的历史，在人类社会出现广告之后，广告媒体也就与之密不可分地联系在一起，广告业的发展历史实际上就是广告媒体的发展历史。随着经济、文化和科学技术的发展，广告媒体也经历了一个由简单到复杂的历史过程。

1. 古代广告媒体 在人类社会发展的早期所采用的广告媒体都比较原始和简单，其形式多种多样。最早的叫卖广告的媒体实际上就是以卖主之口以及能发出各种声响的工具，如卖布商的拨浪鼓、卖油商的油梆子、卖麻糖者敲击的铁板、货郎担主的小铜锣等。后来，又出现了幌子、门匾、灯笼、招牌之类的广告媒体。

古代的广告媒体，从其主要特点来看，广告的内容和形式都比较简单，广告的传播、影响范围也非常有限。时至今日，古代的许多广告媒体仍在使用。

2. 近代广告媒体 进入近代社会之后，随着资本主义经济的逐步发展，大规模工业生产的兴起，商品市场的扩大，自由竞争的激烈，为广告业的发展提供了契机。对于广告媒体而言，最大的特点就是媒体的大众化，这一特点的形成标志是报纸、杂志这两种大众传播媒体的兴起。

1609 年，人类第一张印刷报纸出现之后，报纸与随后出现的杂志一同登上了广告媒体的舞台。报纸、杂志广告由于传递迅速、内容丰富、影响面广泛等优势，一举成为广告媒体最重要的支柱。

报纸和杂志这两种广告媒体的出现，使广告业从观念到实质都发生了根本的变化。无论是广告主还是广告商，都不再囿于以往狭小的经营圈子，而把目标定向为一个更新、更大的空间，期望着通过广告把自己的经营范围扩展到世界的每一个地方。

3. 现代广告媒体 19世纪末20世纪初，在经济和科技的推动下，广告媒体得到了空前的发展，越来越多的物质和工具被开发和利用，成为广告的传播媒体。20世纪以来，随着无线电和电视的发明，为广告媒体开辟了新的领域。它们以其自身的优势，异军突起，与报纸、杂志一起垄断了广告市场，成为四大广告媒体。目前，霓虹灯、灯箱、电动广告牌、电子显示屏、幻灯、摄影、气球、激光、飞机、火箭等各种新型的广告媒体层出不穷。随着卫星通信、计算机网络和信息高速公路的开通和发展，广告媒体正向电子化、网络化方向发展。可以看出，广告媒体日趋多样化和科技化已成为现代广告媒体的一个显著特点。

人类的追求永无止境，广告媒体的探索和运用也永无止境。有人预言，随着广告业的发展，人类一切能看到的、听到的东西，只要允许，只要需要，都有可能成为广告媒体。

7.1.3 广告媒体的分类

1. 按媒体的传播方式划分

（1）视觉媒体　视觉媒体包括报纸、杂志、邮递、海报、传单、招贴、日历、售点广告以及户外广告、橱窗布置、实物和交通广告等媒体形式。其主要特点是通过对人的视觉器官的信息刺激，影响人的心理活动中的感觉过程，从而使人对广告的内容留下印象。

（2）听觉媒体　听觉媒体包括无线电广播、有线广播、宣传车、录音机和电话等。其主要特点是通过对人的听觉器官的信息刺激，激发人的心理感知过程，使人留下印象。

（3）视听两用媒体　视听两用媒体是用语言、音响、文字、形象、动作、表情等方式，通过刺激人的视觉和听觉器官来激发其感知过程，完成其信息传递的媒介，包括电影、电视、表演性媒介等。

（4）嗅觉媒体　嗅觉媒体包括各种香味广告媒体。例如，美国香水厂商在各种杂志中埋设"香水地雷"。当人们翻阅杂志，触及"香水地雷"时，名牌香水的芬芳就扑鼻而来，引起人们的购买欲。现在，美国人也把香味广告推广到其他行业。制造商将巧克力、水果、鸡肉、咖啡、皮革等的味道制成味浆，然后掺进印刷材料中印成广告，附在如《小姐》《男人世界》《建筑文摘》等杂志中，以招徕更多顾客。还有将酒类、食物和调味品的香味"注入"杂志里的嗅觉广告。

2. 按媒体的传播途径划分

（1）印刷媒体　印刷媒体，是指以文字为传播符号，以印刷品为符号载体的媒介。印刷媒体主要包括报纸、杂志、小册子、传单、商品目录和说明书、年历、包装纸等。

（2）电子媒体　电子媒体（又称电信媒体）是一种光电性能的媒体，包括电视、广播、电影、霓虹灯、电子显示屏幕等。因其与当代科学技术联系紧密，所以具有极强的时代特征。电信媒体传播信息迅速、广泛、适应性强、感染力佳，在各类媒体中后来居上，独领风骚，越来越被人们所看好。

（3）邮寄媒体　邮寄媒体，是通过邮寄信函的方式传递信息的媒体。它包括广告信函、商品目录、产品说明书、征订单等。邮寄媒体的针对性强、形式简单、效果明显，在现代广告战略中使用较多。

（4）销售现场媒体　销售现场媒体，是在销售场所开辟的传播媒介，如橱窗等。

（5）户外媒体　户外媒体，是室外露天的各种广告媒体的总称。它包括招贴、路牌、屋顶、霓虹灯、灯箱等形式。户外媒体具有周期长、美观醒目、成本低等特点，也是常用的广告媒体。

（6）交通媒体　交通媒体，是指利用移动的交通工具和交通场所的建筑物传递广告信息的媒体。它包括汽车、轮船、火车等交通工具和交通宣传车以及车站、码头、机场的建筑物、墙壁等。

3. 按广告传播的规模划分

（1）大众传播媒体　大众传播媒体主要指报纸、杂志、广播、电视等受众比较广泛的传播工具。

（2）其他传播媒体　其他传播媒体则是指邮寄品、传单、橱窗、包装纸、招贴、路牌等。

4. 按媒体与受众的关系划分

（1）通用媒体　通用媒体以一般公众为受众对象，没有特定阶层或群体的受众。这类媒体传播信息面广、普及程度高，适合于一般性、大众性使用商品的广告宣传，但引起注意的效果不明显。

（2）专用媒体　专用媒体，是指广告信息以特定的对象为宣传目标而选用的特定媒体。例如，《中国妇女》杂志以妇女为主要对象；《老年人》杂志以老年人为主要对象。某些特定场所的广告也属专用媒体，如母子候车室的广告以妇女、儿童用品为主要广告内容。专用媒体相对集中、稳定，是发布专业性商品信息的主要媒体。

5. 按媒体和广告主的关系划分

（1）自办媒体　自办媒体，是指广告主自己所拥有的媒体，如销售场所、橱窗、柜台、货架、商品包装等。广告主可以按照自己的要求自主使用媒体，但传播面比较狭窄。

（2）租赁媒体　租赁媒体是指非广告主所拥有、需要付费租用的媒体，如报纸、杂志、电台、电视、公共交通工具等。租用媒体多属大众传播媒体，租用媒体在使用时需要付出租金，且有一定的限制，但是传播面比自办媒体要大。

6. 按传播广告信息时间的长短划分

（1）瞬时性媒体　瞬时性媒体，是指那些传播广告信息的时间短暂、快捷的媒体，如电视、广播、电影等。这些媒体特点决定了信息传播的转瞬即逝，不易记忆，因而在运用这类媒体时，首先要力求表现形式上别出心裁，引人注意；其次，要注意诉求重点的明确、单一，切忌信息繁杂，避免事倍功半；再者，在一段时间内要连续发布广告，进行周期性的反复传播才能达到较为理想的广告效果，否则容易前功尽弃，浪费钱财。

（2）短期性媒体　短期性媒体，是指在一段时期内使用的媒体，如报纸、杂志、传单、橱窗、POP、网络、手机广告等，人们对在短期内广告媒体发布的广告信息有较充裕的时间细细阅读，品味广告内容，增强记忆，同时，由于短期性广告媒体可以较长地作用于人的视觉，因而在某种程度上可对产品作较详细的介绍和较复杂的说明。

（3）长期性媒体　长期性媒体，是指那些具有较长使用时期的媒体，如霓虹灯广告、路牌广告等。还有能伴随产品进入流通或经销售进入用户或最终消费者甚至家庭的媒体，如产品有销售包装、专用运输包装、产品说明书、产品自身上的厂牌和商标、专业性杂志或书刊等。长期性广告媒体一般具有使消费者主动或被动地保留、收藏和使用的价值，因而具有潜在的极大的重复宣传的功能，这要求此类广告媒体自身的广告设计必须根据产品特征，或注重美观，或注重实用，或注入其文献的留存价值，或使其有艺术品般的欣赏和保留乃至收藏价值。

7. 按广告媒体的属性划分

（1）综合性媒体　综合性媒体，是以大众传播为主的媒体，广告信息只是其传播的内容之一，如一些报纸、杂志、广播、电视、网络等。综合性媒体易受其他内容的干扰，因而加强广告本身的注意度和吸引力尤为重要。

（2）单一性媒体　单一性媒体，是指把广告信息的宣传作为唯一内容的广告媒体，如路牌广告、售点广告、橱窗广告、包装广告、交通广告等。这类广告信息媒体内容单一，可充分发挥广告的视觉冲击性；但这类媒体的缺点是影响范围受视野、地理位置和能见度的限制，广告的内容更换周期较长，设计制作技艺性较强，难以引起顾客注意并产生兴趣。

7.1.4　广告媒体的功能

广告媒体是广告宣传得以实现的物质手段。它既是传播广告信息的物质技术手段，又是沟通广告主与消费者的信息桥梁，它是把有关商品、服务、观念、企业等组织的表象记号传送到广告对象的渠道和具体形态。没有广告媒体，广告信息就不能迅速传播。无论哪一种广告媒体，在传播广告信息过程中，一般都具有以下基本功能：

1. 传播功能　美国著名传播专家施拉姆在《传播学概念》中写道："媒体就是在传播过程中，用以扩大并延伸信息的传播工具。"可见广告媒体具有筛选、加工、扩散信息的功能。由于广告媒体不受时空的限制，它所传播的范围和对象具有广泛性和渗透性，不论受众在什么地方，广告媒体都会发生作用。

2. 吸引功能　广告媒体是传播一定信息或宣传特定内容的工具与手段，因而广告媒体自身就具有一定的特色和吸引力。这种特色和吸引力，会强有力地吸引特定的消费者。因此，如果能将符合这种媒体特色的广告刊登其上，其宣传效果就会成倍增长。

3. 服务功能　广告媒体可以根据自身的特点，为广告主、广告经营机构、媒体受众提供有用的、真实的信息，满足不同层次的需要。对广告主来说，可以将企业的经营特色、产品等方面的供给信息提供给目标市场；广告经营机构可以通过广告媒体发布供求两方面的信息；广大受众可以通过广告媒体了解各种品牌产品方面的信息，为他们的购买决策提供依据。

4. 适应功能　广告媒体多种多样，可以适应不同广告信息的传播性质与要求，因而就可以满足不同广告主与广告公司的信息传播需要。不同广告主的广告商品具有不同的广告对象、发布地区和宣传形式，同时也受广告主自身经费与周围环境（社会、市场、竞争等环境）的限制，因此就产生对广告媒体各自不同的要求。广告媒体的这种高度灵活和适应能力，能充分满足广告信息的这些特定需要，更好地为广告宣传服务。

7.1.5　广告媒体的特点

1. 大众性　现代工业的大量生产，导致行销领域的不断扩大，而为行销服务的媒体也必须是面对大众传播的，因而广告媒体就具有消费大众性的特征。

2. 可控性　商业广告是一种投资行为。投资行为的本质是以较少量的投入换取较大量的回馈。因此，在投资上必须具有可控制性，以求达到预期的回馈，然后以回馈检验投资的正确性。

3. 商业性　广告是媒体盈利的主要来源，特别是私营媒体更是主要靠广告费来维持自己的生存和发展，因而媒体具有商业性，需要付费。媒体的价格主要是根据其对大众的影响力来确定。

7.1.6　广告媒体的作用

1. 承载信息，传达信息　它是指广告媒体可以承载广告信息，并且可以把它传达给目标受众。当然，不同的媒体承载的广告信息在数量、内容等方面是有差异的，同时，在传播的速度、范围等方面也是有差别的。

2. 吸引公众，接触公众　它是指广告媒体可以吸引不同的公众，使他们接触媒体，进而接受媒体传播的信息。各种广告媒体都拥有一定数量的接触者，如报纸、杂志的读者，电视的观众，电台的听众等，但是，在吸引能力方面各种媒体也是有差别的。

3. 适应需求，满足需求　它是指广告媒体可以适应、满足不同广告主在利用广告媒体传播广告信息时的不同目的和需求，并设法满足这些要求。例如，传播时间的要求、信息容量的要求、信息表达方式的要求等。当然，不同媒体适应需求的能力也是有差别的。

4. 充当中介，做好中介　广告媒体是连接广告主与广告受众的桥梁，它所起的作用是通过这一桥梁，把广告信息由广告主一方传递到广告受众一方，一旦信息到达广告受众，它的使命即告完成。广告媒体不是广告信息本身，"媒体（媒介）"的字面含义充分表现了这一点。

7.2　电子媒体广告

电子媒体广告主要由广播广告、电视广告、网络广告等所组成。

7.2.1　广播广告

1. 广播广告的优点

（1）传播迅速，覆盖面广　从传播速度这一点来看，广播广告的优势是其他任何一种广告媒体无法比拟的。广播利用语言传播广告信息，加工广告信息的过程简单，可随到随发。广播媒体最适合发布时效性要求高的广告。同时，广播的电波信号覆盖范围广，在信号覆盖范围内因地理因素影响传播的可能性小，听众只要有接收设备——收音机，即可收到广播信息。由于广播是听觉媒体，对听众的文化水平要求低，几乎任何人都能理解广播的信息。广播通俗易懂，效果好，凡是有正常听力的人都可以成为广播广告信息传播的对象，包括盲人。

（2）收听便利，渗透力强　由于收音机体积小，便于移动携带，可以在任何地方、任何地点，随意进行收听。居家、外出、走路、乘车、旅游、休息，收音机都是好伴侣，收听十分方便灵活。

由于广告大多穿插于各种广播节目之间或节目中间，听众只要收听节目，必然要接触广告，所以广播广告到达听众的次数和机会比较多，特别是一些受众比较稳定的广告栏目，如"交通之声""天气预报""新闻联播""国际新闻"等，广告效果更为理想。

据美国的一家调查公司的调查材料表明，"有5类人群每天使用收音机的频率超过电视机：男性专业人员与管理人员（超过42%）、18~24岁的成人（超过40%）、成年单身打工族（超过34%）、高收入男性（超过33%）和高收入家庭中的成年人（超过14%）。"在我国，住单身宿舍的职工、工人、打工族、出租车司机，或住集体宿舍的大、中学生以及广大农民等，使用收音机的频率也比较高。

（3）制作简单，成本低廉　广播广告是通过播音员的叙述，有时加上音响效果、背景音乐来播放，有时则以文艺节目的形式来出现，因此，制作起来简便、灵活。与电视媒体、报刊媒体相比较，广播广告的制作工序比较简单，因而广播媒体相对于其他媒体而言，节目制作成本费用低廉，一般广告主都能承担。

（4）激发联想，形式多样　广播广告可以激发听众的想象力，产生美好的联想。因为广播广告是用声音进行传播的，不同的语言、音响、音乐会唤起听众不同的联想，会引导受众按照自己的记忆、经验、价值取向、审美情趣去加以想象，形成自己心目中的完美形象。美好的想象也是形成消费欲望的基础，是促进听众消费者购买决心形成的重要诱因。

2. 广播广告的缺点

（1）时间短暂，稍纵即逝　广播广告有声无形，形象记忆率低，难以留下深刻印象。播音时间短暂，稍纵即逝，信息难以保存。一般来说，广播广告对复杂的事物难以说清，新奇之处没有形象可以表明，产品外观造型的特征优势体现不出。因此要在广告节目制作中扬长避短，注意文字的形象性、联想性，科学、合理安排播放计划，提高播放频率，提高播音水平，加强广播广告的质量与力度。

（2）听众分散，针对性差　广播广告的听众比较分散，听时往往心不在焉，无法针对性地进行宣传，同时广播广告给人的印象不如视觉媒体深刻和容易理解。一般来说，复杂、新奇、外观引人和使用较难的商品，不适于在广播媒体上做广告。在选择广播广告时，要注意节目编排情况、确定时间、次数和播音水平等。

（3）只听其言，不见其物　广播广告，作为纯听觉性媒体广告，不具备其他视觉媒体广告那种有形感。看不见，摸不着，只闻其声，不见其形，留给人的印象不如电视广告那样深刻具体，时间一长，容易淡忘。

3. 广播广告的作用

（1）传递信息　广播广告具有传播、告知信息的作用，而且有它自己的特点，它可以将各种信息大量地传播出去，并迅速地告知听众。

（2）刺激引导　广播广告是有声音的艺术，声音本身就带有很强的感情色彩，人的喜、怒、哀、乐都能通过声音表达出来，而语言则是人的情感的集中表现。语言能弥补无视形象的缺陷。通过绘声绘色的语言描述，可以造成由听到视的联想，从而达到创造视觉形象的作用。

在广播广告中，伴随人的声音（语言）的是音响。音响可以增强广告的逼真性和可信度。音响对广播广告有着更重要的作用，直接关系到广播广告的成功与失败。既有娓娓动听的话语起主导作用，又有真实可信的音响陪衬，二者完美的结合，更能给人以亲切动听的感觉。它的现场感受极强，对刺激消费，引导消费，有着重要作用。

（3）丰富生活　广播广告通过语言和音响效果，诉诸人的听觉，充分发挥声音的抑扬顿挫、轻重快慢以及节奏感、感情色彩等方面的特点，使听众听懂、爱听，唤起人们的联想和想象，丰富人民的文化生活。我国电台广播遍及城乡各个角落，为传播各种经济信息创造了有利条件。

（4）陶冶情操　广播广告还具有陶冶情操、欣赏艺术的作用。广告是传播商品信息的艺术，在体现经济价值的同时，还极具欣赏价值，它能在听觉艺术的氛围中带给人以美的享受。

4. 广播广告的要素　广播广告由语言、音响、音乐三大要素组合而成。语言是广告信息的主要传达手段；音响辅助用以加强语言表现的真实性和形象性；音乐可强化气氛，渲染情绪。三大要素在广播广告中配合运用，使广播信息传播显得生动有趣。成功的广播广告能紧扣消费者的心理需求，突出产品特点，表现形式别致，富有品味情趣，主题表现透彻，广告印象深刻。

（1）语言　语言有口头语言和书面语言之分，口头语言又称有声语言或听觉语言，与书面形式的无声语言是有很大差异的，作为广播广告要素之一的语言是影响人们听觉的有声语言。广播广告的有声语言诉诸人的听觉，是让听众通过听觉来接受广告信息；印刷广告诉诸人的视觉，是让受众通过视觉来接受广告信息。广播广告虽然也要先写文稿，但文稿最终要以声音的形式来传播。

广播广告主要是利用语言传播，声音必须易于听觉感知和辨析，使听众能准确理解广告意义，而不至于感觉模糊，产生歧义，造成误解。所以在撰写广告文稿时要注意"适口悦耳"的原则。受众是看不到文稿的，他们只能听到文稿，广播广告的文稿是为了听而写的，而不是为了阅读，这就要求在写文稿时要注意语音、语调以及语言组成的音韵感，既要简单易懂，又要优美动听，准确无误地将信息传播出去。广播广告也是语言的艺术，掌握语言的技巧是制作广播广告的要诀之一。

（2）音响　广播广告中的音响，也就是广播中的音响效果。运用真实声音或者以音响来辅助说明环境特点、具体情节、时间，营造想象的环境氛围，可以弥补听觉局限所造成的不足。音响的适当运用还可以增强广播广告的吸引力，用音响模拟环境气氛的真实感，增强广告的感染力，使听众有兴趣听下去。音响在广播中是一种特殊的表现手段，目的是产生一定的听觉心理效果。有声响是效果，在一定的条件下无声响也是一种效果，在戏曲和音乐中，语言台词与旋律可以产生效果，静场也是一种效果，一种令人深思的效果。音响运用是一门学问，不能随意配置或直接将生活中的各种声音简单搬来使用，如果这种真实的声音过于杂乱，反而会给人以不真实感，影响语言的表达和主题的表现。

（3）音乐　音乐是一种特殊的声音系统，它有自己的独特个性。音乐反映社会现实生活的方式是间接的、非确定性的。在广播中，音乐具有通用性，同一种音乐可为不同广告所配用，音乐还有融合性，它一旦进入了广告，就能和语言、音响水乳交融地结合在一起。

音乐具有很强的表现力，它能成功地表现广告主题。人们利用音乐可以塑造产品形象，还能赋予产品不同个性，也能突出产品某一方面的特征，可使听众通过音乐了解产品。音乐还具有强烈的感染力，它可以依靠感情的因素，征服听众的心灵。音乐的基本构成要素是旋律和节奏，和广播广告的表达要素相同，因此可以使音乐艺术与语言艺术有机地结合起来，增强广播广告的艺术魅力。

5. 广播广告的形式

（1）直陈式广告　直陈式广告是由一两位播音员直接介绍商品信息的广告宣传方式。直陈式广播广告的表现手法简单，制作简便，给人平铺直叙的感觉。直陈式广播广告的编播形式多种多样：有录音报道式，即利用现场的音响、现场人物的讲话，加上记者对现场所见的描述，经录音制作后，予以播放；有现场转播式，即在广告活动的现场实况转播广告活动的情况；有播音广播式，即播音员在播音室朗读广告，等等。

（2）对话式广告　这种广告是把广告内容编成对话，或者将日常谈话一字不漏地制成广告词，然后由两位或更多的播音员以对话的形式播出广告信息。这种形式的广播广告易给人一种亲切感和信任感。

（3）情节式广告　情节式广播广告是运用一定的故事情节，贯穿广告内容进行宣传的广告形式。情节式广告赋予广告生活的气息，避免了简单说教。情节式广告创造出一种家庭气氛，或者一种工作环境，可以是亲朋好友见面的场景，随着故事情节的发展，自然而然地介绍广告内容，使广告与大众的生活密切地联系在一起。

（4）访问式广告　根据广告的目的，把消费者的声音录下来，然后制成广告进行播放，或者由两位播音员以采访形式播出广告内容。

（5）歌唱式广告　这是一种特殊的广播广告艺术形式。广告主采用精练的歌词、生动的旋律，通过对某种商品形象的描述、赞美，给人以美感，唤起人们对商品的兴趣。不仅如此，许多广告歌曲在赞美商品的同时，还表达了对美好生活的向往，反映了创造商品的主人——劳动者提高产品质量、奋发赶超先进水平的雄心壮志。

歌曲广告的创作同样需要认真深入地体验生活和严谨的艺术构思。它要求歌词形象，高度概括。有些歌曲广告形象苍白、语言生硬；有些商品不适合歌唱式广告，这是需要在创作中注意的。

（6）快板式广告　快板式广告，是以快板这种为听众所喜欢的曲艺形式，来传播广告信息。快板，又称"顺口溜""练子嘴""数来宝"等。首先需将广告内容写成快板词，一般以七字句为基础，可根据需要增删，要押韵，间插说白。然后，让演员自打竹板按节奏说诵表演。快板分单口、对口和群口几种形式。群口快板又称快群，伴之以锣鼓等打击乐，又称"锣鼓快板"，形式非常灵活，气氛热烈，深受听众欢迎。听众可在娱乐中接受信息，消除抵触心理。

（7）相声式广告　它以相声这种为广大群众喜闻乐见的曲艺形式来传播广告信息。它以说、学、逗、唱为艺术手段，以风趣、诙谐、引人发笑为艺术特色，善于讽刺幽默，也善于歌颂新生事物。采用这种形式做广告，事先应写出相声小段，再请相声演员演播，使听众于笑声中接受信息传播。表演形式有单口相声、对口相声和群口相声三种。其中对口相声最为普遍。

（8）诗歌式广告　诗歌式广播广告，是以诗歌朗诵并配以音乐的方式进行的广告宣传。诗朗诵将广告内容化为诗情，辅以音乐起烘托气氛的作用。诗朗诵有男声、女声和男女配合三种。配乐诗朗诵式广告对文稿有特殊的要求，不但要言简意赅，还要合辙押韵。配乐朗诵式广告具有制作简便、感染力强、容易记忆等优点。

（9）戏曲性广告　它通过不同的人物构成富于戏剧性的情节，有开端，有结局，形成一个相对完整的事件、生活片断或小故事，类似广播剧，以此体现广告内容，传播商品

(或服务)信息。戏曲性广告可以根据真人真事加工,也可以虚构人物和情节,通过演员表演出来。其特点是短小精悍、内容集中、主题鲜明、情节动人、生动活泼、语言诙谐幽默、感染力强。戏剧式广告种类很丰富,包括生活片断(正剧)、喜剧、神话剧、寓言剧、讽刺和幽默剧等多种形式。这类广告形式容易调动听众的欣赏兴趣,引人入胜,因此,广告效果一般都比较理想。

(10) 任意式广告　任意式广告是播音员并不朗读广告文或广告词,而是以闲谈的形式,讲述广告信息的主要内容。这种播放广告形式对播音员要求较高。播音员一定要口齿伶俐,声音有特色,并且有经验、有技巧,才能把广播广告播活。这种广告做好了,效果较好。

6. 广播广告的种类　广播广告主要有下述几种类型:

(1) 普通广告　就是广告客户没有特殊要求,电台播出也不作特别处理的一般广告。它通常由电台按常规在固定的广告时间或各类节目之间进行插播。普通广告通常是按广播的"黄金时间""非黄金时间"和"随时插播"三种不同情况,分别列为甲、乙、丙三种等级。不同等级收费标准也不同,分别按甲、乙、丙依次降低费用。

(2) 特约广告　特约广告是在特定的时间段内,在特定的节目前后,受广告客户委托发布广播广告。一般在新闻节目、天气预报等节目前后安排特约广告。播放特约广告时,播音员会说:"本节目由××特约播出。"

(3) 专题广告　专题广告是广播电台根据广告主的要求专门制作的节目广告。此类广告时间较长,短则3~5分钟,最长可达10多分钟。专题广告针对性强,制作精美,故在各种广播广告中效果较好,冲击力强。例如,某省人民广播电台播出《××企业改制的报道》《××牌商品投放市场》专题节目等即属此类。

(4) 专栏广告　专栏广告就是电台在节目中为某种信息设置专门栏目的一类广告。它可分为经常性专栏广告,如寻人启事等;临时性专栏广告,如招领启事等。其特点是针对性强,有固定的专栏名称、内容范围窄、播出时间长、周期长等。

(5) 赞助广告　赞助广告就是由广告客户出钱或出物赞助电台举办某些节目或组织一些有意义的社会活动,从中插播他们产品的广告或广播赞助单位名称。其具体形式有三种:① 某个企业或产品的特约赞助广告;② 几个企业或单位共同特约的赞助广告;③ 由多个单位联合举办的赞助广告,如出资赞助大型文艺晚会的演出等。

(6) 公益广告　公益广告最显著的特征是公益性而非商业性。公益广告是纯粹的公益服务广告,其中不应含有任何商业目的。公益广告虽然也是在从事一种诱导性传播,但是其广告信息均围绕公众利益,而不是广告主利益来进行的广告。

7.2.2　电视广告

在四大广告媒体中,电视的发展历史最短,但作为人类物质文明的最重要发明之一,其地位之显赫,作用之巨大,功能之突出,是其他媒体不可替代的。由于电视媒体的崛起,使大众传播活动进入了一个全新的阶段。20世纪40年代电视机逐渐普及,电视不仅使新闻报道、文化娱乐的传播得到了很大发展,而且为广告的传播提供了声形兼备、生动逼真的宣传条件,成为迄今为止大众传播媒体中仅次于报纸的第二大广告媒体。电视广告具有传播面广、传播快捷的优势,又有彩色图像生动逼真的类似电影诉求的优势,集音乐、美术、文字、摄影、戏剧、电影等方面的艺术表现特征于一体，能完整地表达形象和意义，形成强烈的视听冲击力，被称为"爆炸式的媒体"。自从1979年12月我国开播电视广告以来，电视广告迅速发展，广告营业额已上升为所有广告媒体之首。

特别是20世纪90年代以来，随着与电视广告相关的摄影机、计算机、电子声音合成器、剪辑机等高新科技设备和技术的飞速发展，电视广告的制作工艺越来越精良，艺术想象的空间无限宽广。通过蒙太奇思维和蒙太奇剪辑技巧，可以充分发挥电视时空自由转换的潜力，打破时间和空间的界限，天上地下，月球海洋，大到宇宙太空，虚到心灵意识，上下四方纵横驰骋，把人类无限的想象力形象地展现在屏幕上，使电视广告产生神奇的视觉冲击力，艺术感染力越来越强，广告效果越来越理想。

1. 电视广告的特点

（1）传播迅速，影响广泛　电视广告覆盖面广，属家庭收视型。由于表现力丰富，形象生动，语言障碍小，渗透力强，传播迅速，成为每个家庭日常休闲的重要内容。由于声光同步，画面艳丽、生动，既能看又能听，不同于其他广告媒体，适应性很强，不受年龄、职业、文化等因素限制，广告观众队伍庞大。广告信息在电视收视黄金时段的播放，几乎能达到家喻户晓的效果。特别是近几年来运用卫星传送电视信号，传播覆盖面更宽广。电视机也朝多元方向发展，超大屏幕，高清晰度图像，高保真立体声音响，使电视传播更具魅力。超小型液晶彩色掌上电视机也越造越精致。飞机、轮船、汽车、小轿车上也可以安装闭路电视设备或卫星电视接收设备，拓宽了电视的收视范围。电视广告在播放时属于插入型，也可以称为闯入型媒体传播方式，不管接收者喜欢与否，都会直接闯入人们的视听感受中。由于电视广告时间短，所以一经播放，基本上都能造成广告影响。

（2）形式多样，潜移默化　电视传播声画结合，形式多样，制作技术手段丰富。立体信息场的传播使电视广告形象具有直观性、生动性和感染力。以家庭为单位接收，面对面地交流，能够产生身临其境的真实感，容易引发观众的情感体验，对产品产生认同，促成购买行为。同时，广告主可随节目收视率的高低及观众对象的差别，灵活选择播出时段，使广告更具有针对性。同一个电视广告可以在不同的时间闯入电视观众的视野，从而使电视观众被动接受电视广告信息，久而久之强化电视观众的记忆，潜移默化地影响消费者或潜在消费者，实现理想的广告目标。如果电视节目的收视率高，广告密集安排播出，可以收到快速传播的效果。

（3）真实生动，感受力强　电视广告是一种综合艺术广告形式，直观而生动。能够以演员的丰富表情和语言动作，富有情感地进行广告诉求，也可以逼真的形象来展现商品的个性，还可以进行具体消费使用指导，并能充满说服力地向消费者揭示广告宣传的消费利益。电视广告通过音乐与动感画面的结合，配以适当的音响，充分运用镜头的拍摄技巧以及编辑技术等电视艺术的特殊手段，将其他广告媒体难以表现的广告内容及言辞诉求的情感加以说明和传递，将抽象或乏味的广告诉求内容化为生动、直观的视听画面，使人产生身临其境的感觉。特别是计算机图像制作在电视中的运用，更加强了电视广告的视觉直观语言的表达能力。电视广告制作集文字、动作、画面、音乐等艺术综合表现手段于一体，从情节到内涵，从形式到技巧都能比较准确而集中，巧妙而富有美感地来表达广告的主题，在美的享受的瞬间给人留下深刻的广告印象。

2. 电视广告的缺点

（1）稍纵即逝，播放短暂　电视广告的传播受时间的制约，信息呈现于屏幕的时间十分短暂。一般广告只有5秒、10秒、15秒、20秒、30秒、45秒等几种，1分钟的广告就算是长的了。因此，镜头一般都比较短，剪辑速度快，画面变化迅速，有时不易看清，即被下一个广告所取代，给人的印象不深，而且信息刚一出现，便即刻消失。播映期一过，便无从查找，容易被淡忘。要克服这一局限，必须从提高广告制作质量入手。

（2）制作复杂，费用高昂　电视广告摄制不是哪个人能够独立完成的，而是各种人才集体智慧的结晶。编、导、演、摄影、照明、布景、舞美、音乐、音响、录音、剪辑等，缺一不可，需要大量的人力、物力，制作工艺十分复杂，技术难度很大，费时费力，必须以高额资金投入为前提。至于电视播出费用更是昂贵得惊人。美国黄金时间的每分钟广告费用高达几十万美元。中央电视台1996年黄金段广告招标，山东秦池酒厂以66 666 668.88元夺得此届广告招标会的"标王"，秦池酒以每秒1 333万余元人民币的巨额单价出现在中国媒体上，在当时超过了国际上最发达国家、国际上最黄金时段、国际上最热门媒体的广告单价。当然，能拿得出巨额经费做广告，是广告主经济实力的一种体现，对提高企业形象有积极意义，但巨额广告费的支出，无形中也增加了消费者的负担。另外，电视广告的制作时间长，应变能力较弱，一经摄制便不易更改。

（3）强制收看，观众厌烦　绝大多数观众看电视不是为了看广告。大多数情形下，观众既不想看广告，也不喜欢广告，甚至讨厌广告。在观看电视时，电视广告对观众是一种强制性的灌输。由于电视是时间和空间的艺术形式，既然是时间的，它的存在就具有顺序性和不可逆转性，这一点任何人的意志都无法改变。观众在收看电视节目时，就不得不被动地、不情愿地收看该节目前后或中间插播的广告。处在这种情况下的观众总是会有意无意地想办法逃避广告，或起身干别的事，或聊天等待，或者去洗手间，或转换频道暂时看别的节目等，以逃避"讨厌"的广告宣传。

3. 电视广告的分类　电视广告从不同角度可以进行各种划分。

（1）按播出方式分　按播出方式的不同，可将广告分为：

1）节目型广告。这类广告是由众多的单条广告编辑组合成一个节目，一般有固定的时间和片长。节目型广告内容集中，信息量大，播出时间较长。但由此也容易使观众产生厌烦心理，信息含量大，观众难以承受，各广告之间也会相互影响，从而有可能降低广告的传播效果。

2）插播型广告。这是指穿插于播出的节目与节目之间，或某个节目中间的广告，这是目前电视广告的一种常规形式。根据电视观众的欣赏习惯和对电视广告收视承受能力，电视节目的长度与电视广告时段的长度应有合适的比例，广告主可以自由地选择不同时段插播自己的广告。插播广告播出费用要比专栏节目广告费用少得多，因此，为了加大广告播出效果，广告主的同一个广告可以选择在不同时段播出。

3）赞助型广告。这类广告是广告主出资对电视台某一个收视率较高的电视节目进行赞助，提供节目的制作经费，然后，在节目播映期间，穿插播映自己的广告。广告播映时间和期限的长短，依据赞助费用的多少和节目的长短及播放期限而定。节目停止播放，广告也随之停止。

4）转借型广告。这一类型广告也可以称之为隐性电视广告，它是指其他媒体的广告

（主要是户外广告）出现在电视的非广告节目的画面中，最突出的形式就是在重大体育比赛的赛场上，如足球、篮球、排球等球赛赛场的四周都有许多广告牌。转借型广告成本远低于一般电视广告，传播效果却相同甚至优于一般电视广告。

（2）按制作材料分　按制作材料的不同，可将广告分为：

1）影片型广告。这是指以拍摄电影的方式拍摄的电视影片广告。一般是用摄影机将广告内容拍摄在35mm或者16mm的电影胶片上，然后再转录到电视磁带上播放。35mm的胶片广告不必转成磁带，可直接在电视上放映。这种广告利用电影的拍摄技术和各种表现手法，具有理想的视觉效果，艺术感染力强。一般电影胶片广告制作费用比较昂贵。

2）录像型广告。这是指用专业摄像机将广告内容拍摄在录像磁带（1英寸、3/4英寸、1/2英寸、1/4英寸录像带）上，再转到电视台的播出磁带上播出的广告。这类电视广告，前期拍摄简单，还可通过电视屏幕，随时监控、观察拍摄效果，发现不妥之处，可及时补拍、修改，而且不必像胶片那样冲印，就可进行后期编辑制作，拍摄过程简单、快捷，制作时间少，成本也比胶片低得多，只是画面效果比胶片广告差些。但由于现代电子摄像、录像技术的日新月异，录像带广告的拍摄质量也在不断提高，因而被广泛采用。

3）直播型广告。它是在拍摄棚或转播室等电视节目现场，或电视剧拍摄现场，直接拍摄、制作、转播的广告。早期的电视广告由于设备条件的限制，大多采用现场直播的方式。但如今，真正的现场直播广告已经很少，多为在节目现场直接拍摄的广告片或录像带，穿插在该节目中播出。这种广告的特点是：① 可以请该节目的主要演员现场作广告，也可以让广告主直接介绍广告内容，具有真实感和现场感；② 节省时间，成本低廉，画面效果也比较理想；③ 广告时间限制不十分严格，因为广告主多为节目赞助者。

4）幻灯型广告。它是用专业照相机拍摄广告内容，制成幻灯片，在电视台播出。其画面是静止的，叠加字幕，或配音乐，有画外音解说。幻灯片广告也可利用计算机和电视编辑机的相关处理技术来制作。这类电视广告简便灵活，投资较少，播放及时。一般在设备条件比较差的地方才采用这种制作方式。

5）字幕型广告。它是将广告内容以字幕方式叠印在正在播映的节目画面下方映出。这类广告伴随节目的进程随时播映，比较灵活方便，使观众在观赏节目的同时也了解了广告信息。因为它没有声音，节目画面不至于中断，不太影响观众对节目的欣赏，所以不至于造成抵触心理，因而时效性较强，广告效果也比较好。但广告内容需高度简洁凝练，字数不能太多，否则效果就会大打折扣。

6）合成型广告。这是指采用计算机制作技术制成单纯的二维或三维动画广告转录到电视磁带上播出；或把计算机制作的动画与电视摄录画面合成到一起制作成合成的电视广告。计算机动画的虚构与电视画面的真实相结合，使计算机合成广告具有极大的魅力。

4. 电视广告的表现形式　电视广告有各种表现方式，具体表现为：

（1）推荐式　在电视广告中，名人推荐式广告可以充分利用电视的声画同步直观效果，增强广告信息诉求的可信度与知名度。知名人士、明星、专家、权威在电视广告中对商品的评价、宣传，使消费者不仅能听到他们富有说服力的言谈话语，而且还能看到他们的具体形象，满足消费者的偶像崇拜心理，使消费者在感情和观念上乐于接受。名人推荐广告还能利用名人、明星的社会知名度来提高商品的知名度和美誉度，提高商品的品位和档次，利用社会上追星、慕名效仿的心理诱发某种消费的流行。广告镜头中的明星、名人增加了广告吸引力。但选择对象要与宣传商品的性能、用途、质量有密切的联系,要与社会地位等因素相匹配。明星与美容有关系,可以做高级香皂广告。普通洗衣粉广告请明星就不如请家庭主妇有说服力,请洗衣店的经理或洗涤剂厂的专家也很恰当,否则非但不能提高商品的品位,反而贬低了明星在消费者心目中的形象,会产生明星是被广告主收买,广告不可信任等负面影响,容易令人反感。名人、权威人士在广告中言行举止也要注意维护自己在公众心目中的形象。评论语言要客观、理性,减少感情用语;仪态要自然、亲切,不做作;要贴近生活,贴近消费者,不要有商业气息;重科学,要有凭有据;态度要严谨,阐述要深入浅出,以权威结合亲和,以优越结合沟通,以说理赢得最终的信任与好感,使消费者心悦诚服,坚定购买的信心。当然除了名人推荐的广告形式外,理性诉求广告还可以普通消费者的经验之谈来推荐商品,充分说理,平等交流,使消费者心理上更具有亲近感,容易沟通。建立在同等生活基础上的诉求与说服,容易达成共识,产生认识上的共鸣,促进购买欲望的形成。

(2)新闻式 它是以类似新闻报道的形式进行广告信息传播,充分运用新闻报道的五要素来突出新产品的名称、良好的性能、使用方法、适用对象、生产企业以及销售地点等,以新闻报道的简明、快捷形式组织广告市场攻势,迅速将新产品推向市场。新闻报道型广告结构简单,制作方便,成本低廉,说服力强。通过电视画面,直接进行商品形象和性能宣传,并以语言与文字结合的方式展示进行讲解,树立新的消费观念。新闻式电视广告利用电视媒体在消费者心目中的权威性来树立商品、品牌、企业的良好形象,增强企业的知名度与美誉度,运用新闻报道的快捷优势,促进市场的消费形势向积极的方向发展。这种形式的特点是:

1)新闻性。它是指产品或服务本身要具有一定的新闻性。比如,新近推出的新产品,或老产品改型换代有了新特色,以及新企业开张等。解说员可以手拿产品边介绍边演示,也可以站在商品旁边,进行讲解。

2)写实性。它是指要善于捕捉具有说服力的新闻事实,及时向受众传递与产品(及服务)有关的信息。比如,新产品上市后的销售盛况,新企业开张后顾客盈门的景象等,就可以采用现场采访方式,让顾客谈谈对产品或服务的看法和感受等。

3)现实性。它是指这种形式既是新闻,又是广告,既采用现场同期录音,又可以配上画外音解说和背景音乐。画面富于变化,往往全景、中景、近景交替剪辑,给人以临场感和现实性。

新闻式广告,也是早期电视广告常用的表现形式,比较受欢迎。随着电子技术的发展,计算机制作技术的引入,电视广告的画面更加富于变化,观众的审美需要随之发生变化,日常性的新闻式广告逐渐减少,目前,多出现于专题节目或特定的商场栏目中。

(3)解说式 广告中以演员解说为主,演员用热情亲切的语言向受众介绍产品的性能、特点、用途及用法等,有时甚至是现身说法来说明产品能给消费者带来的好处或利益。在这种广告中,演员是关键。解说式首先要使受众对演员有好感,演员的形象、衣饰、气质、语言等都要让受众乐于接受,要想使受众信任广告产品,首先要使观众信任这个演员。在很多广告中,演员就是公司的形象代表,反复出现于很多场合。

(4)悬念式 电视广告可以设置巧妙的悬念,促使消费者萌发好奇心,产生惊奇和疑惑,以调动消费者强烈的求知心理,从而凝聚消费者对广告诉求的浓厚兴趣,在释疑的期待中层层揭示广告宣传的主题,促使消费者对广告信息加深了解,加强印象。因此,在电视广告的前几秒内要以最精彩的画面语言、最吸引人的音响、音乐和语言迅速设置一个悬念，诱导消费者进行积极思考，激化其释疑的渴望情绪，将广告的谜底在消费者情绪的高潮之巅最后揭明。整个设疑、释疑的过程，构思要巧妙，要有情有节，要有提供消费利益之情，有科学认知秩序之节，层层深化，紧扣广告主题，突出诉求重点，情感真挚，引人入胜。设疑要符合生活情理，富有乐趣，虽是故意设置，但不露痕迹；要善于创新，立意高尚，故意卖弄就显得情趣低俗。悬念设疑型创意应注意认知心理的把握与情趣的调节，这是一种较高层次的创意制作技巧。设疑要合乎生活现实的逻辑。释疑要紧扣广告商品的性能与特点。悬念为的是引人注目，设疑是深入解答广告诉求利益的逆向形式。目的是经过疑问的注意与回答，在消费者的浓厚兴趣中奠定理智消费的信念，并留下深刻的广告印象。生活趣味浓，广告说服要深入浅出，在满足消费者心理的同时达到广告的目的，在消费者心目中形成一种直接问答式的逻辑性消费习惯。

（5）动画式　用动画形式做电视广告也是常用的形式，这种广告有以下几个特色：

1）有些用言词或真实画面难以说明的问题，用动画形式来表现却能达到效果，如产品的性能、科学或技术原理等。

2）产品的商标用动画形式表现可给观众留下更深刻的印象。

3）可以利用动画形式制造夸张但又不失真的效果，使广告生动有趣，如让产品拟人化，像人一样动作或说话，也有的厂家花巨资制造宣传产品的动画片，如美国的《变形金刚》等。

（6）情节式　电视广告围绕广告宣传商品以及广告宣传主题编织故事情节，按情节发展组合认知逻辑，深化广告诉求，创造生动的广告人物形象，设置典型的环境气氛，传达相应的商品信息。这是电视广告常用的一种表现形式，它符合一般观众与消费者收看电视节目的习惯心理。电视广告中有令人注目的人物，有可看性强的故事情节，配以相应的场景设计，还能了解一些商品的发展历史、生产工艺、产品性能，重现一些历史典故、民间传说、神话故事，既有知识性，又有娱乐性。广告诉求形象不仅生动有趣，而且有益。通过完整的故事情节的表现，有助于消费者对广告主题的理解，加深对广告的印象，使宣传物质消费的广告富有文学艺术的审美情趣，寓广告诉求于娱乐、科普教育之中，扩大了商品信息宣传的广度和深度。不少传统文化素材被挪作广告故事的情节载体，西方有用"佐罗""蝙蝠侠"来做广告的，也有用"阿里巴巴""埃及女王"的故事来做广告的。中国也有用神话故事和文学名著如《红楼梦》《三国演义》来做广告的，如用西游记中孙悟空与猪八戒过火焰山来做空调机广告。不少白酒都有用历史传说做广告的。自从电影《火烧圆明园》《垂帘听政》上映后，用皇帝、太后的传说做广告的也不少。国际上有的甚至不惜投入大量资金创作卡通故事，用卡通人物配合企业形象树立大中企业的品牌——卡西欧用"阿童木的故事"，三菱重工用"森林大帝"的故事，在宣传商品的同时，宣传了文化，使广告增加了情趣，更具可看性。电视广告的篇幅受时间限制，在30～60秒的时间里叙述一个商品故事，要求画面语言有高度的表现力，要精练，情节要简明，不宜太曲折，但要有吸引力，取材立意是关键。

（7）生活式　生活式广告中提出的问题也是生活中的热点，广告作出的承诺正是消费者生活中所期盼解决的问题，具有浓郁的生活气息。因此，容易引起心理上的共鸣。成功的生活情趣型广告，往往在日常生活中及时提供广告信息，为消费者排忧解难，解决问题，提高生活质量，增加消费情趣。生活情趣型电视广告，由于采用最熟悉和了解的生活情景，所以诉求面广，只要不使用太专业化的言语，无论老人、儿童，或是文化水准不高的消费者都看得懂、听得懂。富有情趣的生活情景都会给他们留下深刻的印象，可能形成潜在的购买力。生活情趣型广告中表现的情节必须与广告宣传的商品有密切的关系，主题要明确，情节要真实感人，环境的设置与人物的表现都要生活化，要合情合理。广告重点要突出，表达语言要精练、紧凑，创意要求新求异，避免生活情节的简单模仿。越是大家熟悉的情节，越是难以突破，要善于对生活进行观察分析，在常情中发掘最感人的情节，在常理中寻找最富有哲理的启迪。

（8）歌唱式　这是以一首广告主题曲贯穿统帅整个电视广告。运用歌曲式要注意的是：

1）歌曲要通俗化，歌词简明易学，旋律明快简洁。

2）歌曲要简短。

3）歌词以围绕一个主题为宜，一定要突出品牌。

（9）特技式　特技在广告中经常被用到，其最大的特点就是能够吸引观众的注意，让观众得到超现实的享受，从而加深对广告产品的认识与记忆。特技式广告有着与动画式广告相同的特色，但表现力要强于动画式广告。

（10）答疑式　答疑式也称为解决问题式，通过使用某种产品或服务的前后对比进行广告宣传。一般药品、化妆品、家用电器以及其他日用品比较适合采用这种形式。通过对比的方法，说明使用某种产品会解决生活中的某些难题，解除某种病痛，或带来某种便利和愉悦。这是目前电视广告中较为常见的一种，因为它传达的广告信息直接明了，产品或服务能立刻解决消费者遇到的困难，所以这种形式较容易被消费者所接受。采用这一形式须注意的是：

1）产品或服务能解决哪方面的问题，就突出这一方面的优点，不宜面面俱到，罗列各种优点。

2）不宜过分夸大优点，以免消费者怀疑。

电视广告的表现形式各种各样，难以一一列举。但形式必须服从于内容，不论采用哪一种表现形式，最终目的都是为了向消费者推销产品或企业形象。

7.2.3　网络广告

网络广告是指广告主为促进交换，主要以付费的方式，通过网络（如互联网等）媒体所进行的双向的营销传播活动。

网络广告的传播活动是一个互动（interact）的信息传播活动，假如没有受众的参与就无法完成广告信息的传播。受众点击打开广告的过程也是参与的过程。网络媒介与传统大众媒介的最大区别就在于它是以数字技术为基础、以网络为载体的多媒介方式的传播，而交互式广告公司主要是指提供网络广告服务的机构。它是一种双向传播活动，是有目的的传播活动，是可以重复的传播活动，是一种针对目标市场进行广泛劝说的传播活动，也是一种吸引人们注意力的传播活动。与发布在传统媒介上的广告的最大不同点在于，网络广告的受众可以根据自己的喜好和需要，自主选择想接受的广告信息，而不必听从媒介的安排。说简单一点，在一般媒介上，广告找人看，在网络媒介上，人找广告看。

1. 网络广告的特点

（1）信息量大　非线性文本使得网页容量有了极大的扩展，Web上的任何页面上的任意点，都是一个实体点，可以直接导航到其他页面，无数页面链接到一起，网络便成为发布详情广告的好地方。上述特点使得网络区别于其他的广告媒介，是一种全新的宣传渠道。

（2）监测效果强　利用传播媒体做广告，很难准确地知道有多少人接收到广告信息。以报纸为例，虽然报纸的读者是可以统计的，但是刊登在报纸上的广告有多少人阅读过却只能估计推测而不能精确统计。至于电视、广播和路牌等广告的受众人数就更难以估计。而在互联网上可通过权威、公正的访客流量统计，系统精确地统计出每个客户的广告被多少个用户看过，以及这些用户查阅的时间分布和地域分布，这种准确的统计监测有助于广告主（商）正确地评估广告效果，审定广告投放策略。

（3）动态效果好　网络广告的载体基本上是多媒体、超文本格式文件，只要受众对某样产品感兴趣，仅需轻按鼠标就能进一步了解更多，更为详细、生动的信息，从而使消费者能亲身"体验"产品、服务与品牌。它能将虚拟现实等新技术应用到网络广告，让顾客如身临其境般感受商品或服务，并能在网上预订、交易与结算，大大增强网络广告的实效性。

2. 网络广告的形式

（1）电子邮件广告　电子邮件就是通过互联网传递的个人信件。广告主可以利用电子邮件将广告信息发送给个人。电子邮件广告类似于传统的DM（Direct Mail）广告，即直接信函广告。

电子邮件广告的特点是：成本低，它的邮寄费用远低于普通邮件；传递速度快，它是通过电子线路或光缆进行传递的，只要线路畅通，即使是国际邮件也可立即到达；反馈速度快，用户如果感兴趣的话，可以立刻回复。

制作电子邮件广告的关键是获取用户电子邮件地址，企业可以通过四种途径获取用户的电子邮件地址：

1）从专门出售用户电子邮件地址的公司购买。

2）用户反馈的有关资料。

3）企业加入有关研讨会、讨论组。

4）通过一些免费服务项目获取。在互联网上会提供许多免费服务，例如，http://www.juno.com 与 http://www.hotmail.com 都为用户提供免费的电子邮件信箱，广告主可以从中获取用户的地址。

（2）电子公告牌广告　公告牌系统（Bulletin Board System，简称BBS）是一种以文本为主的网上讨论组织。在这里，你可以通过网络，以文字的形式，与别人聊天、发表文章、阅读信息、讨论某一问题，或在网站内通信等。这里宽松、自由的气氛吸引了很多爱好者。这种站点往往分有许多讨论区，如体育、艺术、社会信息等，包含了丰富的内容，也会有一些关于商业、就业、货品交易等内容的讨论区。目前国内的BBS站点多是大学或科研机构开设的，所以其商业信息的比重不是很大，但是BBS站点的潜在商业应用价值不容忽视。

现在越来越多的网络服务机构，在一些已经存在的站点上开设了上述讨论区。应用较多的商用BBS是一些境外的华语地区的BBS站点开设的中国信息服务，如中国香港地区的goyoyo广告牌。

（3）USENET广告　它是由众多在线讨论组组成的自成一体的系统，可在其上发布与主题相关的信息。

（4）www 主页形式　www 主页形式是指广告主独立建立网站，在 www 上构建本企业的网页。主页具有较大的空间，可载入有关企业或产品的大量信息，并且可以充分展示企业的风格。大量实践证明，做网上广告的最根本手段就是建立企业的主页，而其他各种形式的网上广告仅仅是为了提供链接到企业主页的途径，以扩大企业网站的访问数量。

随着计算机网络技术的发展，企业的主页地址就如同企业的名称、地址、品牌、商标等一样，成为企业的标志，并且由于网址的独占性，不同网址传播能力的差异，使得主页网址成为企业的一笔无形资产。

（5）插页广告　它又称弹跳广告。广告主选择在自己喜欢的网站或栏目被打开之前，插入一个新窗口显示广告。用户在上网浏览各网站主页时这个小窗口会弹跳出来，吸引人们去点击。这种类型的广告还指那些在页面过渡时插入的几秒广告，可以全屏显示，但如果带宽不足会影响正常浏览。

7.3　印刷媒体广告

印刷媒体广告主要由报纸广告、杂志广告、邮寄广告所组成，各类印刷媒体广告有各自的特点和优势，也有各自的适用对象和适用范围。

7.3.1　报纸广告

报纸是四大传播媒体中历史最悠久的媒体。近代报纸起始于 1609 年德国创办的《关系报》，当然，当时的报纸并没有被人们利用来传播广告信息。随着经济的发展，市场竞争日趋激烈，商人和企业主为了使自己能在激烈的竞争中取胜，开始利用报纸宣传自己的产品和企业，广告正式进入了报纸。到目前为止，无论是发行量大有影响的报纸还是默默无闻的小报，都在刊登广告。一方面报纸刊登广告促进了生产与商业的发展，另一方面报纸也得到了巨大的广告费收入，这又促进了报纸的发展。科学技术的发展，新的传播媒介不断出现，如电视、广播等，但不管新的媒介如何优异，报纸作为古老传统的传播媒介，仍有着旺盛的生命力，其关键就在于报纸的特点与优势为其他传播媒介所无法取代。

1. 报纸广告的特点

（1）传递信息及时　报纸大多是当日发行，出版频率高，读者通常可以阅读到当天的报纸，对于时效性要求高的产品宣传，不会发生延误的情况。

（2）内容详细，稳定性强　报纸广告与其他广告媒体的一个重要区别就在于它能够传递比较详细和完整的信息内容，像电子媒体、户外媒体为了引人注目，一般都尽可能将广告内容简化，这样一来广告受众常常因得不到具体、详细的产品信息而无所适从。报纸广告因为是以纸张文字的形式传播信息，就有可能充分利用版面向广告受众尽量系统、全面地介绍产品特点、性能等各方面的信息。另外报纸上的文字也不像电波那样稍纵即逝，不可追踪，所有的信息读者都可以反复阅读，仔细揣摩，而且还可能保存、传递和复制。

（3）读者广泛，覆盖面大　报纸发行量大，覆盖面广，不受地理条件的限制。报纸拥有的读者多，随着人口素质的提高，阅读报纸已逐渐成了人们的生活习惯。报纸可以传阅，因而报纸广告的影响力远远超过了报纸的发行量。

(4) 制作简单，费用低廉　报纸广告既不像电视广告那样需有较复杂的制作工序，也不像路牌广告画要有艺术性。报纸广告制版较为简易、灵活，广告费用比较低。此外报纸有明确的分发地区和读者范围，不同种类的报纸在传播广告信息的作用上有差别。经济新闻类报纸或专业新闻类报纸，能拥有特定的读者和阶层，但发行量较小。地方性的报纸，拥有特定地区的读者，在编辑上富有地方色彩，反映地方新闻快，因此地区性报纸在一个地区的订阅量往往大于全国性报纸，普及的阶层也往往大于全国性报纸。全国性的报纸，发行量大，覆盖面广，阅读阶层广泛。我国全国性报纸以日报为主，并且多是党政机关报。这类报纸威信高，涉及的阶层较广泛，机关团体订阅较多，一般家庭订阅较少。以《人民日报》为例，在北京地区抽样调查，机关团体中有26%订阅，而个人订阅只占北京市人口的0.25%左右。由于这种报纸全国发行，拥有读者相当广泛，尤其随着经济的发展，全国性报纸涉及的面越来越广，种类越来越多，它对广告信息交流起着重大的影响作用。

2. 报纸广告的缺点

(1) 受限于读者群的制约　由于报纸的阅读者较为庞杂，而且转读率高，不容易有针对性地将信息传达给特定的广告受众，所以，在选择的针对性上面不如杂志。为了提高选择的针对性，报纸行业主要应从两个方面采取措施：① 出版各类专业性报纸，如财经类报纸（《金融时报》《中国证券报》《股市评论》《广州商报》等）、体育类报纸（《中国体育报》《足球报》等）、教育类报纸（《中国教育报》《光明日报》）等；② 在报纸内开设各类不同版面，如时事版、国际版、文娱版、体育版、生活版等。这些措施在一定程度上对于提高读者对报纸的选择性和针对性会产生帮助。

(2) 媒体的生命力短暂　报纸出版率高，每天一份。绝大多数媒体受众只读当天的报纸，很少有人读隔日的报纸，因此报纸的有效期较短。它的有效期限也只是报纸出版后读者阅读的那一段时间。对于广告策划者来说，应特别重视广告定位以及广告诉求点的准确把握，即精心思考"说什么"与"怎么说"，要尽可能在有限的时间内给媒体受众以明确和印象深刻的重点信息。

(3) 版面单调，内容庞杂　由于技术和成本的原因，报纸的版面比电视画面要平淡得多，就是与杂志广告、售点广告和户外广告相比，无论是构图、画面还是色彩都要逊色一些，因此不容易吸引更多的读者。加上报纸属于一种综合性的新闻媒体，同一个版面往往包含有各种各样的信息，读者的注意力会因此分散，从而会影响广告的传播效果。

(4) 印刷质量欠佳　报纸印刷粗糙，往往会影响广告质量，所以在报纸上刊登广告都要以文字为主要表现手段，因为报纸无法印出精美的图画来，即使有的广告用了插图，印刷效果也难以尽如人意。报纸大多是黑白的，会影响广告的表现。

3. 报纸广告的分类

(1) 连版广告　它是指用跨两个完整的版面来制作广告。连版广告因占用的版面空间多，信息量大，特别能引人注目，广告效果较为突出，但广告费用相应也较高。

(2) 整版广告　它是指用报纸的一个完整的版面来制作广告。

(3) 半版广告　它是指用报纸的1/2版面来制作广告。

(4) 整版广告　整版广告就是在报纸的第一版上刊登广告。

(5) 次版广告　它是指除报纸头版以外各版所登的广告，均为次版广告。

(6) 中缝广告　中缝广告就是在报纸的两个版面相连接的空隙上登载广告。

（7）报眼广告　它也称刊头广告，即在报纸的刊头右上角刊登与报名所占版面的面积相当的广告。

（8）特约广告　它是以极其简练的广告内容和图案登载在报纸特约专栏内的小广告，通常用于宣传企业名称、产品商标、经营特色、经营项目等。

企业在选择报纸媒体做广告时，应注意选用合适的报纸类型来登载广告。

4. 影响报纸广告效果的因素　报纸广告效果的好坏，主要受下列诸因素的制约：

（1）广告占据的版面空间　一般来说，广告所占版面越大，所产生的影响也越大，触及率越高，当然需支付的费用也越大。决定广告版面空间的大小除了考虑费用外，还应考虑广告的目标、广告策略、广告时期等因素。如在广告发布初期，为了提高知名度宜用大版面，以后可以用小版面不断提醒公众注意。

（2）广告色彩的运用　报纸广告的色彩也是影响触及率的一个重要因素。单色广告可以利用黑白色调的对比来增强效果，彩色广告效果更好。据调查，彩色广告的阅读率比单色广告高10%～20%，回忆率高5%～10%，读者对彩色广告的注视时间是单色广告的2倍，记忆效果是单色广告的4倍，不过彩色广告都比较贵。

（3）广告位置的安排　报纸广告的位置安排是指广告的版序，即在哪一版和版面内的位置。位置安排直接影响着广告的阅读率和权威性。一般来说，第一版优于其他版，上半版优于下半版。如果进一步细分，在一版内引人注目的顺序是左上版、右上版、右下版和左下版。

（4）广告表现的形式　报纸广告的表现形式很多，有白描、素描、图片、彩色套印、版面效果等。要想提高读者的注目率，应尽量使广告形象化，在布局上注意将画面的主题、陪衬体、空白等因素巧妙地进行组合，使读者的视觉焦点与广告构图焦点相呼应，引导读者的视线按需要线路移动。

7.3.2　杂志广告

1. 杂志广告的特点

（1）读者确定，针对性强　一般说来，杂志所包含的内容不像报纸那样包罗万象，有一定的范围，有的甚至有很强的专业性，这就使得不同杂志所拥有的读者是不同的。从杂志的内容和主办杂志的宗旨可以了解到杂志所拥有的读者群的特点，这对做广告是很有利的。例如，计算机杂志的读者群必定是计算机爱好者，在这种杂志上登计算机广告可以收到好的效果；《青年一代》所拥有的读者主要是年轻人，在这种杂志上做有关老年保健产品的广告就不太适宜。

（2）传阅率高，时效性强　杂志的传阅率高于报纸。杂志上的文章，常常带有资料性，具有一定的保留价值，还可以装订成册，便于长时间保管。这样，杂志上的广告寿命较长，具有相对稳定性和持久性。

（3）印刷精美，内容集中　杂志的印刷比较精美，能逼真地表现出广告产品。杂志一般都是用彩色画面来表现广告，不仅可以用文字来表现广告内容，也可以用插图来表现广告对象，传播广告信息的影响力更大，效果更好。

2. 杂志广告的缺点

（1）传播速度较慢　由于杂志出版周期长，出版频率低，因而不像报纸媒体那样能够迅速、及时地反映市场变化，不适合于时间性要求强的产品广告，也不适合于营造声势较大的大规模营销活动。杂志广告的功效是延缓而不及时的，不易很快使受众产生购买欲望。

（2）灵活性不强　由于组稿、印刷的程序比较复杂，杂志广告一般需提前几个月确定内容，预定版面，而且无法像报纸广告那样可以随时更改、增删广告内容。

（3）广告成本偏高　杂志上刊登广告需要较多的广告制作费和刊物费用。加之杂志的专业性强，影响面窄，一般广告主会认为付出大量的广告费用是得不偿失的。

（4）阅读范围较窄　杂志媒体的读者相对少，专业性强，因而接触对象不广泛，影响面相对比较狭窄。

3. 杂志广告的分类

（1）按版面分　杂志广告根据版面的位置不同，可分为：

1）封面广告。这是指在杂志的封面上制作广告，封面广告最能吸引人的注意力，使人产生记忆，留下印象。

2）封底广告。它是指在杂志的封底上制作广告，它与封面广告一样，能引人注目，并加深印象。

3）封二、封三广告。它是指分别在封面、封底的背面制作广告，其广告的效果要比封面、封底广告差一些。

4）插页广告。将广告单独印成一页夹在杂志之中发送出去，这种广告在杂志中比较引人注目，容易引起读者的注意，特别是若干插页广告设计印刷得精美，更是会赢得读者的喜爱。许多广告主会利用某些重大节日，将广告印刷成贺卡的形式发布出去，效果很好。

有人做过统计，杂志广告的注意率因版面不同，注意率程度也不同。一般杂志封面的注意程度高于其他版面好几倍。杂志中最引人注目的是封面、封底，其次是封二、封三，随着页码向中间过渡，其注目程度渐差，但中心插页的注目程度相对较强，尤其是在中心插页做彩色跨页广告，效果尤佳。根据专家研究的结果，如封面注意程度为 100 的话，其他版面则为：封底 80；封二 70；封三 65；杂志内页为 50。其中右页高于左页 5 左右。

（2）按所占版面的大小分　杂志广告按广告占据版面的多少，可分为：

1）整版广告。它是指广告画面占据整页，整版广告会产生强大的冲击力，尤其是整版彩页广告会给人留下较为深刻的印象。

2）半版广告。

3）1/4 版广告。

7.3.3　邮寄广告

邮寄广告也称直邮广告，是指通过邮政系统将广告直接寄送给广告受众的广告形式。

1. 邮寄广告的特点

（1）具有针对性　广告主可以通过平时积累的顾客资料，或者委托某些专业机构通过市场调查获得顾客资料，或通过向某些专门机构购买各种顾客资料，使邮寄广告能够有的放矢地寄送给选定的广告受众，从而提高邮寄广告的效果和节省广告费用。

（2）可产生亲切感　邮件广告的收件人有种被人尊重的优越感，感觉上具有一些"私交"的性质，因而可在某种程度上产生一些亲切感。

（3）不受时间、地域的限制　从时间上看，邮寄广告既可以作为专门指定在某一时间

第 7 章 广告媒体

期限内送到以产生即效效果的短期广告,也可以作为经常性、常年性寄送的长期性广告。例如,一些新开办的商店、餐馆等在开业的前夕通常都要向周围社区的居民寄送或派发开业请柬,以吸引顾客,壮大声势。而有些企业或机构则常年定期性向一些用户或潜在顾客寄送邮寄广告。从空间上看,邮寄广告可以用于小范围的社区、市区,也可以用于区域或全国,甚至可以扩展延伸到国外。例如,一些出版机构常常向国内外一些大学的图书馆、资料室、有关院系,甚至知名的教授、专家寄送书刊目录等邮寄广告。

(4) 邮寄征答广告可促成真实信息的反馈　邮寄广告反馈信息快而准确,极易掌握成交情况,有利于产品广告策略的制定和修改。

2. 邮寄广告的技巧

(1) 设计精美的信封　在信封反面写上主要内容简介,可以提高开阅率。信封上的地址、收信人姓名要书写工整。

(2) 撰写可读性强的正文　仔细撰写信的正文,并在信的开头写上收阅者的姓名,这样可以增加亲切感,对读者产生强烈的吸引力。在写作广告的正文时,千万要对消费者持尊重态度,切忌用命令式口气或生硬地催促其购买,以免产生反感。因而广告词要写得诚恳、亲切,推销手段要灵活,给消费者提供全面服务,如保退保换而且不问理由,货款收到立即发货等。

(3) 加强联系,加深印象　要使邮寄广告发挥较大的作用,关键是平时要注意积累资料,选好邮寄对象,建立一个邮寄对象的名册。名册的资料应该准确、详细,包括邮寄对象的姓名、出生年月、阶层、职业、兴趣等,要与这些消费对象建立经常性的联系,还可发放问卷,调查目标消费者对商品的期望与建议,保持销售信息交流的畅通、愉悦。

7.4　其他媒体广告

其他媒体广告主要包括户外媒体广告、交通媒体广告、售点广告等,这类广告媒体的合理使用,对于提高广告使用效果具有重要作用。

7.4.1　户外广告

户外广告是设在户外,使行人了解商品名称和企业名称的广告物。户外广告是都市的门面,对于现代城市人来说,最多的城市景观是广告。户外广告成为一个城市经济发达与否的外在表现,因而闹市区就成为户外广告集中的地方,这些广告争奇斗艳,充分显示自己,给都市增添了无数耀眼靓丽的景观。

1. 户外广告媒体的种类

(1) 路牌广告　路牌广告,是指设在人来人往、车水马龙的马路边或公众聚集的广场,以图画和巨型文字为主的大型广告牌。路牌广告被称为"都市的门面",它是衡量一个城市经济是否发达的主要标志,是城市经济繁荣的最直接、最外在的体现。

路牌广告的宣传特点是尺幅巨大,画面美观、醒目,传播不受时间、空间的限制,随时随地都可以影响消费者,而且存在时间长,能够进行反复刺激,加深观者的印象。但路牌广告的最大缺点是影响范围狭窄而且时间短,只有路经此地的行人才有可能受到影响,而行人一般是在车上,只能在仓促的一瞬间看一眼广告牌。因此,路牌广告在设计上要力求能够一下子抓住行人的视线，使人一见倾心，难以忘怀。

（2）屋顶广告　屋顶广告，是指置于建筑物上面或墙面上的广告。由于这类广告距观众视线较远，因此要求广告信息醒目，使人能一目了然。屋顶广告只限于广告主的名称和产品的品牌（或商标）。

（3）霓虹灯广告　霓虹灯广告用玻璃管按照图样在煤气火焰上弯制成各种文字及图案，在管内涂上荧光粉，抽去管内空气，充入氖、氩等惰性气体，通电后发出五颜六色的光。它可以装置在城市中心闹市区或悬挂在高大建筑物上，也可悬挂在室内外和橱窗内，成为现代化城市建设不可缺少的一种点缀。

霓虹灯广告能充分利用夜间的自然条件，以光亮醒目、色彩鲜艳、闪耀活动的灯光，吸引人们的注意。由于制作上的局限，文字图案要简化到不能再简的程度，一般以宣传商品的简单形象、品牌、商标或企业、商店的字号为主。20世纪末世界上最大的霓虹灯广告，是建造在中国香港伊丽莎白大厦三幢高层建筑顶部的日本"星辰"（也译为"西铁城"）表广告。此块霓虹灯牌上有一个商标和"星辰表"的中英文名称，总长度达100米，高度相当于三层楼房，一眼望去极为醒目。

（4）招贴画广告　招贴广告大都张贴于公共场所和商店内外，它必须在数秒钟的短暂时间里，给远眺或行动中的人们留下深刻的印象。招贴广告有文字、绘画、摄影等几种，经制版印刷而成，在表现技法、立意、设计等方面，都必须主题鲜明，造型简洁，色彩浓烈。它给予人们的特殊视觉印象，引起人们感情的共鸣和广泛的联想。各种展览会、展销会、文艺演出、电影放映、体育活动等，往往采用这一宣传形式。

还有一类招贴广告形式上并不怎么考究，常以手抄、手绘的形式发布商品信息、通告、启事，目的是为了节约开支和迅速、及时地弥补其他媒介宣传的不足。这类临时广告犹如海报，不能随意张贴，一般要张贴在指定的广告栏里，以便保持市容整洁。

2. 户外广告媒体的优势　与其他广告媒体相比，户外广告媒体具有下述几方面的优势：

（1）良好的选择性　假如广告主选择了某些不同的地区性市场作为广告宣传的目标市场，那么，在这些市场区域内选择合适的地段或位置放置户外广告就可以达到预期的目的。

（2）良好的诉求性　户外媒体一般长期固定在一定场所，具有较好的反复诉求的效果。

（3）较强的针对性　户外广告对地区消费者的选择较强，一般可根据地区消费者的特点和风俗习惯设计制作，具有较强的针对性。

（4）较高的注意率　户外媒体可较好地利用人们在行进途中的空白心理，引起较高注意率，在自然而然的情形下让人接受广告信息。

（5）较大的开发性　户外媒体有很大的开发余地。媒体发展到今天的水平，进一步的开发主要就是户外媒体的开发。

3. 户外广告媒体的劣势　与其他广告媒体相比，户外广告媒体也有自身的不足，具体表现为：

（1）广告信息有限　一般来说，过往行人与户外广告放置位置之间有一定距离，因此，为了使过往行人能清楚地了解广告的内容，字体不宜过小，否则就会影响广告的效果。而字体增大，广告的信息就要相对减少。此外，由于行人都是从户外广告前匆匆而过，若广告信息篇幅过长，过往行人就无暇细看。鉴于此，在运用户外广告这种媒体时，一般都只是简要地表明企业标志及品牌名称。据测算，只有行人能在5秒钟之内读完全部信息的户外广告，才能产生良好效果。

（2）即时效应欠佳　户外广告是使过往行人有意无意地观看，从而在不知不觉中对企业和品牌产生印象，但由于户外广告所处的特殊环境和自身条件的限制，使它们不易为观者提供仔细浏览的机会，户外广告追求简单明了的表现手法，易使其传递的信息有限，说服力较差，不能产生即时的促销作用。

（3）限制条件较多　户外广告的设置有较严格的法规和规定的限制，要通过有关部门的批准方可设置。另外，户外广告还涉及广告所在地段或建筑物的所有权或使用权的问题，在实际操作过程中对这一系列问题都要妥善处理。

7.4.2　交通广告

交通广告是利用公共汽车、电车、火车、地铁的箱体或交通要道设置或张贴的广告。

交通广告因其流动性大、接触的人员多，而具有阅读人员多、阅读对象阶层分布广泛、阅读时间长、费用低廉的特点，可以用于售价低的大众化日用品的广告宣传和进行短期的预告性宣传，如新电影的上映、新店开业预告等。同时，由于交通广告的制作成本低，对中小企业的广告宣传很有帮助。

1. 交通媒体广告的种类

（1）车站广告　它是设置于交通场所的固定型广告，日常生活中常见的汽车站、火车站、飞机场、地铁站等场所的各种广告牌、灯箱、霓虹灯等均属于此类广告，它是交通广告中最常见的形式。

（2）车身广告　它是以交通工具为媒体的流动型广告，包括安装在出租车车顶的广告牌、公交车上的广告牌，以及车身上绘制的广告语和广告图案。其最大的特点是移动性，因此，车身广告是一种提醒式广告，文字不宜太多，应力求简单。

（3）车厢广告　它是设置于交通工具内部的广告，是包括车、船、飞机等交通工具内的一切广告物的总称。由于乘客要在交通工具内停留一段时间，所以，这类广告的内容相比之下就详细得多。

2. 交通媒体广告的优势　与其他媒体广告相比，交通媒体广告的优势主要表现为：

（1）影响范围广　交通广告媒体与其他媒体相比，它的最大的特点就是它的流动性。随着交通工具的移动，一则广告可以在一个城市内四处展示，甚至还可以从一个城市传到另一个城市，从一个国家传到另一个国家，广告的影响范围因此会大大提高。就城市居民而言，据统计每人每月要乘公共汽车24次，每次22分钟，更确切地说，每24小时内约有1 200万人次乘坐公共汽车，每月可达4 000万人次，可见交通广告的影响范围之广。

（2）受众印象深　交通广告由于长期定点、定时、定线运行，能向消费者反复宣传，加深印象。

（3）成本费用低　交通广告的形式比较简单，多以手工绘制或印刷品的张贴为主，因而费用极低。

3. 交通媒体广告的劣势　交通媒体广告的不足之处表现为：

（1）形象不佳　交通广告只是一种对中低档产品进行信息传播的方式，常用它会贬低所宣传的产品。在环保意识日渐强烈的现代社会，交通广告有时会破坏自然界的和谐美，从而引起部分观众的反感。

(2) 效果有限 由于流动人口是有限的，而且只有接触交通媒体才有可能注意到交通广告，因而它的影响范围远较报纸、电视媒体狭窄。同时，因为交通路线一般是固定的，这就决定了交通广告的影响地域只能是一个狭长的地带。

7.4.3 售点广告

售点广告也称为销售点广告，英文简写为POP，是Point of Purchase Advertising 的简称，是指利用销售场所的内部和外部所做的各种广告。

销售场所既是买卖交易的地点，也是买卖双方进行信息沟通与传递的极好的场所。作为生产商和经销商来说，在消费者浏览和购物之时，给予他们适当的信息，促使他们作出购买决策，是极好的广告时机。

1. 售点广告的种类

(1) 地面广告 它是利用店面或店内的地面空间放置的陈列台、展示架、旋转台等来展示商品，传递信息。

(2) 悬挂式广告 它是利用挂于天花板的吊牌、饰物、小旗帜、彩条等来进行广告宣传。这类广告不受商品陈列架的阻碍，消费者可以从四周各个角度看见，同时又可以增强店面的装饰效果。

(3) 柜台式广告 它是利用柜台来展示和陈列商品。柜台是放置商品，供消费者选择、比较、观赏的，柜台和货架的形态要根据商品的性能、价格、使用对象进行设计安置，如服装可以设计成开放型的，可用大量的平台、模特儿和衣架；金银饰品则要用全封闭式柜台。商品陈列要简洁、饱满，便于观看，既要考虑通用性，也要照顾不同消费对象的视点高低。

(4) 墙壁式广告 它是利用张贴于墙壁上的招贴、传单以及悬挂在墙壁上的广告镜框等来进行广告宣传。

2. 售点广告的作用

(1) 引导消费 售点广告可以吸引消费者走进商店，刺激顾客了解有关商品知识，诱导顾客产生购买欲望，最终促动消费者产生冲动性购买行为。

(2) 传递信息 售点广告可以传递商品信息，起到"无声推销员"的作用。一些无明确购买目标的消费者，在购买现场受POP广告的影响，可以由潜在的消费者变为现实的消费者，从而提高本商场的商品销售额。

(3) 美化环境 售点广告的环境布置或铺张豪华，或烘托名贵，或舒适典雅，或渲染浓重的文化氛围，往往会形成都市的景观之一。

(4) 树立形象 售点广告可以在顾客中树立起商业企业的良好形象，给顾客留下深刻的印象，从而吸引更多的顾客惠顾。

3. 售点广告的特点

(1) 制作简单，成本低廉 售点广告设计、制作技术简单，材料来源广泛，不需要大型的设备，而且布置方便，随时可以安置或拆除，具有方便、快捷的特点。同时，售点广告的设计制作费用相对于大众传播广告媒体来说也比较低廉。

(2) 美化商店，烘托气氛 它可以美化零售商店，增强零售店对顾客的吸引力，并烘托销售气氛。同时，由于POP广告设立在消费者经常购物的场所，而且采取各种方法和手段来吸引消费者的注意，因而，POP广告可以起到即刻达成销售的作用，而这是其他广告形式所难以达到的。

（3）简单易懂，便于识别　它适合于不同阶层的消费者，长期重复出现，可以加深消费者对产品的印象，具有广泛性和时效性，能起到无声推销的作用。POP广告是促成购买的最后一个劝说者，应得到足够的重视。

（4）机动灵活，形式多样　售点广告大多数属于利用企业自有媒体发布的广告，所以在运用时比较机动和灵活，无需经过别人批准和交付费用，而且可以选择和利用的广告形式也多种多样，可以根据具体情况进行选择、组合、搭配使用，同时，可配合企业在大众传播媒体上所做的广告，达到促销的效果。

4. 售点广告的设计技巧

（1）注重心理攻势　售点广告必须特别注重现场广告的心理攻势。因售点广告具有直接促销的作用，设计者必须着力于研究店铺环境与商品的性质以及顾客的需求和心理，以求有的放矢地表现最能打动顾客的内容。售点广告的图文必须有针对性、简明扼要地表现出商品的益处、优点、特点等相关信息和知识。

（2）注意主次分明　售点广告的布局应主次分明，有条有理，协调自然。要在有限的空间内宣传尽可能多的信息，这是对售点广告的一大基本要求。各种售点广告的置放和陈列，应当有主有次，层次分明，有条有理，清晰自然。例如，垂吊的广告不能离商品样品太远，让人找不着；置放在橱窗或者专门广告架上的广告，应与观众的视线齐平，不宜太高或太低；为了映衬广告，陈列背景的颜色要与广告颜色相协调，既形成一定的反差，又不要太刺眼。最起码的是，各种售点广告的陈列应整齐有序，不能杂乱无章，以免给人以混乱和堆砌的感觉。

（3）注重简练醒目　因售点广告体积小，容量有限，要想将其置于琳琅满目的各种商品之中而不致泯灭，并且不显得花哨低俗，其造型应该简练，画面设计应该醒目，要求版面设计突出而抢眼，阅读方便，重点鲜明，有美感，有特色，和谐而统一。

（4）注重通俗易懂　售点广告通常都是店主自制的。商家的写作水平有高有低，但无论如何也应避免文字杂乱而不合章法。文字应力求简明扼要，通俗易懂，特别要注意避免错别字的出现。广告中出现错别字和混乱的语句，会使顾客觉得商家的档次太低，甚至怀疑广告的真实性和商品的档次。

（5）注重陈列设计　售点广告并非节日点缀，越热闹越好，而应视之为构成商店形象的一部分，故其设计与陈列应从加强商店总体形象出发，加强和渲染商店的艺术氛围。

7.5　广告媒体策略

广告媒体策略是根据产品定位策略和市场策略对广告媒体进行选择和搭配时运用的策略，其目的是以最低投入取得最大的广告效益。广告媒体策略是广告策略中最主要的部分。

7.5.1　广告媒体的选择

广告媒体的选择是指为实现广告目标的要求，以最少的成本选择最恰当的广告媒体，把广告信息传达给预定的目标消费者，并保证接触者的数量和接触的次数。其实质就是要以最小的成本取得最佳的效果。

7.5.2 广告媒体的选择的意义

1. 它是实现广告传播计划的关键 广告传播计划主要包括广告任务、广告预算、广告媒体的选择和组合、广告制作、广告效果测定等具体内容。广告媒体的选择和组合是处于广告策划和实施之间的关键环节，这项工作完成得好，广告任务才能得以实现，后续工作才能顺利进行，广告传播计划才有可能最终完成。

2. 它是取得最佳传播效果的保证 广告活动是有价的传播活动，它需要付出费用，而广告预算是有限的。因此，要在有限的费用里，得到比较理想的传播效益，如何运用好广告媒介，便是一个关键问题。

从信息传播来说，传播者总希望受众以最小的付出，获得最大的信息量。从广告传播来说，广告主总是希望能以最少的代价，得到最好的经济效益。因此，广告主总是根据企业和广告活动的总体构想来进行广告预算的。广告预算是一项硬指标，如何运用广告媒介，要在广告预算费用许可的条件下进行。媒介的费用过多，即使十分适应广告传播的需要，也只能因预算有限而放弃。同时，选定运用何类或何种媒介，还相应涉及广告制作的成本。这样，就要在广告预算的范围内，恰当地进行广告媒介的组合使用，一方面成本可以降低，另一方面又能达到预期的广告目标。

7.5.3 广告媒体选择的原则

1. 目标原则 目标原则是指在选择广告媒体时，应当遵循企业的经营目标，适应企业的市场目标，并充分考虑广告所要达到的具体目标，选择那些最有利于实现目标的媒体。

从媒体自身而言，任何广告媒体无不有其不可替代的优势和难以弥补的弱点。因此，进行广告媒体策划时，必须认真分析各种媒体的特点，洞悉其各自的强弱长短，灵活协调组合，扬长避短，尽最大可能使广告媒体的目标对象与产品的目标对象保持高度一致。如果广告媒体传播信息的受众并非广告目标所针对的消费者或潜在消费者，即使广告主投入再多的广告费，广告创意再新奇独特，也不会取得预期的广告效果。总之，只有严格遵守目标原则，才能辨明并坚持媒体选择的正确方向，才能制定出整体最佳的广告媒体策略。

2. 适应原则 适应原则是指广告媒体的选择必须考虑各种客观条件，并与这种客观条件相适应。这种客观条件又具体包括政治、法律制度、市场规则、市场消费水平，信息交流水平等。广告策划者在选择媒体时应尽量避开环境的制约，使本身与环境相适应，利用适应的广告媒体，来展现自我风采。适应性原则包括两方面的内容。

1) 广告媒体的选择要与广告产品的特性、消费者的特性以及广告信息的特性相适应。例如，消费品多以大众传播媒体为主，工业品多以促销媒体为主；有些消费者习惯于接受大众传播媒体的广告宣传，有些消费者却对其抱有冷淡态度，而对促销媒体深怀好感；有的广告信息适合以大众传播媒体予以传播，而有的却更适合以促销媒体予以传达等。因此，广告媒体策划必须通盘考虑上述各种因素，确定最适用的传播媒体。

2) 广告媒体的选择要与外部环境相适应。外部环境是指存在于广告媒体之外的客观原因或事物，如广告管理、广告法规、经济发展、市场竞争、宗教文化，以及媒体经营单位等。

外部环境是不断发展变化的，媒体方案也要相应作出调整。因此，进行广告媒体策划

第7章 广告媒体

时，必须既要站在一定的高度上，综观全局，整体调控，又要步入现实的市场中，认清各种情况，把握微观，正确处理广告媒体选择与外部环境影响的关系，力求使两者处于最佳的适应状态。保持了这种最佳状态，就是最理想的媒体选择。

3. 优化原则　优化原则，是指在进行广告媒体选择时，要从众多的媒体中选择较好的媒体来进行组合搭配，优化媒体资源利用，使其发挥最佳效果。

从传播学角度看，无论何种广告媒体都有其特点，即使是在能够到达广告对象的众多传播媒体中，其信息传播也会各有所长，各有所短，因而其传播效果也不尽相同，有最好、较好与一般之分。因此，这就要求在媒体选择时，必须认真分析了解各种能够达到广告对象的性能特征，以作出最优的选定。一般来说，应该选择传播速度快、覆盖区域宽、收视（听）率高、连续性强、色彩形象好、信誉高的媒体。

4. 统一原则　统一原则，是指广告媒体的选择要与广告所表达的内容相一致。例如，广告内容中需要用声音、图像、动态形象来表达时，那么就应选择电视媒体；如果广告内容需要用大量文字来阐述时，就采用报纸媒体。因此，媒体的选择要遵循统一性原则，服从于广告内容的表达。

5. 效益原则　效益原则，是指在适合广告主广告费用投入能力的前提下，以有限的投入选择可以获得理想效益的广告媒体。

广告效益是广告策划活动追求的首要目的，而媒体的选择是否恰当，将会直接影响广告效益的大小。因此，广告策划者应以广告效益为前提，对媒体进行科学的评估分析，选择合适的广告媒体。

现代市场经济条件下，无论选择何种广告媒体都应该将广告效益放在首位，这就要求广告媒体策划应该始终围绕选择成本较低而又能够达到广告宣传预期目标的广告媒体这个中心来进行。选择运用何种广告媒体，固然有广告媒体策划者的心血和智慧，但还取决于广告主对于广告成本费用的投入能力。而任何广告主的媒体费用总有一定的限度，无不希望以最小的投入获得最大的收益，所以效益原则强调选择广告媒体的成本费用应该同广告投放后所获得的利益成正比。

6. 可行原则　可行原则要求在选择广告媒体时还应当充分考虑各种现实的可能性。如自身能力的可行性，即目标受众能否容易地接触到你所选择的媒体，能否理解这些媒体所传递的信息；环境的可行性，即目标受众所处地区的政治、法律、文化、自然、交通等条件能否保证所选择的媒体能有效地传播企业的广告信息。

7. 整体原则　整体原则，是指在选择广告媒体时，要有系统的科学思维。根据整体性原则，构建起包括报刊、电视台、电台、招贴、电影、幻灯、橱窗布置、实物陈列等媒介在内的媒体系统，并完善其复合互动机制，通过媒体系统的整体功效来增强广告的影响力。

8. 科学原则　选择广告媒体是一项操作性、技术性很强的工作，必须尊重科学，按科学规律办事。科学性原则的基本要求是：

（1）遵循传播规律　各种传播媒体的性质、影响力、地位及传递信息的工作模式和它们影响公众的基本方式和手段，是在选择广告媒体时必须优先了解和掌握的。如电视传播媒体主要通过音响和图像的信息传播来刺激公众的视觉和听觉，而报纸媒体则利用平面符号来传播信息，两者在工作方式上是不尽相同的，因而企业在策划广告时，要根据广告目标和所要宣传信息的特点，选择恰当的传播媒体。

（2）遵循公众的心理行为规律　择用传播媒体时要考虑公众对各种传播媒体的心理。反映不同类型的公众对不同的传播媒体的心理感受是不尽相同的，如文化水平较低的公众，对印刷广告就不可能有太多的关注，即使对电子媒体广告也存在着某种程度的不理解。另外由于不同公众有禀赋、社会活动、生活习惯、观念、经验、志趣等内在因素的差异，表现在对媒体或形式的认可、选择上是不同的，甚至在相当程度上形成思维和行为定式。因此，要提高广告的有效性，企业不仅要注意广告信息的组织，而且要注意传播媒体的选用，选用对公众具有吸引力的传播媒体来直接影响公众的心理反应，左右其思维过程，从而有效地改变公众的态度。

（3）讲究艺术性　媒体体系的确定，其深入的工作就是进一步明确可以利用的时间、版面、人员和空间等。而这些细微的工作要讲究艺术性。根据特定的广告目的，选择和购买能促使宣传效果达到最佳值的媒体版面和时间。

7.5.4　广告媒体选择的依据

在进行广告媒体选择时，应综合考虑多方面的因素，主要包括：

1. 媒体的性质与传播的效果　不同的广告媒体，有不同的性质特点，传播范围有大有小，发行数量有多有寡。这些都会直接影响到广告受众（听众、读者）的人数。媒体的社会威望高低，对广告的影响力及可信度有重要影响。媒体的信息生命周期长短以及媒体是否有某些方面的限制等都会影响到广告效果。企业在选择广告媒体时，要在充分掌握这些情况的基础上，根据自己的需要加以确定，以达到预定的目标。

2. 广告主体的特征　广告主在传递广告信息时，大都以宣传产品或服务所具有的各种特性为主要内容，因此，在选择媒体时，必须考虑产品或服务自身的特征。例如，能否以简短的话语使人大致了解该种产品的独特之处，如果可以，则可考虑用广播或电视。相反，如果简短的篇幅无法对产品进行介绍，那么最好选用出版广告媒体。

3. 目标消费者的特点　目标消费者是广告信息的传播对象，是影响广告媒体选择的重要因素。媒体受众在年龄、性别、民族、文化水平、信仰、习惯、社会地位等方面的特性如何，以及经常接触何种媒体和接触媒体的习惯方式等，对媒体的选择及组合方式等有重要影响。例如，广告信息的传播对象如果是青年人，那么诸如《青年一代》《中国青年报》之类当然就是理想的媒体。

4. 媒体的费用支出　媒体的费用是广告媒体分析的重要内容，无论对广告主还是广告商，它直接决定广告成本的大小。不但任何广告都有费用控制和涉及成本问题，而且更重要的是，任何广告都要力求以最小的费用取得最佳的效果。因此，研究并掌握媒体的费用，既是媒体研究的重要内容，也是做好广告预算的前提。

媒体费用一般分绝对费用和相对费用两类。绝对费用是指使用或租借媒体所需花费的总额。不同的媒体其绝对费用是不同的，如在四大媒体中，电视最高，其次是报纸、杂志和广播。绝对费用一般分为媒体租金、设计费、制作费、发布费等。相对费用是指向每千人传播广告信息所支出的费用。

媒体的绝对费用与相对费用并无直接联系。媒体的绝对费用高，并不等于相对费用也高。一般来说，相对费用的分析对于媒体费用分析更具有重要意义。因为只有相对费用才和广告效果挂起钩来，才能更真实地体现出广告媒体费用支出所取得的效果。但在实践中，相当一部分人特别是广告主,注重的仅是绝对费用,而忽视了对相对费用的分析,这是十分片面的。

5. 市场竞争状况及国家的法律法规 "知己知彼,百战不殆",竞争者的广告策略是企业制订媒体策略时必须考虑的问题,尤其是竞争对手比自己强大,广告预算超过自己许多的时候。当竞争者强于自己,并且在媒体位置、时间等方面都已取得了优势时,企业通常采取的是侧面迂回策略,即避免竞争者占优势的媒体对象、发布时间、媒体版面和位置,选择企业能取得优势的媒体对象、时间和位置。在竞争者与企业不相上下的情况下,要先发制人,在媒体对象、时间、位置等方面抢先取得比对方有利的地位,使竞争者知难而退。

媒体策略的选择在有些情况下还要受到国家法律法规的制约。例如,香烟、烈性酒、麻醉药品等广告在我国和许多国家都有着严格的限制,尤其在发布媒体方面限制更多。有些国家甚至禁止烟酒广告,而且对有些化妆品广告等也不允许在电视等媒体上发布。因此,在确定媒体策略时必须研究所在国家和地区的有关法律法规,避免引起不必要的法律纠纷。

6. 消费趋潮 每一种新产品问世,消费者都会有一种在时空上变化发展的趋势,称之为消费"趋潮"。掌握这种消费过程变化发展的趋势,对于正确地选择广告媒介有着重要的意义。

消费趋潮在空间的变化规律一般表现为:

大城市→中小城市→小城镇→乡村

交通发达地区→交通较发达地区→交通欠发达地区→交通闭塞地区

消费者趋潮在消费者的年龄和性别上的变化规律一般表现为:

青年人→中年人→老年人

时髦型女性→一般女性→时髦型男性→一般男性

研究和掌握消费过程的这种变化发展规律,就可根据消费趋潮的发展方向,选用能使产品信息快速传递给那些最愿意率先购买和使用这种产品的消费者,由他们去影响和带动其他消费者,由此形成一种消费潮流。

7. 目标市场的特征 这是选择广告媒体时应考虑的基本因素,也是关键要素。在选择广告媒体时,对目标市场特征的考虑主要有三个方面:

(1) **目标市场的范围** 广告媒体的选择应使其信息传播范围与目标市场范围相适应。例如,目标市场是在某一地区,则应选择区域性的广告媒体;如目标市场是在全国范围内,则既要选择区域性的广告媒体,又要选择全国性的广告媒体,否则就有可能导致一部分消费者不能获得广告信息,造成广告费用的浪费。

(2) **目标市场的地理区域** 它是指目标市场是在城市还是在农村。一般说来,如果目标市场是在城市,各种媒体都可以运用;如果目标市场是在农村,诸如路牌、霓虹灯、电子显示屏、橱窗等广告媒体就难以利用,而采用电视、广播、直邮等媒体则效果较好。

(3) **目标消费者的媒体使用习惯** 由于目标消费者的性别、年龄、文化程度、职业、兴趣爱好等情况不同,所接触和使用的具体媒体的习惯也就不同。例如,知识分子喜欢读报纸、杂志;文化程度偏低的消费者喜欢看电视、听广播;城市妇女喜欢阅读妇女类杂志、对商店橱窗等有兴趣;青少年喜欢看电视;旅游者、出差人员习惯于购买一份报纸杂志以消遣……广告主必须根据目标消费者接触和使用广告媒体的习惯来选择和运用媒体,才能将广告信息有针对性地传递给目标消费者,以提高广告的视听率。

8. 产品本身的特点 广告产品特性与广告媒体的选择密切相关。广告产品的性质如何,具有什么样的使用价值,质量如何,价格如何,包装如何,产品服务的措施与项目以及对媒体传播的要求等，这些对广告媒体的选择都有着直接或间接的影响。因此，必须针对产品特性来选择合适的广告媒体。例如，化妆品常常需要展示产品的高贵品质及化妆效果，就需要借助具有强烈色彩性和视觉效果的宣传媒体，诸如杂志、电视媒体等就比较合适，而广播、报纸等媒体就不宜采用。一般来说，对于机械设备、原材料等生产资料，采用商品目录、说明书、直接邮件、报刊广告、展销展览等媒体形式，就能起到很好的宣传作用；而服装最好选用时装表演；自选商品最好采用包装广告。总之，广告媒体是否适合产品特性，这是制订媒体计划时必须审慎考虑的。

7.5.5 广告媒体选择的程序

1. 调查研究 广告媒体调查的目的，是为了掌握各个广告媒体单位的经营状况和工作效能，以便根据广告的目的要求，运用适当的媒体，取得更好的广告效果。

广告媒体调查是广告媒体选择的首要环节，是拟定广告媒体计划的必要前提。广告媒体调查的主要内容包括：

1）分析媒体的性质、特点、地位与作用。

2）分析媒体传播的数量与质量。

3）分析受众对媒体的态度，即他们是经常阅读报纸杂志，还是经常收听广播或收看电视等。

4）分析媒体的广告成本。媒体不同，传播广告信息的效果不同，其广告成本也必然不同。因此，广告媒体调查需要综合比较各个媒体的成本和使用这一媒体所能获得的效果。

广告媒体调查的中心就是全面收集广告媒体在质与量方面的资料，并予以综合评价，从而为广告媒体的选择提供有价值的资料与备选方案。

2. 确立目标 在确立目标时要注意以下六点：

（1）明确传播对象 广告策划者必须了解媒体向谁传递信息。

（2）明确传播时间 广告策划者要明确媒体使用的适当时间，对使用的媒体资源进行优化组合，使其达到最优化效果。

（3）明确传播地点 要明确广告受众在哪里，是农村，还是城市；是全国，还是部分地区；是一国，还是多国。

（4）明确广告次数 要明确传递广告信息的次数。次数越多，对受众的影响越大。

（5）明确推出方法 广告推出即广告形式的选择。一般来说，广告的总体表现形式有两种：① 理性诉求；② 感性诉求。

（6）明确媒体方案 媒体方案具体有单一媒体方案、多媒体组合方案、综合性媒体方案等多种。

3. 方案评估 为了准确选择广告媒体，减少广告媒体策划过程中的偏差和失误，必须对广告媒体方案进行严格的分析评估。其内容主要包括：

（1）效益评估 效益评估主要是指广告媒体方案的经济效益与社会效益评估。对广告媒体的经济效益评估，应从广告投资额与促销效果的比较中得出结论。一般来说，广告成本投入较小而营销获得的利润较丰，则谓之经济效益好；反之，广告成本投入大而营销无获利或获利较小，则谓之经济效益差。对广告媒体方案的社会效益评估，主要是看媒体所传播的广告信息对社会的生产经营活动，对社会与公众是否有益。有益者为好，有害者为劣。

第 7 章　广告媒体

总之，效益评估就是确定媒体方案前，必须充分考虑媒体方案的可行性，并且与媒体的质与量结合起来分析评估，从而测定媒体方案真正的广告效益。

（2）危害性评估　广告是一种负有责任的信息传播，对社会有着重大的影响作用。就概念而言，广告本身并无好坏之说，但就广告通过媒体传播而言，则其内容与形式就有良莠利害之别了。因此，对媒体方案的分析评估，必须着力研究评估方案付诸实施后可能造成的不良影响。

（3）实施条件评估　实施条件分析评估，是指对实施媒体方案时可能遇到的困难与阻力等客观棘手情况的分析评估。主要有两种情况：① 媒体经营单位的广告制作水平或传播信息水平不高，不具备圆满完成媒体方案指定传播任务的能力；② 客户（或广告代理）与媒体经营单位关系紧张，媒体经营单位不愿意承担客户委托的任务。因此，在拟定广告媒体方案时，必须周密设想实施方案过程中可能出现的各种不利因素，以求万全。

4. 组织实施　在经过调查研究、确定目标、方案评估之后，应对媒体方案的具体情况布置实施。具体包括以下四个方面：

1）与广告主签订媒体费用支付合同。
2）购买广告媒体的版位、时间与空间。
3）推出广告并监督实施。
4）收集反馈信息并对效果进行评估。

7.5.6　广告媒体评价的指标

1. 权威性　广告媒体的权威性，是指媒体本身对广告受众的影响力。例如，一块大的广告牌比一块小的广告牌影响力大；黄金时间播出的广告比平时播出的广告影响力大；知名度高、受各界人士重视的杂志比一般的娱乐性杂志权威性高。此外，权威性的衡量也是相对的，对某一类广告主来讲是权威性高的媒体，对另一类广告主来讲权威性可能并不高。衡量标准主要看媒体的受众情况。对媒体的受众来说，符合目标消费者要求的媒体具有权威性；对于非目标消费者来说，则不具有权威性。《史学研究》上刊登的广告对史学工作者来说具有权威性，而对于其他消费者来说则不具有权威性。覆盖面宽的媒体，权威性也高。一般来说，受众面广，权威性越高的媒体，收费标准越高，如中央电视台的广告收费标准远远超过地方电视台，全国性的大报比各省市的报纸广告收费要高得多。

2. 视听率　视听率，是指广告经某一媒体传播后，实际收听、收看到广告信息的人数占覆盖区域内总人数的百分比。它反映了该媒体在某地区的接收状况及影响程度。其计算公式为

$$视听率 = \frac{接收广告信息的人数}{覆盖区域内的总人数} \times 100\%$$

影响视听率的因素很多，不仅涉及媒体本身是否受欢迎，也涉及媒体广告的具体发布时间等。从总体上讲，媒体的视听率与广告效果成正比。

3. 总视听率　总视听率也叫毛评点，是指某一媒体在一定时期内视听率的总和，是刊播（播出）次数与每次视听率的乘积的总和，即某一特定媒体所送达的收视率总和，也就是接受广告信息的受众总数。这是一个反映某一媒体在一定时间内总强度的指标。例如，某报纸每期的覆盖率为 40%，共刊出三次，则总视听率为 $40 \times 3 = 120$。再如某一广告信息，分别在电视、广播、报纸中刊播三次，其视听率分别为 20%、20%、30%，则该广告信息

的总视听率为 20×3+20×3+30×3=210。

4. 视听众暴露度 视听众暴露度，是指全部广告暴露度的总数。视听众暴露度与毛评点相同，但以个人数目（或家庭数目）来表示，而不是用百分数来表示。

视听众暴露度有以下两种计算方式：

1）以目标市场中的广告接触人数与总视听率计算，计算公式为

$$视听众暴露度 = 广告接触人数 \times 总视听率$$

2）将广告插播计划表中的每一插播（或杂志刊出的）广告所送达的视听总人数累计加总。

假定中国有 8500 万户家庭拥有电视机，某广告的总视听率为 210，运用第一种计算方法得出视听众暴露度为 1.79 亿（8500×210）户。

视听众暴露度与总视听率一样，都表示广告信息送达给媒体受众的"毛额"，在上例中，该广告播出以后，有 1.79 亿户家庭收看了广告节目，其中有些家庭重复收看了该广告节目。表 7-1 是根据第二种方法计算视听众暴露度的具体计算表。

表 7-1 视听众暴露度计算表

节目名称	家庭数目	广告计划插播次数	视听众暴露度
节目 A	17000	2	34000
节目 B	12750	4	51000
节目 C	21250	2	42500
节目 D	8500	5	42500
合计	59500	13	170000

5. 到达率 信息到达率，是指在广告活动或一次广告战役期间，广告信息至少有一次到达目标受众的人数或户数。它可以用百分比表示，但不能大于 100；也可以用目标受众数量表示，但不能超过媒体接触者总数。例如，假设南京电视台、南京有线电视一台、南京有线电视二台观众总数为 400 万人，熊猫电子在一个月期间利用这三家电视台做广告，在 400 万观众中有 70% 的人至少有一次看到熊猫电子的广告，那么，信息到达率就是 70% 或 280（万人）。

6. 暴露频次 暴露频次，是指消费者个人或家庭暴露于广告信息中的平均次数。暴露频次与到达率指标一样，在所有广告媒体中都可以使用。需要强调的是暴露频次指标是指平均暴露次数。

到达率、暴露频次和总视听率三个指标常用百分数表示（但没有百分数的记号），都用以衡量一则广告计划送达的人数或家庭数。"到达率"表示广告策划者希望多少媒体受众一次或多次接触到该广告信息；暴露频次说明该广告信息到达媒体受众的"平均次数"；总视听率是到达率和暴露频次的产物，表示该广告信息到达媒体受众的重叠百分数"毛额"。

暴露频次的计算公式为

$$暴露频次 = \frac{总视听率}{到达率}$$

7. 有效到达率 有效到达率，也称有效暴露频次，是指在一定时间内同一广告通过媒介到达同一个人（户）的数量界限。这是揭示广告效果的一个重要指标。人们研究有效到

达率时,一般都参照著名学者米歇尔.J.纳普勒斯的研究结论。该学者著有《有效暴露频次:暴露频次与广告效果之间的关系》一书,对暴露频次与广告效果的关系进行了探讨。其主要结论是:

1)在一定时期内只对广告对象进行一次广告,除在极少数情况下,一般影响甚少或毫无价值。

2)在分析媒介有效频度时,暴露频次比到达率更为重要。

3)在一个购买周期,或4~8周内,至少要2次暴露频次才可能产生一点效果。

4)一般地说,在一个购买周期内要取得最佳效果,至少需要有3次暴露频次。

5)达到一定频次后,其后的暴露所产生的价值是递减的。

6)达到一定频次后,传播会变得毫无价值,并可能产生副作用。有人认为,超过8次就可能产生负效应,最佳频次应为6次。

7)暴露频次的有效性与在不同媒介上所进行的广告无关,只要暴露频次相等,效果就相等。

8. 千人成本 千人成本,是指在同类媒体上将同样数量的信息传播到1000个人所花费的成本。其计算公式为

$$千人成本 = \frac{该媒体广告收费}{该媒体接触者总人数} \times 1000$$

7.5.7 广告媒体选择的方法

1. 市场法 它是按目标市场选择广告的方法。任何产品总有其特定的目标市场,因此,广告媒体的选择就必须对准这个目标市场,使产品的销售范围与广告宣传的范围相一致。如果某种产品以全国范围为目标市场,就应在全国范围内展开广告宣传,应选择覆盖面大、影响面广的传播媒体,一般选择全国性的电台、电视台、报纸、杂志及交通媒体最为理想。如果某种产品是以特定细分市场为目标市场,则应着重考虑何种传播媒体能够有效地覆盖与影响这一特定的目标市场,一般选择有影响的地方性报刊、电台、电视台以及户外及交通媒体比较适宜。

2. 产品法 产品法,是指按产品的性质来选择广告媒体。产品品种各异,特定的产品需要特定的媒体来表情达意。例如,日用品之类最好运用电视媒体;大型机器设备,通常选用报纸、杂志或广播等媒体。

3. 顺序法 当选定使用某类广告媒体后,还需要进一步确定用这类媒体中的哪一种(如哪一种杂志),可以用顺序选择法。具体方法是根据经验分析或社会舆论,把各种媒体按顺序排列起来。先采用第一种,如果效果不理想,就改用第二种。这种顺序选择过程一直持续到能达到令人满意的广告读者率为止。

4. 规律法 规律法,是指按消费者的记忆规律来选择广告媒体。消费者对广告信息的记忆是不连续的,也不是主动接受的,而是被动地接受、理解,这就需要媒体全方位不间断地进行广告宣传,其目的在于强化消费者的记忆。

5. 预算法 每一个广告主的广告预算都是不同的,有的可能高达百万元甚至更多,有的可能只有几千元,这就决定了广告主必须按其投入的广告成本对媒体进行选择。对于广告主来说,广告是一项既有益又昂贵的投资,广告主对广告媒体的选择要量力而行,量体裁衣。这就要求广告主在推出广告前,必须对选择的媒体价格进行精确的测算。如果广告价格

高于广告投放后所取得的经济效益,就不要选择价格高的广告媒体。

6. 经验法 它是指先对各种媒体做小规模和短期的试验,评价其传播效果,然后作出选择。但在实践中更多的是根据过去使用各种媒体的经验和对其效果的评价来选择广告媒体。这种方法基于实践测试或过去经验,所以在选择媒体效果方面还是很不错的,但测试需要时间和费用,所以,这种方法受到了一定的限制。

7. 分析法 分析法,是将企业在该次广告活动中对媒体的要求一一列出,然后对各媒体进行整体评价,选择出符合要求或评价较高的媒体。通常采用表格分析和打分的方法,以10分制或5分制为最常见,某项满分代表着该项最符合要求,最后计算总分,并结合各个单项的表现选择合适的媒体。

这种方法费时短,不用花费成本,但是理论与实际总是有一定距离的,而且对各个媒体在不同项目的评分也多半是基于主观估计,所以有一定的局限性。

8. 水平法 采用这种方法选择媒介做广告,每次广告活动所投入的媒体费用都基本相同。例如,日常生活用品广告,除节假日可能增加一些费用,采用多种媒体展开广泛的广告活动外,一般在一定年度、季度内,每月用于某种媒体的广告费支出都基本不变,特点是只起"提醒"注意的作用。选择媒体的具体方法是,人们可能在何时、何地付诸购买行为,就在何时、何地利用媒体发布广告信息。

7.5.8 广告媒体组合的方式

广告媒体组合,是指企业为了实现一定的广告目标而选择两个或两个以上的媒体进行搭配。

1. 广告媒体组合的目的

(1) 扩大对目标消费者的影响 每一种广告媒体都有其长处和短处,运用单一媒体做广告,其效果远不如多个媒体组合同时做广告的效果。其原因如下:① 各媒体可以取长补短,互相协调配合,也容易造成声势;② 单一的媒体无法触及所有的目标消费者,而不同媒体的组合则可弥补这一缺陷,扩大对消费者的影响。举例来说,儿童食品的购买者是其父母,食用者是儿童本人。因此,儿童食品的广告到达儿童及其父母,才能产生好的广告效果。而儿童所接触的媒体及具体的媒体栏目(时间)与其父母相差很大,这必然要求采用不同的媒体来针对两类不同的目标人群。

(2) 弥补单一媒体的不足 由于受广告经费的制约,有的媒体尽管与目标市场有较大的接触范围,如电视,但其费用太高,难以多次使用。这时采用广告费低一点的多种媒体组合,既可保证广告的接触范围,又能有较高的出现频率。

(3) 增强广告效果 广告学家曾对广告媒体组合运用进行过研究和试验,发现广告媒体的交错使用,能够产生额外的效果。比如,同一个广告内容传播给目标消费者,各接触三种媒体一次,比接触某种媒体三次的效果要好,这是一种相辅相成的效果。再如,两种以上媒体同时向目标受众传播同一内容的广告信息,比一种媒体传播的效果要好,这是一种相互补充的效果。比如,我们都看过雀巢咖啡电视广告的萨克斯篇或交谊舞篇,每当看到这两则电视广告,总会为美妙的音乐旋律和精美的动态画面所感染。但电视不能被目标消费者随时看到且发布费较贵,而大量播放广播广告或以联办某广播节目的方式刊播广告信息,可重复地播放雀巢旋律。在不断加深印象的同时,条件反射般地联想到柔美动情的画面,令人向往。而这就是媒体组合的目标与魅力之所在。

（4）保持广告信息的延续性　为达到应有的广告效果，广告需要连续不断地给目标消费者以反复的刺激。根据人的记忆规律，当一个人接受某信息后，5分钟后只能记得60%，一天之后只能记得30%，一周后，往往只剩下不到20%的印象。因此，广告必须给目标消费者以反复刺激，而这仅靠单一媒体是不易做到的，必须巧妙地利用媒体组合，运用大众传播广告、交通广告、路牌广告等，使人的记忆效果不因行动的变化而产生切断现象。更重要的是，避免目标消费者因接触竞争对手的广告，产生态度上的转移。

2. 广告媒体的组合原则

（1）互补性原则　各种媒体都有优势和局限，媒体组合要充分发挥各种媒体的长处，避其短处。例如，电视媒体长于展示形象、过程，善于以情动人，因此多用告知性信息。报纸、杂志媒体长于描述和说明，所以长于以理服人。可用报纸媒体补充电视媒体的信息深度不够的局限，用电视媒体补充报纸广告形象不足的局限。

（2）效益性原则　媒体的组合不是多种媒体的简单叠加，而是各种媒体的综合运用，产生的效果要远远大于各个媒体效果的总和。因此，媒体组合要充分考虑到带来的效益。不要重复覆盖，造成不必要的浪费。一般是在第一种媒体达到最大到达率后，再以较便宜的媒体提供额外的覆盖，以保持广告活动的连续性，实现规模效益。

3. 广告媒体的组合方式

（1）同类媒体的组合　它是指把属于同一类型的不同媒体组合起来使用，如在全国性报纸和地方性报纸；在日报和晚报等不同报纸或杂志上刊登同一广告，即是一种组合。同样，在不同的电视频道播出同一广告，也是一种组合。

（2）不同类媒体的组合　这是经常采用的一种方案，如把报纸与电视组合，报纸与广播、电视组合等。这种组合，不仅能扩大触及的范围，而且可以有效地调动目标对象的感官，得到更为理想的传播效果。

（3）主次媒体的组合　在企业所选择的几种媒体之中，应该有所侧重，确定哪些是主要媒体，哪些是辅助媒体，在预算分配上应有所区别，在广告发布的时间和频率上也要合理安排。特别是在内容表达上要结合各种媒体的特点，发挥他们各自的优势，以取得最大的协同效果。例如，电视表现力丰富，适合表现商品的外形、款式、内部结构及使用效果，但在文字表现方面就稍逊一筹；而报纸可以容纳较多的文字信息，而且可以从容阅读，就适合于对商品的有关性能、用途等进行详细的解释和说明。但如果刚好将表达重点倒过来，让电视进行文字说明，用报纸刊登商品的照片，那就不能够发挥这一媒体组合的效果。

（4）自、租用媒体的组合　它是指把需要购买的大众传播媒体与企业自用的促销媒体进行组合，如通过报纸、电视刊播，还同时利用企业自用的销售点广告等与之配合。

复习思考题

1. 广告媒体有何功能？
2. 广播广告有何优势？
3. 试述广播广告的形式。
4. 电视广告有哪些特点？
5. 网络广告有哪些形式？

第8章 广告预算

**学习目标：**

通过学习，让学生认清广告预算的意义，了解广告预算的内容，熟悉广告预算的步骤，掌握广告预算的方法，遵循广告预算的原则，正确、合理地编制广告预算，力求广告预算周密、科学、准确，通过精准、经济的广告预算，使有限的广告经费投入取得理想的广告宣传效果。

8.1 广告预算的意义

广告预算是广告计划的重要组成部分，也是确保广告活动按计划顺利展开的基础。对广告费用进行详细、周密、准确的测算，可以使有限的广告投入取得最佳的广告效果。

8.1.1 广告预算的概念

广告预算是企业广告计划对广告活动费用的匡算，是企业投入广告活动的资金使用计划。它规定在广告计划期内，从事广告活动所需的经费总额、使用范围和使用方法，是企业广告活动得以顺利开展的保证。

8.1.2 广告预算的原则

怎样编制广告预算，匡算出多少广告费用总额才算合理，至今仍无科学的、为大家所接受的计算标准。广告预算多了，易造成浪费；少了，则要影响必要的广告宣传活动，甚至影响商品销售，在竞争中处于不利地位。为了使广告预算符合广告计划的需要，在编制广告预算时应遵循如下四个原则：

1. 预测性原则　预测性原则，是指通过对市场变化的预测、消费者需求的预测、市场竞争的发展性预测和市场环境的变化预测，对广告任务和目标提出具体的要求，制定相应的策略，从而较合理地确定广告预算总额。

2. 协调性原则　协调性原则，是要求把广告活动和市场营销活动结合起来，以取得更好的广告效果。同时，完善广告计划，实施媒体搭配组合，使各种广告活动紧密结合，有主有次，使广告费用合理地分配。

3. 灵活性原则　灵活性原则，是指安排广告宣传经费时，应注意保持一定的伸缩弹性，留有一定数额的备用资金，以应付各种突发性的宣传活动的需要。

4. 效益性原则　效益性原则，要求在制定广告预算时要讲求经济效益和社会效益。广告直接为商品销售服务，因此，要讲究广告效益，按照广告费的开支范围，凡是与商品促销无关或关系不大的费用，一概不予列入。同时要及时研究广告费的使用是否得当，有无浪费，及时调整广告预算计划，做到既合理使用广告费，又保证广告效益。

8.1.3 广告预算的内容

广告预算的主要内容是对广告活动费用的匡算。广告费用主要包括：

1. 广告调研费用 广告调研费用主要包括市场调查、消费者调查、产品调查、调查策划、广告效果检测、购买统计部门和调研机构的资料所支付的费用。这一部分经费应引起广告主的高度重视。

2. 广告设计费用 广告设计费用包括设计制作人员的报酬，设计制作材料的费用，设计制作的工艺费用和广告材料的运输费用等。但不同的媒体，其设计制作费用的标准也有所不同，电视广告的制作费就远远高于广播广告和印刷广告，而同一媒体的广告制作费也往往差异较大。

3. 广告媒体费用 广告媒体费用主要是指购买媒体的时间和空间的费用。

4. 广告管理费用 广告管理费用包括：广告人员的工资费用，广告部门的办公费用，广告活动的业务费用，广告活动的公关费用等。

5. 广告机动费用 广告机动费用主要用于应付意外情况，要根据实际情况来确定。它不参加广告经费预算，一般由广告部门的负责人或企业的营销工作负责人掌握。

另外，还有一些难以确定预算范围的费用，如产品样品费用、产品展销会开支、推销人员的报酬等，可以列入广告费用，也可以列入促销费用，这要根据广告项目的业务范围和广告企业的具体情况而定。在上述费用中，弹性较大的是广告部门的行政管理费用，而比重最大的是广告媒体的刊播费用。

8.1.4 广告费用的构成

1. 广告费用的范围 广告费一般是指开展广告活动所需要的广告调研费、广告设计费、广告制作费、广告媒体费、广告机构办公费与人员工资等项目。但实际工作中有的企业把公共关系与其他促销活动费也计入广告费之内，有的则不列入广告经费。美国《印刷品》杂志对广告费用的划分较为精确，它将广告费分为白、灰、黑三色名单，白色名单指应作为广告费支出的项目，灰色名单指可考虑作为广告费支出的项目，黑色名单指不得作为广告费支出的项目。

（1）必须算作为广告费的各项开支（白色名单） 下列费用开支必须计入广告费用之中：

1）所有已知媒体上的时空媒介费及其他广告费。它包括：报纸、杂志、广播、电视、电影院广告、户外、POP宣传品、幻灯片、目录、包装（以广告为目的的）、邮寄广告、经销商广告、所有其他以广告为目的的印刷品或美术品。

2）制作费。它包括：美术、印刷、制版、照相、电台与电视节目设计等与广告有关的制作费。

3）管理费。它包括：广告部门所付的薪水、广告部门事务费、顾问费、推销员费用、办公室设备及固定费用，以及广告部门人员的差旅费。

4）其他费用。它包括：广告材料的运费、邮费、橱窗展示安装费和其他杂费。

（2）可以列入广告费的开支（灰色名单） 下列费用是否列入广告费用或列入其他费用，视情况而定。主要有：样品费、示范费、客户访问费、赠品、业务人员报刊费、研究调查费、展览会费用、广告车费用及加入与广告有关协会的会费。

（3）不能列入广告费的开支（黑色名单）　下列费用不该视为广告费用，如免费赠品、社会慈善费、旅游费、包装费、陈列室（展示中心）租费、销售会议费用、从业人员福利费、以公益为目的的费用、商业协会的会费、商业红利、广告部门以外消费品费、潜在顾客招待费等。

以上广告费用的划分虽然比较准确，但又显得过于繁杂。在实际应用中，作为广告媒介费、管理费、制作费和杂费等可以支出的广告费项目的多少，是根据企业经常性的广告活动范围来决定的。而考虑是否支出的广告费与不得支出的广告费的项目，究竟哪些应列入、哪些不应列入企业广告费开支，则要根据企业如何处理广告、销售促进、公关宣传三者的关系来定，如果将销售促进与公关宣传列入广告活动之中，那么就可以列入广告费统一开支，否则就不应列入。

2. 广告费用的分类　广告费用按其用途及其性质可以划分为以下几种：

（1）直接广告费用　直接广告费用，是指在广告运作过程中，为推进广告运作而付出的费用，如市场调查费、广告设计制作费、广告媒介购买刊播费等。

（2）间接广告费用　间接广告费用，是指那些并不直接用于广告活动的费用，如广告管理审查手续费、广告操作人员佣金、办公费及各种杂费等。

（3）自营广告费用　自营广告费用，是广告主本身所用的广告费，包括本企业的直接与间接广告费。

（4）他营广告费　他营广告费，是企业委托其他广告专业部门代理广告活动的一切费用。一般而言，他营广告费在财务上比自营广告费要节约，使用效益也更好。

（5）固定广告费用　固定广告费用，是指在一定时期内相对固定的自营广告的组织人员费用及其他管理费用，它与广告活动的强度大小无关，费用比较固定，如广告部门人员的工资、房租、水电费及管理费用。

（6）变动广告费用　变动广告费，是指因广告实施量的大小而起变化的费用，如因数量、距离、面积、时间等各种因素的影响而变化的费用。变动广告费又因广告媒体的不同，可分为比例变动费、递增变动费和递减变动费。比例变动费是随广告实施量的大小全部呈比例变化的；递增广告费是随同广告实施量的增加而递增的；递减广告费则相反，广告费用随广告实施量的减少而递减。

8.1.5　影响预算的因素

1. 产品生命周期　在市场学中，产品被划分为五个发展时期，即导入期、成长期、成熟期、饱和期、衰退期。

产品在其生命周期中的位置，对广告及使广告成功所需的经费大有影响。处于生命周期不同阶段的产品，其广告经费预算是有区别的。产品生命周期与广告费支出的关系如图8-1所示：

在产品生命周期的初期，广告经费的支出必然大于其他时期。因为在这个时期，广告的目的是告知潜在的消费者有关新产品的存在、利益与用途。宣传一个不为人知的新产品比宣传一个为人所知的产品，自然需要花费更多的广告宣传费用。那么，导入期的广告费用支出必然要大于同期收益。产品进入成长期后，销售额急速增加，此期广告费用降至最低点，产品具有极强的市场接受率,市场饱和距离尚远,此期的广告效果极佳,费用最低。产品步入成熟期后,市场逐渐饱和,产品销售量和广告费支出虽然仍在增长,但利润已经低落,此期广告经费开支从成长期降至最低点重新增长。当市场饱和时,销售开始低落,产品进入衰退期,此时广告主没有兴趣也没有必要投入大量经费用于广告,广告经费开支急剧下降直至中止,产品开始更新换代。

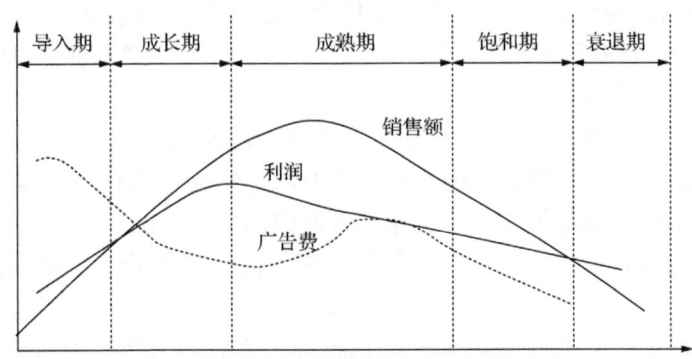

图 8-1　产品生命周期与广告费支出关系图

2. 市场份额及其销售额的大小　一个具体的品牌,如果已经拥有了一定的市场占有率,且其消费者基础较好,那么所需广告费用就较少,反之广告费用就要高许多。大体上讲,一个产品要保持并提高市场占有率,比从竞争对手那里夺取生意来建立市场占有率要少花费一些。市场占有率的大小,同时还表明产品目前使用者的数量,即消费者基础。从媒体传播看,也有一个规模经济的存在。如果消费者基础大,以每一受众对象为基础,送达广告信息的媒体支出的个人成本要小得多,由此可见,市场占有率和顾客基础的规模大小,对广告预算影响甚大。

3. 品牌的市场地位　产品品牌的市场地位也影响企业的广告预算。一般而言,保持现有的市场占有率的广告费用远远低于扩大市场占有率的广告费用。如果品牌属于领导型品牌,由于它有成熟的销售网络,有较高的品牌知名度和美誉度,其广告宣传活动的目的只是为了维持老顾客的重复购买,这就决定企业没有必要进行大规模的广告推广。

如果品牌处于挑战型的市场地位,不太高的知名度与不太成熟的销售网络都迫使企业进行大规模的广告宣传,以提高目标市场上媒体受众对产品品牌的认同意识。据研究,如果维持一名老顾客需要花费1元钱,那么吸引一名新顾客则需要花费6元钱。对挑战型品牌的经营者来说,进行广告宣传是企业将挑战型品牌发展成为领导型品牌的主要手段之一,在这一发展过程中,较大规模的广告预算是不可避免的。

4. 市场竞争状况　竞争对手在市场上所推行的广告战略直接影响广告预算。如果竞争对手采用比较强劲的广告攻势,或者竞争品牌比较多,那么仅仅要使本品牌被消费对象意识到,所要花费的投资就要比平常多。一般来讲,一个竞争激烈的市场,通常也是一个耗费广告预算庞大的市场。除此之外,广告发布在媒体及市场对象之间还存在大量的"干扰"。干扰来自多方面,对于整个市场而言,媒体是多方面、多选择的,但对于某一具体品牌而言,可能采用的媒介资源永远只是有限的,而在这有限的机会中又充满了"杂乱"。有无数的信息可能针对同一接收对象,同时在信息的接受和传达中,又有可能受到来自不同方向的信息冲击等，所有这一切虽然可能并不是针对性的竞争，但同样对信息传播形成了干扰，这些都势必造成对信息强化和信息重复的一再要求，因此，直接影响了预算。

5. 广告媒体的选择及使用情况　不同的广告媒体，其购买价格大不相同。有时不同的媒体可以同样达到对某一消费群体的信息传达，但媒体价格却差异甚大，如果这时选择不同，就有可能造成预算上的出入。此外，广告在发布中持续的周期长短、发布频率也至关重要。为传达品牌信息，广告必须要持续一定周期，并要求有一定的重复和强调。虽然我们对有关广告周期及频次影响购买决策的实际情况了解甚少，但尽量要求达到发布周期和广告频次合理化的目标。

6. 企业财务状况　归根到底，广告费用的多少，还要受企业财力的制约，尽管有时从理论上讲，应该大量投入广告费，但因企业财力有限，这种理论有其合理性，但不具有现实性，所以，财务负担能力决定了分配给企业广告部门与广告费的多少。同时要严格掌握广告费的使用范围，杜绝漏洞，防止以广告费名义作为其他活动的开支，把有限的广告费用足、用好。

7. 企业的促销策略　广告主在将其产品投放市场之后如何使其为消费者所知晓、认识、接受？是采用直销方式还是其他方式？是将广告方式和直接推销方式合并使用，还是单独运用？这一系列问题都会涉及广告主的促销策略。

那么，促销策略又如何能对广告预算施加影响呢？广告主为扩大产品销售量一般都会采用两种方式：广告和促销。两者之间的关系是相辅相成的。某个广告主若为打开产品销路而在经销商店开展大规模促销活动，从表面上看，这虽要求广告主为此拿出大量的促销经费，相形之下所需的广告经费就会有所减少，但是，广告主所需要的促销经费有相当一部分是由广告经费转移过去的。从某种意义上讲，广告主在商店开展促销活动所需要的租金费用也有一部分间接地是由广告垫付的。

因此，要正确地作出广告预算，广告主就要明确在广告预算中促销与广告之间的关系，并据此来确定广告和促销所占的比例。

8. 广告频次　广告频次即在某一个媒体上重复为某品牌发出信息的次数，它对广告预算的多少也有影响，因为消费者通常需要一定数目的重复接触，才能把品牌和广告信息铭记在心。当然，这些影响会因所使用的媒体、信息、产品及广告的实施策略不同而不一样。一般而言，在大多数消费者中，需要有三次的信息暴露才能产生记忆，因此，广告策划者必须充分认识到信息出现的频次对广告效果有很大影响。

9. 产品风险　产品风险是指选择产品所负担的风险，可以用两种方法判断：① 以产品实际花费为准的金钱风险；② 产品购买后能否满足需要或解决问题的性能风险。这些直接影响了广告类型与广告风格，自然涉及广告预算。通常低风险产品在市场上都面临着激烈竞争，具有很大的可替代性，为了维持或改善现有地位，这种可替代性较强的产品对广告依赖很大，所以广告预算也较高。相反，如果产品在市场上没有其他产品可替代，那么所支付的广告费也就相对比较低。

10. 不可控制的外部因素　它主要包括：经济状况是否景气？有何法律法规会制约到广告业务活动（如一些国家相继通过法律或法规禁止香烟广告），等等。从本质上看，这些外部因素都是广告主无法控制的，但广告主在制定广告预算时应充分地对各种不可控因素加以考虑，以尽可能抵消不可控制的外部因素对拟定广告预算、开展广告活动的影响。

8.1.6 广告预算的意义

1. 控制广告活动 对广告费用进行科学预算和分配,可以避免企业广告费用预算确定的主观性和盲目性,使广告费用预算真正建立在科学的基础之上,使广告投资产生最佳效益。同时,根据广告目标的要求,科学、合理地确定广告预算,可以使广告费用得以合理而适度的运用,减少偏差和错误,使广告活动能够按计划稳定地进行。

2. 规划经费使用 广告费用预算就是在广告活动之前事先制定出广告费用的使用方案,这样就可以堵住广告费流失的漏洞,避免无度使用,克服凭借熟人关系随便支用广告费的不正常现象。为了减少广告活动的盲目性,使广告活动按客观规律行事,就必须制订广告费用预算。

3. 评价广告效果 评价广告效果的主要标准是看广告活动在多大程度上实现了广告目标的要求。而广告预算对广告费用的每项支出都作了具体规定,这就为比较每项广告活动所花费的费用与所取得的效果提供了依据。所以通过广告预算可以为广告效果评价工作提供经济指标,以更好地评价广告活动的效果。

4. 提高广告效率 广告经费是企业的一种投资,有利于降低生产成本和流通费用。广告企业既然为广告投了资,就应当发挥它的作用,通过提高广告效率,为企业带来了更多的效益。周密、合理的广告预算对这种支出作出明确合理的安排,提出要求,有助于每一项广告活动尽可能达到较理想的状况,从而促进整个广告活动效率的提高。

5. 增强工作责任 由于对广告费用的使用预先作出了规定,而且还要进行事后的效果评价,无形中就加强了广告业务人员的责任心,减少不负责任的现象,尽可能地克服不正之风。

8.2 广告预算的方法

广告预算的方法很多,主要有销售比例法、利润比例法、销售单位法、目标任务法、竞争对抗法、量力而行法、市场份额法、通信定货法、任意增减法、计量设定法等。

8.2.1 广告预算的应注意事项

广告费用预算总额需要多少才算合理,至今仍无科学计算方法。广告预算多了,会造成浪费,少了会影响必要的广告宣传活动,甚至会影响商品销售,在竞争中处于不利地位。为了使广告预算符合广告计划的需要,在编制广告预算时应注意以下几个问题:

1. 注重预测,合理确定广告预算的总额 要使广告预算合理、可行,取得较好的广告效果,首先必须对未来有个较为准确的预测。前景预测包括:消费者需求预测、市场发展趋势预测,市场竞争发展预测和企业自身发展趋势预测等。只有比较准确地预测前景,才能对广告任务和目标提出具体要求,制订出相应的广告策略,从而较合理地确定广告预算总额。

2. 注重协调,与企业其他活动互相配合 要取得较好的广告效果,必须把广告活动与企业的营销活动结合起来。同时,要有各种广告媒体的组合和各种方式广告活动的紧密配合,有主有次、合理有序地分配广告费用,保证广告计划得以顺利实施。与企业营销活动协调一致的广告预算编制，可以有效地扩大企业销售，提高企业经济效益。

3. 注重管理，对广告费用进行合理的控制　编制广告预算时，应根据广告计划的要求，合理地、有控制地使用广告费用，及时检查广告活动的进度，发现问题并及时调整广告计划与广告费的总额与分配额，只有这样才能促使广告目标的顺利实现。

4. 注重效益，不断提高广告效率　编制广告预算必须注重效益的提高，要注意及时研究广告费的使用是否得当，有无浪费。应随着时间、地点、条件的变化对广告预算作出适度的调整，从而促进经济效益和社会效益的同步提高。

8.2.2　广告预算的基本步骤

1. 预算调研阶段　预算调研阶段要注意收集有关商品的销售额、企业广告营销计划、流通及竞争等方面的数据与材料，做好预算前的准备工作。

2. 预算分析阶段　预算分析阶段主要应做好下述工作：

1）通过分析企业整体营销计划和企业的市场环境，提出广告投资总额的计算方法和依据。

2）分析上一年度销售单价和销售额是否符合上一年度的预测销售单价和销售额，由此预测下一年度的销售情况，以便合理安排好适应于营销需要的广告经费。

3）分析历年企业产品销售周期，探索本企业的一些营销规律，以确定不同月份的广告费分配，为广告总投资提供必要的依据。

3. 拟订方案阶段　根据销售计划确定广告计划，编制广告预算。在编制广告预算时，应根据本企业的实际情况，采用适合本企业的广告预算方法来编制预算方案，然后再根据市场因素的变化情况，研究和调整广告预算方案，并同时考虑广告效果。

4. 确立方案阶段　这一阶段主要是把广告预算方案提交企业最终预算会议讨论。企业高层领导人员根据有关方面提供的情报，综合销售等部门的意见，作出决定，经主管领导批准，成为正式预算。

5. 落实方案阶段　将最后确定下来的预算方案予以进一步的明细化和具体化。其中包括对广告经费各项目的明细表及责任分担，广告预算按产品、市场、媒体及别的项目预算分配，广告计划细目的实施和预算规模之间的分配与调整对策等。广告预算的落实阶段既是预算的最终确立阶段，也是对广告计划的实施加以控制并不断予以调整的阶段，它是广告预算能否最终实现的保证。

8.2.3　广告预算的编制方法

1. 销售比例法　销售比例法，是一种广泛采用的广告预算额方法，又称销售量百分比法。它是根据一定时期内（通常为 1 年）销售量（额）的一定比例计算出广告费用的总额的方法。这种方法由于计算标准不同，可具体分为：

（1）计划量（额）百分比法　它是根据对下一年度的预测销售量（额）计算出广告费用额的一种方法。

（2）上年度销售量（额）百分比法　它是根据上年度或过去数年的平均销售量（额）计算出广告费用额的一种方法。

（3）平均折中销售量（额）百分比法　它是折中上述两种方法计算广告费用额的一种

方法。

（4）计划销售增加百分比法　它是以上年度广告费为基础，再加上下年度计划销售增加部分的比率计算出广告费用额的一种方法。次年度广告费＝上年度实际支出的广告费＋预测次年度增加的销售额×百分率，销售比例法中的百分率应视产品、市场环境、营销等实际情况而定。有的根据上年度来计算，有的根据未来的预测来确定，也有的根据两者的混合平均数来确定。国外一般企业以销售收入的3%或5%作为广告费。这种方法较常用，而且很简便，其优点是：① 能促使各企业的销售额和广告预算之间有一定程度的广告百分比，计算较为精确；② 能促使管理者考虑到每一笔广告费与销售收入之间的关系，有利于较长远的发展计划。

但这种方法也有不足之处，首先是逻辑上的不合理，它倒果为因，把销售额当做广告的原因，而不是结果，从而忽略了广告对销售的主动促进作用，遇到比较好的宣传机会时，会因广告费的限制而失去良机。其次，由于销售额每年可能有变动，不利于广告预算的长期计划。此外，所有的商品都取相同的百分率，当某一种产品由于某种特殊需要时则无能为力。因此，运用此法时，不能把百分率定得太死，要把各种因素结合起来考虑，使广告预算在不同的情况下留有余地，带有一定的灵活性。

2. 利润比例法　利润比例法根据计算方法不同，可分为实现利润和纯利润两种百分率计算法。这种方法在计算上较简便，同时，使广告费和利润直接挂钩，适合于不同产品间的广告费分配。但对新上市产品不适用，因为新产品上市要大量做广告，掀起广告攻势，广告开支比例自然就大。利润比例法的计算方法和销售比例法的计算方法基本相同。

3. 销售单位法　它是指以每件商品摊分的广告费来计算，方法简便，多卖多拨广告费。其公式为

$$广告预算 = \frac{上年广告费}{上年产品销售件数} \times 本年产品计划销售件数$$

4. 目标任务法　目标任务法所遵循的基本精神是"零基预算"，也就是预算的建立从零开始，不必去考虑去年的预算情况。它要求每一项预算都要与其所达成的"任务"密切相关，是实现目标的必然要求。其预算程序如下：

（1）界定任务　以营销目标为基础，来界定广告所要达成的目标及任务。这些任务必须是具体的个别的工具，相互之间要能区分开来。比如，广告目标是把潜在顾客的偏好提高到30%，而任务则是在有线电视上持续两个月的广告播出，并在当地晚报上每周3次共8周刊登有关推荐广告。

（2）决定成本　按照执行广告任务的媒体支出和其他费用，计算出广告成本金额。

（3）方案排序　实现目标的方案要加以评估和排列，按照其重要程度给以排序。所谓重要性就是指方案所贡献的达成目标的程度。

（4）决定预算　将各项方案的成本加以汇总，然后形成最后预算。由此可见，之所以要对方案加以排序，一个很重要的原因就在于万一汇总之后预算超出了负担程度，则可以依照由轻到重的方向删除次要的方案。

目标任务法的优点显而易见。它配合并实现了营销规划程序的行进方向，具有严密的系统性和逻辑性；同时它是针对具体任务分配经费，在预算上以零为基点，可以有效回避以往失误的重演，并保障广告费既不会浪费也不至于不足。当然，它有其必然的缺点，就是没有

对每个任务执行的最佳程度提出一个指导方针,在以目标作为前提的情况下,广告目标往往难以量化,无法提供准确的依据。另外,由于广告媒介传播中存在着多种偶然性因素,有时很难准确估算广告效果。

5. 竞争对抗法 这种方法,是根据广告产品的竞争对手的广告费开支,来确定本企业的广告预算。在这里,广告主明确地把广告当成了进行市场竞争的工具。其具体的计算方法,又有两种:① 市场占有率法;② 增减百分比法。

市场占有率法的计算方法为

$$广告预算 = \frac{竞争对手广告费总额}{竞争对手市场占有率} \times 本企业预计市场占有率$$

增减百分比法的计算方法为

$$广告预算 = (1 \pm 竞争对手广告费增减率) \times 上年广告费$$

比如,竞争对手某商品的市场占有率为40%,它的广告费总额为40万元,则每个百分点的市场占有率花广告费1万元,本企业预计市场占有率为28%,则广告费至少在28万元以上。竞争对手本年广告费比上年增加10%,本企业也至少增加10%。

上述这种方法虽然可能在短期内达到对抗的目的,但由于不是从本企业自身实力出发而是从竞争对手出发,所以带有较大的风险性。

6. 量力而行法 这是按照企业财力情况来决定广告预算的多少,也就是以企业的财力来做广告,这种做法的指导思想是,认为广告不仅可以促成眼前的销售,还可以为产品创造良好的商誉,进而促进未来的销售机会。这样,广告往往被看作是一种投资,而不是一种耗费。采用这种方法做广告,一般是对广告效果无法衡量的情况下采用的,比较适用于资金和财力较少的中小企业。

7. 市场份额法 市场份额法是20世纪60年代中期在竞争对比概念基础上总结、归纳出来的,其主要内容就是阐述市场份额与广告预算经费之间的关系。

根据这个法则,广告主意欲保持现有的市场份额和扩大其在市场中占有的份额,就必须使其在市场中所占的份额高于该广告主占有的市场份额。如果是广告主希望以新产品来占有市场份额,那他就应该将其所付出的广告份额两倍于所希望达到的市场份额的标准。

从理论上讲,这种方式似乎可行,但从实际情况来看则有些脱离实际。这种方法是片面强调广告主为使其产品能在市场中占有一定比例份额,而忽略了广告质量、销售量组合中其他组成部分及个人推销在产品总体销售中所发挥的作用。如果各个相关环节不能协调一致,那么广告主的广告份额占得再多也会无济于事。

但市场份额法也有其积极的一面。由于这种方式清晰地说明了广告份额与市场份额(产品销售额)之间的关系,因此广告主可以在某一特定的时间范围内连续使其广告预算和在市场中所占有的广告份额超过其市场份额,而且在实施过程中可以仔细分析其销售计划中各个部分的内容是否切实可行并进行相应的调整。这样,广告主便能在相当程度上保证使所付出的广告预算收到应有的效益。从更为积极的角度来看,市场份额法可以在市场份额连续超过广告份额时,提醒广告主对两者之间的关系加以调整。

8. 通信定货法 通信定货法,是邮售普遍采用的方法,它是根据特定的广告而来的询价和定货的统计人数测算广告费的方法,即合计商品目录印刷费、征订信印刷费和邮票金额,除以销售件数,便可得出已售的每件商品平均支出的广告费。由单位商品广告费,就可

得出一定的销售量需要支出的广告费金额。公式为

$$单位商品广告预算 = \frac{商品目录印刷费 + 征订信印刷费 + 邮件邮资}{已销售商品件数}$$

$$广告预算 = 单位商品广告预算 \times 预计销售数量$$

9. 任意增减法 这种方法又被称为武断拨款法。顾名思义，任意增减法就是由广告支出决策人员，借助以往的经验和个人对市场的判断来作出广告费用支出预算。这一方法在操作上虽然不甚科学，但许多企业却乐于采用，在中国尤为普遍。这一方法并未认真考虑广告所要达成的目的，或者要从广告中取得什么满意的结果，通常由企业决策者或财务部门经由某种形式的执行判断来代替，主要表现在以下几方面：

（1）企业决策人决定　由企业决策人确定预算，一般是按照可能取得的金额来进行分配，将其中一部分划为广告费。这些费用有时是因为品牌需要或者公司需要，但也不仅如此。在这种状况下，广告运作策划人员真正要关心的，只是如何分配金额，并适当地控制广告，而不是决定广告预算。

（2）按承受力支出　采用这样一种预算方法，往往是企业决策人相信公司或某一品牌在多大程度上可以负担起一定金额的广告预算。采用这一决策的主要因素，通常是希望并相信广告预算作为对品牌的投资能够回收预算的利润值。处在这种情况下时，广告策划人员所涉及的也仅止于分配和控制预算，并不涉及预算决策。

（3）竭尽所能投入　这种预算决策往往出现在某种特别时刻，企业必须依靠广告才能获取市场，或者公司或品牌处于垂亡的边缘，除广告外其他的拯救方法都已尝试过。当此之际，对广告费用的预算则与销售、利润甚至投资回报无关联。其基本意图只是保住市场，或在广告战中压倒竞争对手。这种情况在现实中有很大风险，但运用这种铤而走险的方式出奇制胜的案例也不鲜见。

10. 计量设定法 计量设定法，是利用计算机通过若干模型对企业整体营销活动做仿真，然后预测企业的广告活动及其所需费用。简单的定量方法只能看出一个大致的发展趋势，并没有太大的实用意义，而若想真正运用这一方法，必须有较复杂的模拟，再选用大量参数，通过计算机作出分析，才能得出精细的结论。特别是一些大公司，广告费投入很大，只采用太简单的计算方法已不能适应需要，而必须建立有关系统，采用计算机来对广告投入费用进行估算。

以上广告的预算方法各有利弊。因企业自身情况不同，市场环境不同，企业可采取相应的广告预算方法，并根据具体情况进行调整。只要是符合企业发展战略，保证企业广告目标的广告预算都应当是合理的广告预算。

8.3　广告预算的分配

在设定广告预算总额后，要依据广告计划各细目的要求，将广告预算总额分摊到各个广告活动细目，这也是通过广告预算来组织、协调、控制广告计划实施的一种手段。

8.3.1　影响分配的因素

1. 销售目标 各种产品有其不同的销售量、销售额、利润率等指标，销售指标较高的

产品，其广告经费的分配也比较多，反之则较少。

2. 市场范围 目标市场范围越大的产品，需要投入的广告费就越多，反之目标市场范围越小的产品，则投入较小的广告费即可。

3. 销售时间 不同的商品有其不同的销售时间，有常年销售、季节销售、节假日销售等，因此相应的广告宣传时间也会有长短之别，不同的广告宣传时间所需要的广告费用是不同的，因而广告预算的分配也不同。

4. 媒体情况 各种商品所使用的广告媒体不同，媒体组合也不同，广告费用多少也会各异，其广告预算自然也就不同。在广告预算分配中一定要注意到媒体费用的价格差异。

5. 部门任务 各部门任务不同，所负担的工作性质和工作量不一样，广告费的分配份额有所不同，但一般应保证媒体费用。媒体费用应占广告预算总额的80%左右。

6. 竞争态势 一个竞争激烈的市场，通常是一个耗费大量广告经费的竞技场。竞争者的数量与实力对于企业为实现广告目的所需要的广告经费开支大有影响，竞争激烈时的广告费用肯定高于平时的广告费用。制订广告预算时一定要掌握竞争对手的情况。例如，谁是竞争对手？它的市场占有率如何？市场上还有哪些不同品牌的同类产品？竞争对手的广告策略和广告费用如何？因为这些因素都会对广告预算带来影响。

8.3.2 广告预算分配法

1. 时间分配法 广告计划按时间划分，可分为长期广告计划、年度广告计划和临时广告计划，因此相应的广告费用分配就应该有年度广告费的分配、季度广告费的分配、月度广告费的分配和机动性的临时广告费分配。

2. 区域分配法 它是按照企业市场范围，划分为若干地区，根据企业在每个地区的营销目标分配广告费。

3. 产品分配法 一般企业均有多种产品上市，不同产品在企业业务量中的比重不一，较为典型的规律是20%的企业主要产品占据企业80%的业务量。因而，在广告预算分配上，应优先保证重点产品的广告宣传。

4. 媒体分配法 媒体广告费是广告费中最大的一笔，一般占预算的70%～90%，它包括广告计划所规定运用的各种不同类型媒体之间的广告费分配，如四大媒体之间各应分配多少等。它还包括同一类型媒体内的广告费分配，如广告计划规定运用印刷媒体，就要根据需要，对广告费在选用的几种印刷媒体之间分别加以合理的分配。

5. 对象分配法 它是按照广告计划中的不同广告对象分配广告费。对工商业和团体用户可少分配广告费，而对最终消费者，要多下本钱。在消费者中，又可按不同的消费者阶层来分配广告费。

6. 部门分配法 这是指企业内外的广告费分配，如自营广告费与他营广告费。在自营广告费中，还要对各广告业务部门的费用进行细分，如对创作部、管理部、制作部、联络部、调研部、媒体部等部门进行费用分配。

7. 项目分配法 这是指按照广告经费项目类别的不同进行分配，主要有媒体购入费、广告制作费、一般管理费、调查费等。一般来说，广告费总额的80%～85%用于购买媒体，5%～15%用于广告制作，5%左右用于调研，2%～7%用于广告的管理协调。

进行广告费的预算分配：① 要注意预留机动费用，分好用好这笔钱；② 注意销售的淡季和旺季问题，根据销售额的周期性变动，一般加大在销售旺季的费用投入；③ 广告效果的持续性问题。不同产品在不同媒体上做广告，使用强度不同，都会影响广告的持续时间的长短。可以从广告推出的时间与产品销售变动的情况进行比较分析，看出广告的持续时间，从而为确定媒体计划、广告的推出日期和广告费用的具体分配提供参数。

8.3.3 广告预算书

广告预算书的内容，是对广告预算的列支、计划和分配进行详尽的说明。

广告预算书一般而言，应该以图表形式列明广告预算的项目开支、分配和项目内费用的分配等内容。

1. 项目列支 广告预算书中的预算项目一般为：

1）广告调研费。
2）广告设计费。
3）广告制作费。
4）广告媒体费用。
5）管理费用。

在广告预算中，应分别列明其广告预算费用的开支分配和使用范围。

2. 项目的费用分配 项目内费用的分配，主要指广告预算列支项目的细分项目分配列支，或不同工作阶段的广告费分配列支。这是为了保证广告工作的顺利进行并实施对广告费使用的阶段性控制的重要手段。

3. 相关说明 在广告预算中，一般还应附加一段文字说明，对预算书的内容进行解释。

4. 广告预算书的基本格式 综合性广告预算书的基本格式如表 8-1 所示。

广告预算书格式及内容，不可能千篇一律，应根据不同业务需要所涉及的项目来拟订。

表 8-1 广告预算书

委托单位：　　　　　负责人：
预算单位：　　　　　负责人：
广告预算项目：　　　期限：
广告预算总额：　　　预算员：
日期：

项　目	开支内容	费　用	执行时间
市场调研费： 　1. 文献调查 　2. 实地调查 　3. 研究分析			
广告设计费： 　1. 报纸 　2. 杂志 　3. 电视 　4. 电台广播 　5. 网络 　6. 其他			

（续）

项　　目	开支内容	费　　用	执行时间
广告制作费： 　1. 印刷费 　2. 摄制费 　3. 工程费 　4. 其他			
广告媒体费： 　1. 报纸 　2. 电视 　3. 电台 　4. 杂志 　5. 网络 　6. 其他			
管理费： 　1. 工资 　2. 其他			

复习思考题

1. 广告预算的内容包括哪些方面？
2. 影响广告预算的因素有哪些？
3. 广告预算有何意义？
4. 编制广告预算应注意哪些问题？
5. 影响广告预算的分配因素有哪些？

第9章 广告效果

 **学习目标：**

通过学习，让学生认清广告效果测定的内涵、特征，了解影响广告效果测定的因素，知晓广告效果测定的意义，掌握广告效果测定的程序，遵循广告效果的制定的原则，按照广告效果测定的方法和要求，正确地进行广告心理效果测定、广告经济效果测定和广告社会效果测定。通过对广告效果的多维测定，为广告预算的调整，广告重点的确定提供依据。

9.1 广告效果测定概述

广告效果测定对于提高广告效果，节约广告费用意义重大。了解和掌握广告效果测定的方法，有利于按照需要适时地进行广告效果的科学测定。

9.1.1 广告效果测定的概念

广告效果，是指广告活动通过消耗和占用社会劳动而得到的效益。广告效果的内涵，有狭义和广义之分。狭义的广告效果，是指广告活动所获得的经济效益；而广义的广告效果，则由于人们对广告活动的认识程度不同，更主要的是由于人们看问题的角度不同，在理解和说法上不尽一致。

广告效果测定，是指测试、了解各类广告的目的所能达到的程度或正在达到、已经达到的程度。

9.1.2 广告效果的主要特征

1. 时间的滞后性 广告对消费者的影响程度是受社会、经济、文化、时空和地域等多种因素制约的，因此，消费者对广告效果的反应程度也是各有区别的，有的可能快一些，有的可能慢一些；再有广告对消费者的心理刺激必须通过一定的反应过程，即反复的刺激过程，才能达到购买行为阶段。因此，广告对消费者的影响程度，总的来说是滞后的，即广告效果必须经过一定的时间周期之后才能反映出来。除了某些特殊的促销广告之外，大多数的广告效果需要较长时间周期，这就是效果的滞后性。因此，对广告效果的测定必须准确地掌握它的时间周期，才能准确地测定广告的真正效果。

2. 效果的累积性 广告作用于消费者，促成其购买行为而产生促销效果，大多数情况下并不是一次、一时或一种信息和媒体作用的结果，而是广告信息的多次重复，造成累积绩效的体现。消费者在尚未发生购买行为之前，都有可能看成是广告绩效的累积时期。在这段时期中，消费者的购买行为尚未发生，企业必须连续地、多次地广告，强化影响，通过量的积累转化为质的飞跃，促成消费者购买。而这种购买行为，显然不应看作是最后一次广告的效果，而应看作是在此之前多次广告信息累积的效果。正因为消费者的购买行为是多次广告信息、多种广告媒体综合作用的结果，所以很难评估某一次广告的单一效果。

有些广告能在短时期内收效，但大多数广告是不能立竿见影的，其效果是一个累积的过程。因为广告活动是一个动态过程，人们接受信息也是一个动态过程，因此，广告对消费者产生影响，往往是一种信息传播累积的结果。

3. 效果的复合性　完整地理解广告效果，它是经济效果、社会效果和心理效果的统一。作为商业广告，其核心效果是经济效果。广告的经济效果，与企业的经济效益，在方向上是呈现一致性的。企业经济效益的好坏，具体地说，就是商品的销售、服务的扩大，除了受广告活动的推动外，还要受销售路线、产品价格、产品质量、消费者的购买力及其他促销手段的影响。因此，在考虑广告效果时，要考虑到多方面的因素。从传播效果来看，广告活动是一种综合性的信息传播活动，它既可以通过各种表现形式来实现，又可以通过多种媒体组合来传播，尤其是企业在进行广告活动的同时，还会从事一些有关企业、商品的新闻宣传、公关等活动，这就使得广告效果显得更加复杂。有时，很难分清是广告本身的效果，还是新闻宣传的效果，或者是二者综合而成的效果。

4. 效果的间接性　广告效果最直接、最明显的反应，应该是销售额或销售利润的提高，但是影响销售效果的因素却并非只有广告活动而已，人员推销、销售促进、公共关系乃至产品的商标、包装、内在质量、价格、流通渠道等，均会影响到商品的销售效果，因此，对广告直接促进销售的效果测定，在一般情况下是很困难的。但是，广告对消费者的心理影响，对其消费心理变化的影响程度，却是可以通过科学的方法加以测定的，这就是广告的本身效果。它是通过影响广告引起消费者的注意、兴趣、记忆、信念、欲望等心理过程而实现的。这些因素虽然大多数不能直接引起消费者的购买活动，但的确能提高人们对商品的认知与信赖，从而间接地促进商品的销售，这就是广告效果的间接测知性。

5. 效果的层次性　广告效果是有层次的，即有经济效果与社会效果、眼前效果与长远效果之分。只有将它们很好地综合起来，才有利于广告主的发展，有利于塑造良好的企业形象与品牌形象。广告策划者开展广告宣传活动时，不能只顾眼前利益而进行虚假广告，更不能只要经济利益而不顾社会影响。

6. 效果多样性　在产品生命周期的不同阶段，市场和竞争形势不同，广告目的也不同。广告目标作为评估广告效果的重要依据，在很大程度上规定着广告效果的好坏。在产品介绍期，广告应达到吸引注意，扩大知名度甚至导致试用的效果；在产品成长期，广告应达到推动销售尽可能大和尽可能快地增长的效果；在产品成熟期，好的广告效果是尽可能长久地维持高的销售水平。当然，广告效果的多样性也可以从其他角度进行分析。

7. 对抗损耗性　企业进行广告宣传的目的，就是要稳定老顾客，争取新顾客，极力向目标对象宣传自己的产品、品牌，建立品牌意识，从而取代竞争对手的市场地位，努力提高市场占有率，提高企业的经营业绩。因此，竞争性是广告绩效的直接体现。在市场竞争异常激烈的情况下，生产同类产品的企业，为了争夺市场，纷纷开展较大规模的广告活动，常常引发广告战。在广告大战中，竞争者之间往往产生强烈对抗，甚至相互攻击。消费者面对大量同类产品的广告信息的轰炸，必然会产生一定程度的排斥或抵触。这些都会减弱广告信息的影响力，产生损耗。

8. 效果的两面性　广告产生的效果，不仅有促进消费者购买行为增加的一面，也有延缓消费者购买行为减少的一面。当市场不景气时，或产品进入衰退期阶段，广告的作用是尽量说服消费者购买该商品，以此延缓商品销售量的急速下降。所以只从增加购买行为方面去评估广告效果是不全面的，还应该与同类商品进行比较，在排除市场本身扩展或萎缩而造成购买行为增加或减少的基础上来评估广告的效果。

9.1.3 影响广告效果的因素

1. 传播的时机 一般而言，在以下几种情况下广告效果最佳：
1) 在产品营销过程中，广告前后的销售结果出现显著差额时。
2) 当产品销售形势看好，呈现上升趋势时。
3) 消费者或用户急需某种产品或服务，但对其详细情况认识模糊或了解不全面时。
4) 企业推出一项新产品，它的特殊性能、作用或特性尚未被人们了解时。
5) 当某类产品在同类产品中具有某种特殊差异性或信誉方面居于领先地位时。

准确地把握信息市场变化的这些机会，广告活动可以事半功倍。时机的利用还在于能否向消费者提供及时、准确无误的信息，特别是人们最关心的信息，激发消费者或用户的购买欲望。

2. 选择的媒体 广告媒体是广告信息借以传达的工具，现代广告媒体已扩展到广泛的领域，其多元化的形式为广告实施提供了广阔的空间。只有选择信息传播快、准、廉的媒体，才有利于获得广告的经济效益和广告本身的诉求认知的最佳效果。

3. 作品的准备 广告作品本身是影响其促销效果的原动力。这里主要指制作广告时所考虑到的画面的位置、能见度、色彩鲜明感、画面的质感、构图的创意性和启发联想的视觉效果，以及能吸引人们注意力、兴趣和便于感知、记忆等有关的因素。在众多的广告中，只有构思新颖、创意独特的作品才能脱颖而出，扣人心弦。

但应注意的是，在增强作品视听效果时，绝不可不择手段地采用违法和不道德的行为。

当前国内广告利用知名人士作产品介绍、宣传的很多，在产品导入期时，这种形式很容易被消费者接受。但是，这里需要注意的是，推荐人必须是确实用过，并确实喜爱此产品，所作的推荐与产品实际情况相符合，否则就构成对消费者的欺骗，容易造成企业、名人形象的两败俱伤。

9.1.4 广告效果的基本分类

1. 按广告效果的层次划分

（1）广告传播效果 广告传播效果主要反映广告被接受的情况，如广告覆盖率、接触率、注意度、记忆度和理解度等，这是广告效果的第一层次。

（2）广告心理效果 广告心理效果主要反映广告活动对消费者心理活动的影响程度，即消费者的认知过程、情感过程和意志过程的影响程度。广告的传播功能、经济功能、教育功能、社会功能等都是通过广告的心理功能来实现的，因此，可以说广告的心理效果是广告的经济效果和社会效果的基础，这是广告效果的第二层次。

（3）广告促销效果 广告促销效果主要反映广告所引起的产品销售增长情况，即广告的行动效果。这是广告最为明显的实际效果，也是大多数企业做广告的直接目的，这是广告效果的第三层次。

2. 按广告效果的产生过程划分

（1）广告到达阶段的效果　广告到达阶段的效果，是指广告媒体的覆盖程度，即报纸、杂志、电视、广播、网络等广告媒体与消费者的接触程度。

（2）广告注意阶段的效果　广告注意阶段的效果，是指在消费者接触广告媒体的基础上，对广告的关心程度并能够记住多少广告内容。广告实施后所给予消费者的印象深浅、记忆程度，往往成为衡量这个阶段的广告效果的尺度。

（3）广告行动阶段的效果　广告行动阶段的效果，是指消费者购买商品或者响应广告的诉求所采取的有关行为。在这个阶段，广告的效果是直观的，具体的。

3. 按广告效果构成因素划分

（1）广告原稿效果　广告原稿效果又称为广告表现效果，它是指广告剔除媒介作用后由广告原稿本身带来的效果，即广告原稿达到预先制定的认知率、显著程度、理解度、记忆率、唤起兴趣、形成印象等具体目标的程度。

（2）广告宣传效果　宣传效果一般指广告本身的效果。过去一般认为广告前后销售额的变化是测量广告效果的唯一尺度。后来有人提出，应以接受广告报道的人们的心理变化作为广告效果的依据，销售额是把广告活动的这一因素包含在销售活动的总效果中来认识的。

在广告传播中，接触广告的人们心理变化基本上按认识——接受——行动这种阶段发展。但也有迂回的推移模式，即：行动——接受——认识，也就是事先不知道商品的情况，买后使用知道其质量好，以后对这种产品的广告就比较注意了。

（3）广告媒介效果　广告媒介效果，是指纯粹由媒介本身给广告带来的效果。1961年美国广告调查财团（ARF）推出 ARF 媒介评价模式。这一媒介评价模式包括下述六个指标：媒介普及、媒介登出、广告登出、广告认识、广告报道和销售效果。其中，媒介普及是指报刊发行份数（或实销份数）或拥有电视机、收音机的总户数；媒介登出是指媒介潜在的视、听众总数，电波媒介登出是指观、听众总数，印刷类媒介登出则包括被传阅的读者总数；广告登出是指一则广告所接触的观、听众总数以及观、听众接触一则广告的频度总数。媒介普及、媒介登出和广告登出三项纯粹是媒介广告效果，而广告认识、广告报道和销售效果三项则是媒介和广告表现的综合结果。

4. 按广告宣传活动的整体过程划分

（1）广告调查的效果　广告调查是整个广告活动的基础和出发点，广告调查效果的好坏直接影响到整个广告活动的效果。广告调查的效果指的就是广告调查工作的质量，包括广告调查的科学性、准确性等。

（2）广告策划的效果　广告策划是一项极富创造性的工作，是广告活动成败的关键。广告策划的效果主要包括广告计划的科学性、先进性，广告策划的正确性、有效性，广告预算的准确性、合理性等。

（3）广告创意制作的效果　广告创意表现及制作是广告策划活动的深化和延缓。其内容主要包括：广告的主题是否新颖、独特；广告的构思是否巧妙、合理；广告表现是否幽默、生动；广告作品是否具有很强的吸引力等。

（4）广告实施的效果　广告的发布实施工作质量也会直接影响到广告效果，包括广告发布的时机、地点，广告媒体的选择、组合运用等情况。

5. 按广告计划的不同要求划分

（1）广告目标效果　广告目标效果，是指广告活动结束之后的期望效果。这是广告效果最主要的内容之一，是对广告经济效果、心理效果和社会效果的最终评定，是判别广告活动效果的主要依据。

（2）广告表现效果　广告表现效果又称为广告原稿效果。它是指广告剔除媒介作用后由广告原稿本身带来的效果，即广告原稿达到预先制定的认知度、显著程度、理解度、记忆率、唤起兴趣、形成印象等具体目标的程度。

6. 按广告的作用时效划分

（1）广告即时效果　广告即时效果，是指广告传播时当场产生的效果。例如，有些电视广告受众在接受某一广告时立即作出反应，产生购买欲望，当即拍板，决定购买。

（2）广告延时效果　广告延时效果，是指非即时发生、延期、滞后发生的广告效果。因为广告对受众观念上的冲击，如消费者对产品及企业的印象的变化等，这些观念上的影响可能一时难以看出，但经过广告活动的重复、巩固、加强之后，便会逐渐表现出来。

7. 按对广告活动的管理过程划分

从广告效果在广告活动过程中所起的作用来看，广告效果可以分为预计效果、预测效果和测定效果。

（1）预计效果　预计效果即期望效果，是指企业、组织的管理者依据经验和企业发展需要而提出的广告效果要求，它反映了管理层对广告活动结果的期望，是一种主观要求和愿望。

（2）预测效果　预测效果即论证效果，指的是经由专家通过严格科学论证后认定的可实现的广告效果。

（3）测定效果　测定效果即事实效果，指的是经过科学检验测定的广告实际已产生的效果。它包括：事前、事中和事后测定的效果。

9.1.5　广告效果测定的意义

1. 对广告主的意义

（1）有利于加强广告意识，提高广告信心　广告效果评估，能较客观地肯定广告所取得的效益，也可以找到除广告宣传因素外影响企业产品销售的原因，如产品的款式、包装、质量、价格等问题。

通过广告效果测定，可以准确地把握广告策划投入的费用是否值得，利于广告客户进行成本管理；可以检验广告活动计划是否符合企业的整体营销计划，可以事前把握广告活动何处易于成功，达成目的；何处风险较大，易造成失败。企业可以据此调整生产经营结构，改善经营管理，开发新产品，实现经营目标，取得良好的经济效果，使广告主增强广告意识，促进广告主与广告商的密切合作，提高广告主做广告的信心。

（2）有利于正确评估广告策略的准确性　某一期的广告活动结束之后，广告主必须准确评价广告效果，检查广告目标与企业目标、市场目标、营销目标相互吻合的程度，总结营销组合、促销配合是否默契。通过对本期广告效果的测定与评估，及时发现、弥补广告策略中的不足之处，需要时进行适当的调整，使下一期的广告策略更趋于完善。

（3）有利于正确选择广告代理商或广告媒体　广告效果测定，可以使广告主有效地评价广告代理公司（包括制作公司）的广告成效和工作业绩，从而为正确选择广告代理商及广告媒体提供依据。

（4）有利于广告计划的修订和完善　通过广告效果测定，能够及时得到广告信息反馈，以便修订未来的广告计划。就广告而论，没有完全成功的先例，尤其新产品的广告更要经历许多曲折。因此，广告效果测定可以及时总结广告运作的经验和教训，这对于改进以后的广告计划有着重要的意义。

2. 对广告商的意义

（1）有利于提高广告业的服务质量　通过广告评估，可以收集消费者对广告作品的接受程度，鉴定广告主题是否突出，广告形象是否具有艺术感染力，广告文案是否简洁、鲜明、生动，广告创意是否感人，是否符合消费者的心理需求，是否收到良好的心理绩效等。广告评估为未来的广告活动提供参考，有助于改进和完善广告的设计与制作，使广告的内容与表现形式结合得更加完美，诉求更加有力，使广告公司更加尽心尽力于广告主的广告活动，从而使广告业的服务质量得到明显的改善和提高。

（2）有利于为正确进行广告策划提供帮助　对广告商而言，广告策划是否成功，可以通过广告效果的测定与评估得到检验。某一期广告活动结束之后，首先应检验广告定位、广告策划、广告目标是否准确；广告媒体运用是否恰当；广告发布时间与频率是否适宜；在投入了大量的广告费用之后，是否为广告主或委托人带来了期望的经济效益。通过广告检验，可以为今后进行更加有效的广告策划，并为进一步指导未来的广告活动提供帮助。

（3）有利于保持老顾客和发展新客户　对于广告公司而言，科学地进行广告效果测定，可以合理安排广告预算，提高广告投资的效益，从而激发广告人的自信心。对内能起到总结经验，提高业务水平的作用，对外能作为体现公司能力的有力依据，稳定现有客户，发掘潜在客户，通过新老客户的增加，促进广告业务的拓展。

9.1.6　广告效果测定的原则

1. 真实性原则　真实性原则是广告效果测定应遵循的首要原则。广告效果测定的真实性原则，即广告宣传的内容必须客观、真实地反映商品的功能与特性，要对广告是否实事求是地向媒体受众传播有关广告产品或企业的信息进行测定。

广告传输的信息分为单面信息和双面信息。单面信息，是指只集中告知媒体受众有关广告产品的功能与优点，调动媒体受众的情绪，使他们产生购买欲望，但过分强调单面信息会使媒体受众产生逆反心理，有时甚至会产生怀疑；双面信息，是指既告诉媒体受众产品的优点，同时也告诉他们广告产品存在哪些缺点或不足，使媒体受众慎重对待。这种广告信息诚实可信，常能赢得消费者的好感。

2. 连续性原则　因为广告效果在时间上有滞后性，在形式上有复合性，在效果上有间接性等特点，因此，对广告效果的测定，就不能有临时性观点，而应进行连续性、经常性的测定。具体来说，某一时间或地点的广告效果，并不一定就是此时此地该广告的真实效果，它还包括前期广告的延续效果和其他营销活动的效果等。因此我们必须保有前期广告的延续效果和其他营销活动及其效果的全部资料，才能真正测定现实广告的真正效果。同时广告效果测定的历史资料，含有大量的检测经验与教训，对现实的广告效果测定具有很大的参考价值，而且长期的广告效果测定，只有在连续性、经常性的短期广告效果测定的基础上才能进行。

3. 动态性原则　广告效果不是静止的，而是处于不断变化发展过程之中。特别是广告效果具有滞后性、积累性以及间接性等特征，这就更要求广告效果测定不能采用临时性或一成不变的事后测定方法，而应采用更为科学先进的动态性全程跟踪的方法，使之成为监控广告活动的有效手段。

4. 经济性原则　广告效果测定所选取的广告样本的测定范围、地点、对象、方法以及测定指标等，既要考虑满足广告效果测定的要求，也要充分考虑企业经济上的可能性，尽可能做到以较少的费用支出取得尽可能满意的效果测定。在具体实施中，要从满足测定的要求和企业的经济条件出发，严格进行经济核算，选取最佳测定方案，力求做到广告效果测定的费用少、效果好。

5. 计划性原则　测定广告效果要有一套详尽的计划，确定测定的方法、方式和测定的规模，测定计划不仅要在理论上有可行性，而且在实施中要有可操作性。

6. 关联性原则　广告效果测定的内容必须与所追求的目标相关联，不可做空泛或无关的测定工作。如果广告的目的在于推出一项新产品或是改进的产品，测定内容应主要针对广告的心理效果，即消费者对品牌的印象。如果广告的目的在于在已有的市场上增加销售，则应将评估重点放在广告是否促进了消费者的购买行为上。而如果广告的目的在于和同类产品竞争，扩大市场份额，则广告测定的内容应着重于消费者对产品的信任感如何，等等。总之，广告效果测定的内容及指标设计都应当以解决问题为目标，而不应当为了迎合测定而把问题加以改变或简单化。

7. 有效性原则　有效性原则，是指广告测定工作一定要达到测定的目的，要以具体的结果来证明广告的有效性，而非空泛的评语。它要求在测定时，必须选取真正有效、确有代表性的答案来作为衡量标准，否则，就失去了有效性。

8. 可靠性原则　广告效果测定的结果只有真实可靠，才能起到提高经济效益的作用。在效果测定中，样本的选取一定要有典型性、代表性。对样本的选取数量，也要根据测定的要求，尽量选取较大的样本；测试要多次进行，反复验证，才能获取可靠的检测结果。

9. 针对性原则　广告效果的测定，不应泛泛进行，广告宣传产生的影响是多方面的，效果也会在多方面、多层次上体现出来。因此，在测定广告效果时应有明确的方向和目标。例如，测定的内容是经济效果还是社会效果；是短期效果还是长期效果；短期效果中是企业销售效果还是消费心理效果。如果是心理效果，还应评估是态度效果还是知识效果，而知识效果又分为媒体受众对产品品牌的认知效果和产品功能特性的认知效果，等等。所以广告效果的测定必须事先选定目标，然后确定相应的方法与手段，这样测定的结果才是真实、科学、准确的。

10. 综合性原则　影响广告效果的因素是复杂多样的，广告测定中的不可控因素也是复杂多变的，因此不管是测定广告的经济效果、社会效果，还是测定广告的心理效果，都要综合考虑各种相关因素的影响。即使是测定某一具体广告也要考虑广告表现的复合性能、媒体组合的综合性能以及时空、地域等条件的影响，才能准确地测定广告的真正效果。

9.1.7　广告效果测定的程序

1. 确定效果测定的具体问题　由于广告效果具有层次性的特点，因此测定研究问题不能漫无边际，而应该事先决定研究的具体对象，以及从哪些方面对该问题进行剖析。广告效果测定人员要把企业广告宣传活动中存在的最关键和最迫切需要了解的效果问题作为测定的重点，设立正式的测定目标，选定测定课题。

广告效果测定课题的确定方法一般有两种：① 归纳法，即了解企业广告促销的现状，根据广告主的要求，确定分析研究的目标；② 演绎法，其基本思路是根据企业的发展目标来衡量企业广告促销的现状，即企业发展目标→企业广告促销现状→企业广告效果来测定课题。

2. 搜集有关资料　　即寻求与研究目标相关的事实与证据，包括规定搜集资料的范畴，说明搜集资料采用的方法，记录资料使用的工具，确定调查人选，选择样本的范围和方法等。

3. 整理和分析资料　　这一阶段的工作主要包括：

（1）编辑整理　　它是指对从各方面搜集来的资料进行必要的整理加工、校对，消除资料中虚假和不适用的部分。

（2）分类编号　　它是指把编辑整理好的资料，用文字或符号，按适当的标准分类编号。若用计算机来控制可处理资料，分类编号应符合程序的统一标准。

（3）统计汇总　　它是指运用统计原理与方法，对资料进行汇总、分析、整理，推算出要测定的各项指标与数据。

（4）分析研究　　它是指对整理出来的资料与数据，找出他们之间的内在联系，得出问题的结论。

4. 论证分析结果　　论证分析结果，即召开分析结果论证会。论证会应由广告效果测定组负责召开，邀请社会上有关专家、学者参加，广告主有关负责人出席。运用科学方法，对广告效果的测定结果进行全方位的分析研究，使测定结果科学合理。常用的分析研究方法有：

（1）判断分析法　　这种方法是由测定研究组召集课题组成员，邀请专家和广告主负责人员参加，对提供的分析结果进行研究和论证，然后由主持人集中，并根据参加讨论人员的身份、工作性质、发表意见的权威程度等因素确定一个综合权数，提出分析效果的改进意见。

（2）集体思考法　　这种方法是由测定研究组邀请专家、学者参加，对广告效果的测定结果进行讨论研究，发表独创性意见，尽量使会议参加者畅所欲言，集体修正，综合分析，并认真作好记录，以便会后进行整理。

5. 撰写测定分析报告　　研究报告是广告效果分析、检验、评估过程的书面总结，也是正确测定广告效果、提高广告活动管理水平必不可少的重要步骤之一。测定分析报告的基本内容包括：

（1）前言　　前言一般包括：该次测定的目的，所研究的问题及其范围，测定的组织及人员情况等。

（2）报告主题　　报告主题应包括：测定的时间、地点、内容及所导致结果的详细情况；测定、研究问题所运用的方法；各种指标的数量关系；计划与实际的比较；经验的总结与问题的分析；解决问题的措施与今后的展望以及其他一些建议意见等。

（3）附件　　附件包括样本分配、数据资料推算过程、图表附录及其他原始资料等。

9.1.8 广告效果测定的方法

1. 态度测试法　态度测试法常用于测定消费者对某品牌的认知或感情的改变和消费者对广告使用的各种不同说辞的接受程度。测试态度的基本方法有三种：

（1）直接问题法　这是通过直接提出问题让受访者描述使用某牌号产品的感受或情形，以测定关于某产品有利或不利的态度的一种方法。例如，"你认为××牌易拉罐饮料容易开启吗？"

（2）评分量尺法　这是通过消费者对某品牌或某品牌的某个属性或其广告说辞进行评分，以测定态度倾向的一种方法。例如，"你认为××牌干红葡萄酒酒瓶是否容易开启？极易开启_____，容易开启_____，不难开启_____，难以开启_____，极难开启_____。"对使用难易情况规定不同分数，如，按从易到难的程序，规定评分分别是5、4、3、2、1，通过对此问卷进行汇总，即可测定消费者的态度倾向。或者通过数组形容公司或品牌的正反意义的形容词在评分量尺上各自列出，以测定调查对象对品牌或公司的态度，这种形式通常被称为语意差异法，但实际上是对评分量尺的运用。例如"您感觉××牌洗衣机的操作便利程度如何？请选择：
很方便_____，较方便_____，一般化_____，不方便_____。"

（3）核对表法　例如，"您在买空调时，下列各项中哪些对您最为重要？价格_____，耗电量_____，噪声_____，制冷能力_____。"这种方法便于了解消费者对产品特性的态度，但在设计核对表时，要注意关键特性的完备性，否则其结果就不理想。

（4）语意差异测试　例如，"您如何看待某企业及其产品？
徒有虚名_____，名副其实_____，
不讲信誉_____，信誉卓著_____，
产品质量差_____，产品质量高_____。"
这种方法能够较好地掌握消费者对广告商品的态度，简便易行。并且可以通过计算正、负向选项的百分比来评定结果。

（5）部分结构访谈　调查者事先根据所了解的信息，列出一系列问题，让被测者根据提问回答，这种方法试图让被测者有回答问题的发挥空间，以充分展示他们对广告及其产品的态度。

态度测试在有关广告评估中极为重要，尤其是老产品广告，有时广告的目的就是为了改变消费者对品牌的某个特性的态度。

2. 认知测试法　测试认知的途径是让消费者看一份广告，再问他有没有见过产品。这种工作一般在广告公布一定期限后定期进行，根据实际情况，可将认知分为三等："见过""关心过""注意过"，然后对消费者进行分类，并计算百分比。测定百分比后再用公式计算出广告阅读效率。广告阅读效率的计算公式是

$$广告阅读效率 = \frac{qk}{c}$$

式中　q——报刊的发行量；
　　　k——每类读者的百分比；
　　　c——所支出的广告费用。

认知程度是衡量广告认知与记忆的一项标准。在这方面有许多科学测试的方法，其目的是求得外在特征，如设计、版式、颜色和印刷技术的不同，所产生的不同视觉效果。这种广告大多是采取不同的距离、时间的变化，将广告向被测试者发布，试探他所产生的认知程度的大小，从而可以在广告活动中灵活掌握广告的发布方式。

3. 实地调查测试法 实地调查是为了测定广告宣传对产品销售所产生的实际效果而进行的，然而，实地调查是一项相对困难的工作，因此，又可针对实际情况，把实地调查分为单一变量测定法和多种变量测定法。

（1）单一变量测定法 影响销售的因素很多，仅广告传播媒体就有几十种，为了对广告效果的测定方便起见，可将变量因素尽量减少，在测定后再衡量广告传播后所产生的效果。

单一变量测定法是一种分区比较法。比如，以电视广告作为测定目标，则可选定两个区域。一个区域作为测定区播放广告，而另一区域则不播放，作为比较区。在预定试验期内测试其销售情况变化，并对两区进行比较，从而得出广告促销的效益。

在单一变量测定法中，试验区的选择至关重要，它直接关系到测定广告结果的准确与否。原则上，作为测验区和比较区的两个区域，在人口、地域大小、地理位置、社会经济发展水平、社会公众消费水平、消费习惯，以及销售渠道和传播媒介的作用等各方面都应大体一致。

（2）多种变量测定法 多种变量测定法和单一变量测定法大同小异，只是变量增加，项目较繁而已。以广告媒体为例，以报纸、广播、杂志、电视媒体为变量，即可组合出多种方式来。对于这些不同组合的区域进行测定，可反映出不同区域的广告促销作用与媒体的关系，从而可以为改进媒体策略提供意见。

4. 回忆测试法 广告回忆状况的测定，是指借助一定的方法，测定消费者对所接触的广告内容的记忆程度。它比认知测定更深入一步。其目的是要了解广告深入人心的程度，即消费者追记广告信息的程度以及他们将广告、商品、品牌与广告主联系在一起的程度。广告给人的印象越深，人们越容易回忆起它的内容。

广告回忆状况的测定，就其内容和要求而言，可采用整体广告回忆、局部和个别项目（如口号、标题、创意特色等）的回忆。所采用的方法通常有无辅助回忆法与辅助回忆法两种。

（1）无辅助回忆法 所谓无辅助回忆法，是指在不提供任何有助于确认广告主名称、品牌或信息线索的前提下，询问受测者是否记得某产品类别中最近看到或听到的广告。例如，"您能想起在过去几周中有何品牌的洗发水刊播广告吗？"受访者必须回忆他过去所见到的所有广告信息，并把这些信息与问题相关联。如果访问者不给被访者任何线索，被访者对广告的记忆要比他得到一些指点确切些。

（2）辅助回忆法 与上述方法相反，辅助回忆法是给受测者某种线索以帮助其回忆。例如，"您记得最近看过或听过海飞丝洗发水的广告吗？"这是以品牌名称帮助受访者回忆。如此询问，则受访者不必去想全部的洗发水广告，而集中回想某一特定品牌即可。访问时还可以用其他线索暗示或提示，帮助受访者回忆。应当注意的是，不能给受访者太多的帮助，否则，他可能凭借猜想回答，而非回忆了。

辅助回忆法通常获得的资料比较丰富具体，更接近实际情况，但不能给被调查者太多的提示，否则就会影响到反映信息的真实性。

对广告回忆状况测定的效果，可以通过回忆度指标来反映，其计算公式为

$$某则广告的回忆度 = \frac{被调查者中能回忆该则广告的人数}{被调查的总人数} \times 100\%$$

如果回忆度越高，说明广告宣传的效果越好，反之亦然。

9.1.9 效果测定的注意事项

1. 广告效果测定的难点

（1）评估的目标不能量比　评估的目标并不能很好地量化，而只能是描述性的。例如，在估计由广告产生的知名度、了解水平以及喜欢等方面，评估只能是大致程度的认定。

（2）广告的效果与其他的营销努力难以区分　什么是广告引起的效果，什么是非广告引起的效果等，是一个经常困扰评估人员的问题。总体上讲，营销手段是相互关联的，作为一种营销手段，广告并非总是唱主角，有时它只是整体营销策略的一种辅助手段，因此，其效果的测定更加困难。

（3）反馈的信息不确定　由于人们很难记住他们所看到的广告，更难以说出他们看到的广告到底说了些什么，因此，由目标受众反馈来的信息并不是很确切的。这就要求评估人员必须对反馈信息进行筛选整理，并进行综合分析。

2. 广告效果测定的注意事项

（1）短期效果与长期效果相结合　应注意到广告的长期和短期目标问题，对于长期投入的广告效果的评估，不能只看眼前的销售情况。对于短期的促销广告，也不能忽视其长远的影响，如果是以牺牲企业的长期目标作代价换来的短期效果，不能说是一个好的广告。

（2）定量与定性相结合　在广告效果测定的诸多内容中，有些内容是客观而具体的，可以用定量的指标来加以测定，如广告的到达率、记忆率、产品的市场占有率、销售的变动率等；有些内容是纯主观性的，如广告主题的评价、广告创意的评价等，很难用一个量化的指标来直接测定，往往只能用定性的指标如好坏、是否新颖别致等来衡量；另有一些内容如广告接收者的态度则需要用定性与定量相结合的方法，如五点量表、七点量表来加以测定。因此，在综合评价时，我们需要针对不同的测定内容，选择不同的方法，努力做到定性与定量相结合。

（3）显效益与潜效益相结合　广告发布以后，对于消费者的影响有时是立刻生效，有时则要经过一段时间才能表现出来，很难立即衡量它对销售效果的作用。因而广告显效益与潜效益的测定要相互兼顾。此外，还有社会购买力的变化、经济形势因素，都会影响销售效果。

（4）经济效益与社会效益相结合　有些广告的社会效益往往是它的经济效益的基础，而经济效益又能促进社会效益的发展，因此，两者必须兼顾。

9.2　广告心理效果测定

9.2.1　广告心理效果测定的含义

广告心理效果的测定，即测定广告经过特定的媒体传播之后对消费者心理活动的影响程度。广告既然旨在影响消费者的心理活动与购买行为，就必然与消费者的心理过程发生联系。广告信息作用于消费者而引起的一系列心理效应，主要表现在消费者对广告内容的感知

反应、记忆巩固、思维活动、情感体验和态度倾向等几个方面。

9.2.2 广告心理效果测定的目的

1. 改进广告作品的设计，加强广告作品的心理影响 广告心理效果测定，是了解广告活动的有效性的一项措施。它通过预先对广告进行检测，可以在实际使用广告之前确定广告的有效性和被接受程度；确定广告的信息是否已被宣传对象接收；确定广告信息是否被宣传对象准确地理解；确定有多少人真正准确地注意到广告所传达的信息，从而借此改进广告作品的设计，加强广告作品的心理影响和渗透力度。

2. 提高广告作品计划水平，力争取得更好的广告绩效 通过广告心理效果测定，可以检验广告目标是否正确，广告媒体是否运用得当，广告发布时间和频率是否合适，广告费用投入是否合理，以便提高制订广告计划的水平，力争取得更好的广告效果。

9.2.3 广告心理效果测定的内容

1. 广告知晓度的测定 新产品上市后，通过广告宣传一段时间，就应进行知晓度的测定，并对知晓度进行量化，看有多少人对产品"知名"或"了解"。当产品处于成长期、成熟期或衰退期时，广告的诉求点则在于产品的功能和特性等信息的传输。知晓度和了解度是测定产品导入期广告效果的有效指标及内容。

广告知晓度的计算公式为

$$某则广告的知晓度 = \frac{被调查者中知晓某则广告的人数}{被调查者总人数} \times 100\%$$

$$某则广告的了解度 = \frac{被调查者中知晓并了解广告的人数}{被调查者中知晓广告的人数} \times 100\%$$

例如：广告公司发放对某则广告知晓度调查问卷 5000 份，在 5000 位媒体受众中，有 4000 人知晓该则广告，在知晓该广告的 4000 位媒体受众中，如果有 2000 人对广告宣传的产品有较深的了解，那么该广告的知晓度、了解度为

$$该广告的知晓度 = \frac{4000}{5000} \times 100\% = 80\%$$

$$该广告的了解度 = \frac{2000}{4000} \times 100\% = 50\%$$

2. 广告回忆状况的测定 它主要用于测定广告的理解与记忆程度。广告效果的迟效性与延续性要求广告能给人留下印象并长久保持。测定的内容主要是消费者对商品、企业标志、广告创意等的理解、记忆、联想的情况。测定方法可分自由回忆和提示回忆两大类。具体方法有盖洛普-鲁滨孙事后效果测验、广告样品测验、广告样品混合测验、电话回忆测验、相关测验等。不同的方法可依测定的项目予以选择。

3. 广告偏好状况的测定 偏好是经济学研究的重要问题之一。它是指在一些竞争产品中，消费者较固定地购买某品牌产品的心理特征。美国著名经济学家乔治·斯蒂格勒曾说："趣味偏好是在竞争中筛选出来的，不是随意给定的，它们必须面临一个连续竞争的严峻考验。"这也就是说，偏好在一定时期内是相对稳定的。通过突出感人的诉求点，培养消费者的品牌偏好，对广告主来说是非常重要的，因为偏好一旦形成，在较长时期内将会产生一系列的重复购买行为。

9.2.4 广告心理效果测定的方法

1. 事前测定法 该方法是在广告作品尚未正式刊播之前,邀请有关广告专家、消费者团体进行现场观摩,审查广告作品存在的问题,或进行各种测验(在实验室运用各种仪器来测定人们的心理活动效应),对广告作品可能获得的成效进行评价。根据测定的结果,及时调整广告促销策略,修正广告作品,突出广告的诉求点,提高广告的成功率。

(1) 事前测定的目的 事前测定发生在广告信息传播活动正式开始之前,将广告信息在市场、受众、编码机构等与广告信息传播相关的事物中进行测试,得到广告信息传播各环节的事前反应,将这些反应提供给广告信息传播活动的决策者和编码者,以调整广告决策和广告设计,将危害广告信息传播活动的各种不利因素事前排除。它包含:

1) 在一定程度上预测广告的作用程度。虽然事前测试只能得到有限的反馈信息,但这是非常重要的信息,它可以预测出将要开展的广告信息传播活动是否能扩大品牌的知名度,是否能影响受众的态度。

2) 为广告策略的调整提供依据。事前测试可以预测出广告信息传播活动开展后能达到预定目的的程度。这种信息反馈对广告策划、广告决策以及广告所采用的各种策略的调整都是极为有用的。同时,事前测试可以发现所制定的广告决策以及各种广告策略是否容易操作,各种策略是否能很好地配合,以便在广告信息活动开展之前加以调整。

3) 可以在一定程度上预知受众对广告的反应。受众对广告信息的知觉效果、理解效果、记忆效果以及最后态度,都是事前测试的内容,这是最重要的测定事项,此项测试可以确定广告信息传播活动开展后是否能产生实际效果。

(2) 事前测定的方法

1) 专家意见综合法。这种方法是由专家小组进行评价,如将广告学专家、心理学家、行销专家、企业营销主管集中起来对广告创意进行多角度的审视与分析评价。专家小组评审带有很强的主观性,但往往有效,并且简单、快捷,花费不高。

2) 直接测试法。这种方法是把待选择的广告展露给一组消费者,并请他们对这些广告进行评比打分。这种评比法用于评估消费者对广告的注意力、认知、情绪和行动等方面的强度。虽然这种测定广告实际效果的方法还不够完善,但一则广告如果得分较高,也可说明该广告可能是有效的。直接测试法广告评分表如表9-1所示。

表9-1 直接测试法广告评分表

评分内容	
本广告吸引读者注意力的能力如何?………………………………………………………	( )
本广告使读者往下继续阅读的能力如何?…………………………………………………	( )
本广告主要的信息或利益的鲜明度如何?…………………………………………………	( )
本广告特有的诉求效能如何?………………………………………………………………	( )
本广告建议激发起实际购买行动的强度如何?……………………………………………	( )

评分标准

差	中等	一般	好	优秀
0 20	40	60	80	100

注:表中每项得分为0~20分。

3）组群测试法。这种方法是从可能的目标市场中请来 8～12 人组成受访者小组，该小组由一位训练有素的访问者指导，集中讨论一个特定的广告诉求，如产品概念或创意策略等，以寻求受访者对于这一特定广告的印象或态度方面的信息。

4）仪器测试法。仪器测试法主要有：

① 视向测验法主要是利用视向测验器（一种记录人观看广告文图各部位的视线顺序及时间长短的仪器）对广告效果进行测定。人们的视线在关心与感兴趣的部位留驻的时间较长，根据测知的视线移动图和各部位注目时间比例，可以考察：文字竖写与横写的易读性如何；视线程序是否符合设计的意图；有无不引人注意的部分；画面中第一注视部位以及最吸引人的部位是否符合创作原意。根据测试结果，再对广告蓝图予以修正。但使用这种测试仪测验广告效果也有不少局限性，如注目时间长短并不完全说明视者兴趣的大小，因为费解的文图也需要看较长的时间。

② 皮肤测试法主要是利用生理电流仪（一种测定人们接触广告作品时皮电、脑电变化的仪器）来判断人们对作品的情绪反应及强弱程度的方法。广告播映中，人们通过视觉、听觉传及大脑，情绪处于兴奋、激励状态，皮肤汗腺的活动会活跃起来，导致汗液分泌的增加。汗液分泌的增加又会使皮肤的导电性（皮肤电阻）和皮肤的电位发生变化，从而造成皮肤电反应的变化。这种变化可以作为情绪反应的可靠生理指标。消费者在观看感兴趣的广告或喜欢的商品时，情绪的波动将导致皮肤电反应的变化。因此，皮肤电反应的变化可以作为测定广告效果的客观性指标。

③ 瞬间显露测验法主要是利用瞬间显示器（一种测定广告各要素注目程度的仪器）对广告效果进行测定的方法。其原理是利用电源在瞬间（1/2 秒或 1/10 秒）的接通又断开，检测人们对广告要素的注目程度。这种仪器可测定印刷广告的显眼程度、各种构图位置的效果以及文案的易读程度、标记的识别程度等。利用试验与统计方法，可将广告的视觉效果计量化，以此为依据对广告构图进行调整。当然这种测试与被试者的感知能力关系很大，必须要取多数人的平均值。

④ 记忆鼓测验法主要是利用记忆鼓（一种测定人们对某种文案记忆程度的仪器）对广告效果进行测定的方法。记忆鼓在广告效果测定中，专门用来研究在一定时间内，人们对广告作品的记忆程度。该方法是：被调查者在一定时间内，经由显示窗看完一则广告后，支持测试者立即用再确认法，测验被调查者对广告文案的记忆，从而评估出品牌名称、广告主名称、广告文案的主要内容等易于记忆的程度。

⑤ 瞳孔计测验法主要是利用瞳孔计（一种记录眼球活动的仪器）来测定瞳孔扩张与广告接受者产生的情绪反应之间的关系的方法。人在长久凝视有兴趣的事物时，瞳孔会放大。瞳孔计可采取机械方法将瞳孔伸缩情况加以记录统计，以测定被检测者对广告的兴趣程度。这种方法多用于电影、电视片的测验。因为瞳孔放大与心理感情作用的因素有关，所以应取多数人的平均值。

5）投射法。投射法是在直接提问法的基础上产生的，是为了克服直接提问法产生的偏差。投射法的基本做法就是同受试者进行深入交谈，引导他们充分发表意见，让受试者的真实思想流露出来，这种方法可以排除外界及心理上的干扰，得到受众的反馈信息更加准确。

6）通信测试法。这种方法是将可能选择的文案诉求印于明信片上，然后寄给潜在顾客。明信片上均印有酬谢方法，得到最多回收的诉求则可认为是最好的诉求。因为这种方法需要提供酬谢,并需相当长的时间等候回答,通常只用于在发布重要的广告信函之前评估广告信函或直接反应广告。

2. 事中测定法 广告心理效果的事中测定是在广告已开播后进行的。事中测定,可以直接了解媒体受众在日常生活中对广告的反应,得出的结论也将更加准确可靠。但这种测定结果对进行中的广告宣传目标与策略,一般是很难进行修改的。具体而言,很难对广告作品和媒体组合方案进行必要的修改,只能对具体方式、方法进行调整或修补。常用的广告效果事中测定法有以下几种:

(1) 市场试验法 市场试验法具体包括:

1) 家中测验。这种方法是指将一个小型屏幕放映机安置在具有代表性的目标消费者家中,让这些消费者观看电视广告节目。这种方法可使被调查者的注意力集中,但人为地制造了一种勉强观看电视广告的环境。

2) 剧场测试。剧场测试是一种综合性的评价方法,被广泛运用于电视广告效果的测定。通常是为了测试消费者对广告情绪、认知、态度和意向的反应。其主要程序是:根据一定的抽样标准抽取一些消费者,邀请他们到电影院进行一项品牌选择试验。在受试者观看广告作品的过程中利用仪器记录下他们的情绪反应,看完广告作品后完成态度测试,继续延长时间观看其他节目,再进行回忆测试,最后让消费者进行一次品牌选择。通过对以上步骤所得资料的统计分析与综合评定,可以较为全面地对广告效果作出相关评价,主要测定项目是趣味性、传达力、关心度、视听前后品牌选择的变化性、说服力等。

3) 播放测试。这种测验在有线电视频道中进行。被邀请参加此项测验的调查对象被召集在一起观看播放的节目,其中包括观看被测验的广告片。在广告片播放后,调查者与调查对象接触并向其提出问题,问他们能够回忆起多少广告片中的内容。采用这种方法可以创造出一种评价广告片的真实气氛。

(2) 函询法 在广告策划过程中,为了了解广告作品和广告媒体的运用是否成功或最佳,可以投入小量费用,将各种广告文本同时推出,或者多选择几种媒体加以运用,在每则广告上都附有一个条件,就是观众接触到广告后,按一定的要求,或者将回条(报刊)寄回,或者给有关部门回信、打电话等。在一定的时间内,有关人员可凭借消费者寄回的回条,来分析哪一个广告作品最有效,哪一种或几种广告媒体最适合本广告,在哪种媒体上传播广告最容易让消费者接触到并引起他们的兴趣。这种方法的费用比较大,因为寄回回条的消费者要获得一定的好处,他们才会配合行动。以往这种方法仅仅局限于报刊广告效果的测定,这种方法也可以扩展到广播广告和电视广告效果的测定,或者广播电视广告与报刊广告组合使用。除了寄回条、打电话以外,还可以采用以优惠卡到指定地点购买东西,以知识竞赛的形式对优先者予以奖励等多种形式。这种方法除了费用较高以外,有时很难明确回函者是否是现实的消费者。

(3) 追踪法 广告信息传播的效果一般都要经过一段时间之后才能明显地反映出来,为了更准确地掌握广告信息传播活动所产生的效果,应在一定时间内对受众进行连续性的调查。如在广告信息传播活动开展以后,每隔一个月或两个月就进行一次测试,将每次得到的结果进行比较研究,就可以得到广告信息传播之后产生的效果并且发现广告信息传播活动中的问题,及时予以调整,在以后的测试中还可以看到调查后的效果。

3. 事后测定法 进行广告心理效果事后测定的方法主要有:

（1）要点打分法　此法是请消费者给已经刊播的广告打分。具体做法是把广告各要素列表，每个要素规定最高积分，每个参加评定者对每个广告的注意度、易读性、认识力等各方面给予逐项评分，然后以累计分决定广告作品的优劣。要点打分法广告评分表如9-2所示。

表9-2　要点打分法广告评分表

评价项目	评价内容	满分/分	打分/分
吸引力	吸引注意力的程度（分析构图、标题、字样和编排）	20	
分辨力	广告中心意思或利益清楚程度如何	20	
易读性	能否了解广告的全部内容	20	
说服力	对广告商品的好感程度	10	
	广告激起购买欲望的程度	10	
行为率	广告唤起的潜在购买准备	10	
	广告引起的立即购买行为	10	
优劣分数线	最佳广告 80~100	优等广告 60~80	中等广告 40~60	下等广告 20~40	最差广告 0~20

（2）雪林测定法　雪林测定法是由美国的雪林调查公司（Schwerin Research Corporation）根据节目分析原理，于1964年发明的测定广告表演节目和电视广告社会心理效果的一种方法。该测定法又分为节目效果测定法、广告效果测定法和基本电视广告测定法。

1）节目效果测定法。这种方法是召集若干名有代表性观众到剧场，在调查人员说明测验的标准以后，请观众按照个人意见对进行测验的广告表演节目评分。评分的级别通常是：A——有趣；B——一般；C——枯燥乏味。这种测验完毕之后，再请观众进一步说明喜欢或厌恶广告节目的哪一部分，并阐述理由；或征求观众对节目改进的意见、建议。调查者对这些意见或建议进行统计、汇总，以作为今后设计或制作广告节目的重要依据。

2）广告效果测定法。广告效果测定就是请若干有代表性的观众到剧场或摄影棚，未看影片之前，请入场者按持票号码，选择自己喜爱的商品，在供选择的商品中，既有将在广告片中放映播出的商品品牌，也有主要竞争对手的商品品牌。广告片播完以后，请测试对象再一次作出选择，如果此次对所测验的广告商品品牌选择度高，则应归功于广告的心理效果。测验完成后，通常将媒体受众选择的商品赠送给他们。如果产品单位价值高，则要赠送给测试者另外一些礼品。此外，欣赏了电视广告影片之后，还可以进行各种提问，利用记忆测试观众对于广告商品的记忆程度，测定广告的认知效果。

3）基本电视广告测定法。这种测验法的目的在于客观地评价和判断电视广告片的优劣，以及用标准化的程序测验电视广告的效果。基本电视广告测验的项目主要有：① 趣味反应，是指利用集体反应测定机，测定媒体受众对每一广告画面感兴趣的程度；② 回忆程度，是指运用自由回答法，让媒体受众回忆广告片中的产品品牌、广告主名称、画面内容以及标语、口号等；③ 理解程度，是指运用自由回答法，了解媒体受众对广告内容的领悟程度；④ 广告作品诊断，是指运用自由回答法，让媒体受众指出该广告片的特色，并提出修改意见；⑤ 效果评定，是指采用问卷的形式，测定本广告片留给媒体受众的一般印象，即广告片的一般心理效果；⑥ 购买欲望，是指让媒体受众说出有无购买广告产品的冲动或者欲望；⑦广告片的整体效果，是指让媒体受众对广告片作整体的评价。

这种测验法的优点是客观、全面，能真正反映媒体受众的心理活动状况，取得的资料可信度高；缺点是操作技术性强，成本费用高，具体推行起来有一定的局限性。

(3) 事后测定应注意的问题　进行事后测定应注意：① 要尽可能完整地搜集资料；② 要尽可能多地使用几种测定方法，综合其结果作出最后定论；③ 不仅要考虑经济效益，还要考虑社会效益和心理效益，综合三者的效果再下结论；④ 要严格区分广告的促销效益和非广告促销效益；⑤ 广告信息影响的迟效性和积累性的特点，在获得现有效益的同时，还应当对目前可能产生的效益作出估算和预测。

9.3　广告经济效果测定

广告经济效果测定主要有广告费用比率法、单位广告费用销售增加率法、广告效果比率法、广告费用利润率法、市场占有率法、盈亏分界点法、广告效果指数法、广告效果系数法、相关系数值法等。

9.3.1　广告经济效果测定的含义

广告经济效果测定，就是测定在投入一定广告费及广告刊播之后，所引起的产品销售额与利润的变化状况。

9.3.2　广告经济效果测定的方法

1. 广告费用比率法　这是指一定时期内广告费在商品销售额中所占的比率。其计算公式为

$$\text{广告费比率} = \frac{\text{本期广告的费用总额}}{\text{本期广告后的销售总额}} \times 100\%$$

例如，某企业某年某季广告费 10 万元，某商品销售 200 万元，计算得出广告费比率为 5%，如果上一季度广告费比率为 5.5%，则本期下降了 0.5%。广告费比率越小，广告经济效果越好。

2. 单位广告费用销售增加率法　单位广告费用销售增加率法的计算公式为

$$\text{单位广告费用销售增加率} = \frac{\text{本期广告后的销售额} - \text{本期广告前的销售额}}{\text{本期广告的费用总额}} \times 100\%$$

3. 广告效果比率法

$$\text{广告效率比}(E) = \frac{\text{广告后的销售额增加率}(AS/S)}{\text{广告费用增加率}(AA/A)} \times 100\%$$

式中　AS——广告活动后增加的产品销售量；
　　　S——广告活动前的销售量；
　　　AA——增加的广告费用支出；
　　　A——原来的广告费用；
　　　E——广告效果比率，也称广告销售效果比率的弹性系数。

如果 $E>1$，表示广告效果比率弹性大，广告促销效果好；$E<1$，表示广告效果比率弹

性小，广告促销效果不好。

4. 广告费用利润率法 这是一种综合方法，具体的计算公式为

$$广告费用利润率 = \frac{本期广告的费用总额}{本期广告后的利润总额} \times 100\%$$

$$单位广告费用利润率 = \frac{本期广告后的利润总额}{本期广告的费用总额} \times 100\%$$

$$单位广告费用利润增加率 = \frac{本期广告后的利润总额 - 本期广告前的利润总额}{本期广告的费用总额} \times 100\%$$

5. 市场占有率法 这是通过广告前后企业市场占有率和市场占有提高率的变化对比来测定广告效果的一种方法。市场占有率，是企业生产的某种产品，在一定时期内的销售量占市场同类产品销售总量的比率，它在一定程度上反映了本企业产品在市场上的地位与竞争的能力。企业的市场占有率提高，就意味着产品的竞争能力增强和产品的销售量增加。因此，还可以用单位广告费提高市场占有率的百分比这一相对经济指标来测定广告的经济效果，即用单位费用销售额与同行业同类产品销售总额对比，也就是用市场占有率提高率来衡量广告的市场开拓能力。

若企业的广告活动战略主要用于进行市场扩展、渗透，往往选取这一指标来测定广告效果，进而衡量广告活动是否达到预期的结果。

6. 盈亏分界点法 这种方法的关键是确定平均销售费用率。其计算公式为

$$平均销售费用率 = \frac{广告费用额}{销售额}$$

用符号代入推导，得

$$L = \frac{x + \Delta x}{C}$$

所以

$$\Delta x = LC - x$$

式中　x——基期广告费；

　　　Δx——报告期广告费用增加额；

　　　C——报告期销售额；

　　　L——平均销售费用率。

计算结果，若 Δx 为正值，说明广告费使用合理，经济效果较好；若为负值，则需要压缩广告费用开支。

7. 广告效果指数法 这是测定广告销售效果的指标之一，用于测定同一地区、同一媒体的不同的广告效果比较。检测方法是把同性质的被检测者分为三组，其中两组各看两种不同的广告，一组未看广告。然后比较看过广告的两组效果之差，并和未看过广告的一组加以比较。通常将检测的数字结果利用频数分配技术进行计算，其公式为

$$广告效果指数\ AEI = \frac{1}{n}\left[a - (a+c)\frac{b}{b+c}\right]$$

式中　n——被检测的总人数，$n = a + b + c + d$；

　　　a——看过广告又购买了该产品的人数；

　　　b——看过广告未买该产品的人数；

　　　c——未看过广告而购买了该产品的人数；

  d——未看过广告也未购买该产品的人数。

8. 广告效果系数法

$$广告效果系数 = \frac{做广告以后的利润额 - 做广告前的利润额}{广告费用支出} \times 100\%$$

  企业投入一定费用，进行广告宣传后在销售和信誉等方面得到效益，最终都会在利润上得到反映，如果广告效果系数大于1，则表示广告效果好，如广告效果系数小于1，则表示广告效果不好。

  9. 相关系数（φ）值法 它是检测广告销售效果的方法之一。其计算公式为

$$\varphi = \frac{ab - bc}{\sqrt{(a+b)(c+d)(a+c)(b+d)}}$$

式中 a——看过广告又购买了该产品的人数；

    b——看过广告未买该产品的人数；

    c——未看过广告而购买该产品的人数；

    d——未看过该广告又未购买该产品的人数。

φ 的值在 +1 与 −1 之间。此系数若为正值则正相关（成功的广告）；此系数若为负值，则表示负相关（失败的广告）；此系数若为 0，则表示不相关（广告效果等于零）。一般来说 φ 的值在 0.2 以下称为低效果，在 0.2~0.4 称为中等效果，在 0.4~0.7 称为较好效果，而在 0.7 以上则为高效果。

9.4 广告社会效果测定

  广告的社会效果表现有多种提法，但归纳起来，主要表现在以下几个方面：
1）消费者对商品或企业的认识程度是否创造了需要。
2）广告对社会的教育效果，包括推广最新技术成就和传播知识，以及道德教育。
3）企业通过广告在社会上树立了威信，建立了信誉。
4）促进了社会主义物质文明建设与精神文明建设。

  广告的社会效果总的表现是广告对我国社会主义物质文明建设与精神文明建设的促进作用。这种促进作用又具体表现在宏观方面的作用与微观方面的作用。宏观方面的社会效果，是指国家对广告活动的指导、计划、协调、监督所取得的社会效益。微观方面的社会效果，是指具体企业发布广告所取得的社会效益。这里所讲的社会效果，主要是指微观的效果，即企业广告的社会效益。

9.4.1 广告社会效果测定的原则

  1. 真实性原则 真实性原则，即广告内容必须客观真实地反映商品的功能及特性，实事求是地向媒体受众传输有关企业及产品（或服务）的各种信息。即在告知消费者产品的优点、功能的同时，也告诉他们产品的缺点与不足。这种形式的广告对消费者以诚相待，能产生非常好的社会效果。例如，日本一家钟表企业生产出一种新式手表，产品上市后问津者寥寥无几，后来他们采用了这种双面信息的揭短式广告——这种手表走得不太准确，24 小时会慢 24 秒，请君购买时务必三思。广告播出以后，该手表的销售状况得到了明显改观，

因为消费者认为该广告十分真实，该产品值得信赖，因而购买者与日俱增。

2. 社会规范原则　社会规范原则，即广告宣传的社会效果必须合乎社会规范。例如，要遵守语言规范原则。汉字是中华文明的象征，但目前，我国广告宣传滥用谐音，妄改成语，不遵循遣词造句规律，严重破坏了汉语严密、统一的科学体系。例如，"有备无患"变成了"油备无患"（祛风油）；"合情合理"变成了"盒情盒理"（月饼）；"其乐无穷"变成了"骑乐无穷"（摩托车）；"一鸣惊人"变成了"一明惊人"（眼病治疗仪）等。它不仅对青少年起了误导作用，若任其发展下去还会动摇汉语在全世界语言体系中的地位。

9.4.2　广告社会效果测定的标准

1. 政治标准　在我国社会主义制度下，测定广告社会效果的政治标准，是广告传播必须坚持社会主义四项基本原则，必须有利于社会主义物质文明建设与精神文明建设，有利于改革开放。

2. 文化艺术标准　广告的创造必须符合一定的文化艺术标准。各国的文化传统、风俗习惯有着自己的特殊性和历史的延续性，形成了各国在文化艺术上的不同观念和风俗。

3. 道德伦理标准　不同的国家、地区和民族有不同的伦理道德观念和风俗习惯，对广告的心理接受有不同的要求。广告要适应健康的伦理道德观念和风俗习惯的要求。

4. 民族风格标准　广告创作与表现必须继承民族文化，尊重民族感情，讲求民族风格，同时有选择地借鉴国外的艺术表现形式与创作手法，但不能盲目模仿，崇洋媚外。在对国外先进、合理的艺术表演风格进行学习和借鉴时，应把国外的表演技巧、诉求方式与我们的民族性相结合，形成具有中华民族特色的广告诉求表现方法。在创作和表现上力求风格明快，文字言简意赅、一语中的，切忌朦胧晦涩，使用不易理解和不易接受的表现手法，从而造成人力、财力、物力的浪费。

5. 社会规范标准　广告策划者在测定某一广告的社会效果时，要以一定的社会规范为评判标准，来衡量广告的社会效果，如以法律规范、社会道德规范、语言规范、行为规范等为衡量依据。

6. 真实可靠标准　广告社会效果的一个十分重要的特征就是广告必须具备真实性，即广告内容必须如实反映产品的质量和功能，实事求是地向消费者传递产品的各种信息。广告的真实与否，从一个侧面反映了一个国家的社会伦理道德与精神文明水准。因此，广告的社会效果在很大程度上反映在真实性上，而这种真实性，又可以通过广告的传播，把高尚的社会风尚和道德情操与追求美的享受有机地结合起来，所以，真实性是测定广告社会效果的重要标准。

9.4.3　广告社会效果的测定指标

测定广告社会效果的基本依据，应是一定社会意识形态下的政治观点、法律规范、伦理道德以及文化艺术标准。在不同的社会意识形态下，这些约束标准是截然不同的。

广告社会效果的测定往往不能简单地以某种指标的数量大小来衡量，这是因为社会效果的表现有时是无法量化的。因此，测定广告的社会效果，一方面应通过一些公认的、基本的指标来测定和评价；另一方面也应结合其他社会因素进行综合考查，这才是完整的。测定广告社会效果的指标主要包括：

1. 法律规范指标 以广告法规来管理广告是世界各国对广告进行制约的通行方法。这一标准具有权威性、概括性、规范性、强制性的特点，适用于衡量广告中共性的一般问题。我国自1995年2月1日正式实施的《中华人民共和国广告法》就是我国广告业最具权威的专项法律，其于2015年9月旧修订施行。一般来说，各个国家的广告法规只适用于特定的国家范畴，因而国内广告活动要贯彻执行各项广告管理法规和条例。出口商品广告要贯彻遵守当地的广告管理条例，但如属于国际公约性质的，则属于国际通行的范畴，如《国际商业广告从业准则》等。

广告社会效果评定的法律标准是具体的、明确的。在广告的发布、实施及评估时，共同的法律标准和规范有以下几项：

1）《中华人民共和国广告法》。
2）《广告管理条例》。
3）《广告管理条例施行细则》。
4）广告管理各单项规章。
5）国际上通用的广告宣传准则。
6）《国家工商行政管理局广告审查标准》。

2. 伦理道德指标 在一定时期、一定的社会意识形态下，具有特定的伦理道德标准，它表明人们较为普遍的价值取向。这一标准受到民族特性、宗教信仰、风俗习惯、教育水平等社会文化因素的影响。广告主所发布的广告，无论从内容还是表现形态上，都应符合现时社会伦理道德的要求。

广告的传播从一个侧面反映了一个国家的社会伦理道德和精神文明建设水准的高低。具有中国特色的广告，应当旗帜鲜明地反映出社会大众通过创造性的劳动为社会提供的日益丰富的物质财富和精神文明成果，把高尚的社会风尚、道德情操、中华民族传统美德同追求美好生活有机结合起来。这一点，在广告设计、广告社会效果测定等一系列活动中也是非常重要的。我们应当借鉴西方的科学，但是，在借鉴的同时不能把西方社会也认为是丑恶的、落后的东西拿过来。广告的作用是心理性和观念性的，低劣的、负效应的广告的传播比制造假冒伪劣商品的危害更大，它对大众的心理危害可以长久地存在，难以去除。所以，我们在正确地引导人们追求美好生活的同时，应当尽量努力宣传用自己合理合法的劳动所得去追求、享受人生，而避免单纯地甚至不择手段地追求享乐的观念。

3. 文化艺术指标 衡量广告社会效果的文化艺术标准，是广告形式必须服从内容的要求，不能搞形式主义，华而不实，使形式不能准确地表现内容；其次，广告的画面、语言、文字、音乐、人物形象不能有低级庸俗、不健康的内容和情调，广告应当把高尚的社会风尚和道德情操同追求美的享受有机地结合起来，使广告宣传有助于开阔人们的胸怀，提高美育水平，充实精神境界。

9.4.4 广告社会效果测定的方法

广告的社会效果涉及社会伦理道德、风俗习惯、宗教信仰等意识形态领域的内容。这些内容很难用准确的量化指标对其进行衡量，所以只能用定性的方法分析广告事前、事中、事后的社会效果。具体做法，是请专家对有关的广告文案、图形、色彩、创意等表现手法进行评价，以确保广告刊播后能获得正面良好的社会效果。

复习思考题

1. 何谓广告效果测定？它有何基本特征？
2. 影响广告效果的主要因素有哪些？
3. 广告效果测定应遵循哪些基本原则？
4. 广告经济效果测定有哪些基本方法？
5. 试述广告社会效果测定的标准和方法。

第 10 章　广 告 管 理

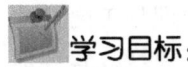学习目标：

通过学习，让学生了解广告管理的内涵，掌握广告管理的原则，知晓广告管理的职能，熟悉广告管理的范围和内容，了解广告管理的制度，掌握广告宏观管理、广告微观管理、广告行业自律等广告管理方面的内容、程序、方法和要求，通过强化广告管理，实现广告活动的规范有序、经济、高效。

10.1　广告管理概述

广告管理主要包括广告经营单位的管理、广告主的管理、广告内容的管理、广告媒体的管理等方面。

10.1.1　管理与广告管理

1. 管理的含义　管理是与人类的共同劳动相伴而生的一种活动。人类社会是人们在共同劳动和共同生活中结成的各种关系的总和，马克思指出："一切规模较大的直接社会劳动或共同劳动，都或多或少地需要指挥，以协调个人的活动，并执行生产总体的运动……所产生的各种一般职能。"这种指挥活动就是管理。就一般意义而言，管理是指协调群体活动以达到预定目标的一种行为过程，它能够有效地调动个体的能力，规范个体的行为，实现参与活动的各个要素间的协调，最大限度提高群体活动的效率。

管理最早产生在经济领域，是人们在共同劳动中自然而然发生的一种行为。随着资本主义生产关系的确立和工业革命的进行，工业生产和商业经营活动中相继出现了组织形式，管理便应运而生，并在大量实践的基础上形成管理理论，通过不断发展和完善，反过来指导生产经营行为。目前管理理论的研究和运用已扩展到政治、军事、科研、教育等其他领域，随着社会生产力的发展和科学技术的进步，以及现代企业组织的变革，管理理论仍然在不断被充实和完善，以满足实践发展的需要。

2. 广告管理的含义　广告管理，是指国家、社会和广告业内部对广告活动的指导、监督和控制活动。政府通过颁布政令、法规，设立管理机构实施对广告活动的管理。广告管理的目的不仅是为了限制广告活动的不良倾向，更重要的是指导信息业务健康发展，为社会主义市场经济的繁荣发挥更大的作用。

广告管理是对广告活动全过程的管理，包括对广告主的管理，对广告经营单位的管理，对广告作品在广告媒体上的刊播等一系列过程中人和物的管理。

广告管理的主要任务是，贯彻执行有关法规，核发广告营业证明，检查、监督广告经营，保护合法经营，取缔非法经营，处理违法广告，指导广告活动的规范，使之健康发展。

10.1.2 广告管理的分类

广告管理活动从不同的角度可以进行不同的划分。

1. 按广告管理的层次划分

（1）广告宏观管理　广告宏观管理主要是通过各种手段从长远、全局和整体的角度对广告行业和一般广告活动进行的规划、协调、指导、控制等管理活动。宏观管理是工商行政管理的重要组成部分，如同市场管理、经济合同管理、商标管理等一样，是工商行政管理部门的业务管理内容之一。

（2）广告微观管理　广告微观管理主要是对具体的广告经营行为或具体的广告宣传内容进行的直接管理。微观管理是企业经营管理的一部分，如同财务管理、人事管理、成本管理一样，是为企业经营目的服务的一项具体管理活动。

2. 按广告管理的内涵划分

（1）广义的广告管理　广义的广告管理，是指国家、社会和广告业对广告的组织、指导、管理和监督。它包括政府的行政管理、行业的自我规范、企业的自我管理、公众的自我监督等方面，其中政府的行政管理起主导作用，可以说是一种硬管理；行业的自我规范、企业的自我管理属于一种内部自我约束的管理机制；公众的社会监督则是一种外部监督机制。

（2）狭义的广告管理　狭义的广告管理，是指政府的职能部门对广告的监督管理，即以各级政府的工商行政管理部门为主体实施的广告监督管理活动。

3. 按广告管理的职责划分

（1）广告的内部管理　广告的内部管理，是指广告经营单位对自身广告活动的内部管理，这是广告业在市场经济中优胜劣汰，不断取得发展的内在条件。

（2）广告的外部管理　广告的外部管理，是指国家机关依据法律规章，对广告活动进行的监督管理，这是广告业健康、持续、快速发展的必然要求。

10.1.3 广告管理的原则

1. 法治原则　广告管理总体上是政府的广告监督管理机关依据法律、法规和行政规章赋予的职责与权限所进行的广告监督管理活动。广告监督管理机关不能逾越法律规定的管理范围。20世纪90年代以来，我国广告管理方面的立法进展较快，目前已初步形成了以《中华人民共和国广告法》（以下简称《广告法》）为核心和基础的广告管理法律、法规体系，为广告监督管理工作提供了有效依据。可以说，对广告的监督管理过程就是有关广告管理的法律、法规、条例得以具体实施的过程，而且在广告管理实践中，广告管理的法律还在不断丰富和完善。

2. 全面原则　广告管理的对象是在国家行政管辖区内的所有广告活动和从事这些广告活动的当事人，无论其具有什么身份、背景、国别，无论是广告主、广告经营者，还是广告发布者；也无论是临时性广告活动还是经常性广告活动，都属于管理的对象。

3. 教育原则　法是靠国家的强制力来保证的，但这种强制是与教育紧密联系、互相渗透的。法律的实施必须教育人民自觉遵守。法律又是人民用于保护自己，打击危害人民和国家利益行为的有力武器。

《广告法》《广告管理条例》等广告管理法规的实施，必然要求广告经营部门和广告主自觉遵守，若有违犯就予以处罚。这就是社会主义法律的强制性和遵守法律的自觉性相结合的方法。教育与处罚相结合，是广告管理的重要原则之一。处罚是主要的手段，法制教育是必要的方法。处罚所表现出的强制是集中反映绝大多数人的利益和意志的强制，是在维护大多数人利益的基础上对违法者的强制。而对违法者的制裁和处罚，也包含着深刻的法律教育的意义。同时，对广大人民群众来讲，社会主义的法律，通过说服教育，能使绝大多数公民认识到自身的利益是与《广告法》及《广告管理条例》等联系在一起的，从而自觉地遵守和维护《广告法》及《广告管理条例》等法律法规。

4. 监督原则 监督原则是工商行政管理部门对在广告市场中从事广告活动的组织或个人进行监审和督察，使其广告经营、发布活动等在国家法律、法规允许的范围和限度内开展。

5. 真实原则 广告必须真实地介绍商品或服务，不允许有欺骗和误导消费者的行为，不能为了牟取暴利而损害消费者的利益。从广告的本质而言，真实性是广告的灵魂，是广告生命力之所在。而在广告实践中，广告的真实性却时常被掩盖。虚假广告的泛滥，侵害了消费者的权益，特别是有的不良分子利用广告招摇撞骗，严重损害了人们的身心健康，危害了社会秩序的安定。对广告管理就是要消除广告的失实、失真现象，保证广告的真实性，保护社会秩序的安定和消费者的利益。

6. 协调原则 广告管理的目的是要充分发挥广告在促进生产、刺激需求、指导消费、活跃经济、方便人民生活以及发展国际经济贸易等方面的作用。为达到这些目的，除了依法监督和处罚违法者外，工商行政管理部门还要注意协调广告主和广告经营单位之间的关系，为发展广告事业服务。而广告经营活动的复杂性和不平衡性又决定了协调与服务的必要性。广告经营活动多种多样，各地区广告事业的发展也极不平衡。随着我国广告事业的发展，各种广告经营部门与单位之间相互依存、相互制约的关系越来越紧密。为了使我国的广告事业顺利发展，既要协调各广告经营部门与单位之间的关系，又要开展经验和业务交流，所以，工商行政管理部门作为政府管理广告的权威职能机关，理应担负起协调与服务的责任。

7. 整治原则 广告活动是一种较为复杂的社会活动，广告业是知识密集、技术密集的第三产业，涉及国民经济的各个部门。对广告的管理同样涉及面广，具有广泛性和复杂性的特点。在广告管理方面，应充分发挥社会各个方面的作用，对广告活动实施综合治理，这样才有可能保证广告业的健康、快速、稳定发展。除广告监督管理机关外，司法机关、广告自律机构、相关行政部门以及社会公众等社会方方面面也应共同做好对广告的综合治理工作。

8. 强制原则 国家对广告的管理具有强制性，任何从事广告活动的个人或组织，都必须接受管理，其管理带有行政执法的性质。广告法规同其他法律、法规一样，是国家意志的具体表现，是由国家强制力保障执行的，对所有广告活动及其当事人，都具有普遍的约束力。同时，广告管理属于工商行政管理，这种管理在行政执法上具有较大的强制性，可以通过强制手段来维护广告活动的正常秩序和健康发展。

9. 分级原则 分级管理，即按照广告活动的性质和涉及的范围，由不同级别的工商行政管理部门实施管理。例如，对涉及国际、国家级的广告活动，如在我国境内举办的国际性运动会等的广告活动，需由国家工商行政管理部门监督管理或授权给有关省市工商行政管理部门监督管理；对一般性的广告活动，则由所在地的工商行政管理部门监督管理。

10. 属地原则 属地原则，就是由广告发布地区的工商行政管理部门负责对当地的广告活动实施监督管理。如果发生违法广告行为，不论其广告主、广告经营者、广告发布者具体隶属关系在哪里，均由发布广告所在地的工商行政管理部门负责查处。这样可以明确职责，杜绝扯皮和地方保护主义等弊端。

10.1.4 广告管理的职能

广告管理的职能，是指广告管理活动的基本职责和主要功能。广告管理的主要职能包括：

1. 控制职能 控制职能，是指按照广告监督管理的目标要求，采取必要的措施和手段，纠正广告活动中的偏差。这里所说的偏差，主要是指广告活动中偏离了社会主义方向，违背了国家和人民的利益，违反了国家的法律法规的现象。广告监督管理机关采取的控制职能主要包括两个方面：① 依据国家的法律、法规，结合广告活动的实际情况，对广告活动划定一个范围，实行一定的限制；② 对发生偏差的行为，查明事实及其性质、情节，依照法律处理，对已经发生的偏差进行纠偏，将广告活动重新纳入正常的轨道。

2. 监督职能 监督职能，是指监察广告经营者的经营活动，督促其严格按照国家的法律、法规和政策要求进行经营活动，不允许其采取不正当的手段和方式损害国家和人民的利益。

3. 检查职能 检查职能，就是随时审查广告经营者的经营活动，掌握、了解其发展动向，及时发现问题。检查可分为经常性检查和随时性检查两种。每年对广告经营单位进行年检的制度，就是经常性检查的一种形式；另一种是对已经发现的问题进行检查，如对违章、违法、虚假广告等行为的检查和处理等。

10.1.5 广告管理的对象

1. 广告经营单位管理 对广告经营单位的管理，主要采取的是审批登记和年度检验的方法。

（1）审批登记 审批登记是广告管理机关代表国家确认广告经营者经营广告业务的资格。《广告管理条例》规定："经营广告业务的单位和个体工商户，应当按照本条例和有关法规的规定，向工商行政管理机构申请，分情况办理审批登记手续。"我国《广告法》第二十九条规定："广播电台、电视台、报刊出版单位从事广告发布业务的，应当设有专门从事广告业务的机构，配备必要的人员，具有与发布广告相适应的场所、设备，并向县级以上地方工商行政管理部门办理广告发布登记。"审批登记是广告管理的一种手段，它的目的是严格掌握广告经营单位的条件，根据国民经济发展的需要，合理控制和安排广告经营单位的发展速度，确保广告经营的质量。

广告审批登记实质上包括两个方面的内容：① 对广告经营单位的经营资格进行审查；② 核定其经营范围。这两个方面一经确定，即受到法律保护，超越经营范围的即属于非法。

审批登记程序一般分为四个阶段：即受理广告经营的申请、审查、核准和发证。

（2）年度检验 申请经营广告业务的单位经工商行政管理机关核准登记后，一般都能够正常地开展业务活动，守法经营，在服务广告客户、方便消费者和用户的同时使自身得到发展。但也有少数单位投机取巧、违法经营、欺骗广告客户、损害消费者的利益，以及采取不正当手段与同行竞争等。为了维护广告行业正常的经营秩序，及时制止违法广告经营活动,也为了全面掌握每个广告经营单位的具体情况以及广告行业的现状,加强工商行政管理机关对广告行业的管理,我国从 1987 年开始,在广告行业实行年检注册制度。

2. 广告主管理　广告主是指为推销商品或者提供服务,自行或者委托他人设计、制作、发布广告的法人、其他经济组织或者个人。

广告管理机关对广告主的行为实施管理,主要包括:

1) 广告主自行或者委托他人设计,发布广告所推销的商品或服务,应当符合广告主的经营范围,超出经营范围的广告,是法律所不允许的。

2) 广告主发布的广告不得含有虚假的内容,不得欺骗和诱导消费者。

3) 广告主设计、制作、发布广告,应当具有或者提供真实、合法、有效的证明文件。

4) 广告主委托广告业务应与代理人依法订立书面合同,明确各方面的权利和义务。

5) 广告主应当合理编制广告预算,支付广告费要用统一发票,广告费应支付给单位而不能支付给个人。

3. 广告内容管理　《广告管理条例》第三条规定:"广告内容必须真实、健康、清晰、明白,不得以任何形式欺骗用户和消费者。"所以广告的真实性、合法性是对广告内容的基本要求。广告的真实性,要求广告中的语言、文字、图形要与广告宣传的产品相一致,广告宣传的产品优点要与事实完全一致,广告给予人的总体印象应当是真实的,广告中不得含糊其辞和用空洞的比较。广告的合法性,要求广告中不得有下列内容:违反我国法律、法规的;损害我国民族尊严的;有中国国旗、国徽、国歌标志、国歌音响的;有反动、淫秽、迷信、荒诞内容的;弄虚作假的;贬低同类产品的。凡内容不合法的广告不得刊播、设置、张贴。

4. 广告媒体管理　报纸、杂志、招贴等印刷媒体的广告设计应当真实、简明、大方、美观,广告文案要符合我国国情和民族风俗习惯,要有利于精神文明建设。报纸、杂志上的广告不宜过多,各种报刊登载的商业广告的版面,一般不宜超过总版面的 1/8;在传播经济信息的专业报纸中,刊登商业广告的版面平均不宜超过总版面的 1/3。

凡是承印广告的工商企业,事先应该报经当地工商行政管理部门审核批准。国家对承接广告业务的印刷厂实行"定点管理"的办法,即在一些城市确定一定数量的印刷厂专门承接广告业务;印刷厂对承接的广告应该按照广告条例的规定代为审查;对违反条例的广告则不予印刷。同时,工商行政管理部门实行定点监督管理。

对电视、广播广告的要求是:电视台每个频道每日播放商业广告的时间,一般不宜超过播放总时间的 8%,也不得中断节目播放广告。广播广告每日平均播放的时间,不得超过广播总时的 6%,也不得中断节目而播放商业广告。

10.1.6　广告管理的内容

1. 广告的法律管理　广告的法律管理就是依法对广告进行管理,广告的法律管理在广告宏观管理中占有重要位置。宏观管理法制化是市场经济发展的必然结果。法律管理具有规范性、权威性、强制性和稳定性的特点。

1994 年 10 月 27 日,中国历史上第一部《广告法》由第八届全国人民代表大会常务委员会第十次会议通过,自 1995 年 2 月 1 日起施行。后经 2015 年修订。《广告法》对各种广告行为都作了明确规定。

2. 广告的行政管理　广告行政管理，是国家工商行政管理机关，依照国家的法律、法规和政策，对一切从事广告宣传和广告经营活动的机关、团体、企事业单位和个人进行监督、检查、控制和指导的活动。它包括：对广告主、广告经营者、广告发布者的管理；对广告内容的审查验证管理；对各类广告发布标准和收费标准的管理；对广告经营行为的管理和对广告违法行为的处罚等内容。

3. 广告的消费者监督与管理　各种类型的消费者组织是消费者为维护自身合法权益不受侵犯而形成的社会团体，也是实施消费者自我管理的主体单位。从国内外情况看，消费者组织对广告的监督与间接管理正发挥着越来越重要的作用。中国消费者协会的宗旨就是对商品和服务进行社会监督，保护消费者的利益，指导广大群众的消费，促进社会主义市场经济的发展。

消费者组织的形成和发展使原本分散的力量形成了集合力量，正是这种集合力量产生的巨大约束力对广告活动进行监督、控制和间接管理，从而发挥着广告业宏观管理的作用。对于进行欺骗性广告的广告主，利用消费者监督和管理更具有"杀伤力"。从我国情况看，消费者对自己权益的保护意识正在加强，这对于我国广告业的健康发展和进入良性循环有着重要的意义。

4. 广告的自律制度　广告的自律制度也就是行业的自我管理制度，是指广告从业者自发成立民间的行业团体组织，通过章程、规范、准则等形式进行自我管理，自我约束。

5. 广告的职业道德管理　广告道德是指由特定社会经济关系决定的，在广告活动中所发生的人们之间关系的行为准则和规范的总和。道德在社会生活中发挥的作用比法律广泛得多。道德与法律的关系是相互补充的关系，同时还包括相互渗透的作用。解决广告问题不仅要依靠法律的力量，而且有很大部分得依靠社会舆论与职业道德来约束和调整。

为增强广告主、广告经营者和广告发布者等的社会公德意识和职业道德观念，国家工商行政管理局依据《广告法》制定了《广告活动道德规范》，将其作为广告活动的基本道德准则。其主要内容包括：

（1）广告主的道德准则　广告主应当自觉维护消费者的合法权益，真实、科学地介绍自己的产品和服务；应与其他广告主进行公平、正当的竞争，不得以不正当的方式和途径干扰、损害他人合法的广告活动；应当抵制和纠正种种不正当的广告宣传；积极参加公益广告活动，树立良好的企业形象。

（2）广告经营者的道德准则　广告经营者在广告创意、设计、制作中应当依照有关法律、法规的要求，运用恰当的艺术表现形式表达广告内容，避免怪诞、离奇等不符合社会主义精神文明要求的广告创意；应正确、恰当地使用妇女和儿童形象；要坚持创新与借鉴相结合；积极参与公益广告活动，倡导正确的道德观念和社会风尚；应当保守各广告主的商业秘密；应当注意提高经营管理水平和服务质量，抵制各种不正当竞争行为。

（3）广告发布者的道德准则　作为广告发布者，发布商业广告应当考虑民族传统、群众消费习惯以及广告受众的区域等社会因素，合理安排发布时段、版面，依照各类广告的发布标准和社会主义精神文明建设的要求，认真履行广告审查义务。应当杜绝新闻形式的广告，要制定合理的收费方式和收费标准。

（4）市场中介机构的道德准则　从事各类广告出证活动的社会团体和商业调查、技术检测、标志认证等市场中介机构，必须具备合法资格，其广告出证行为必须遵循诚实信用原则，出证内容必须真实合法，不得助长不正当竞争和不公平交易行为。

10.1.7 广告管理的范围

广告管理是对广告活动全过程的管理，广告活动是与公共经济利益密切关联的社会经济活动，所以，广告管理属于经济管理的范畴。

广告管理涉及的范围很广，有物质生产领域，也有上层建筑领域。例如，对商品广告的管理涉及工商企业，对文化广告的管理涉及文化教育部门，对政府公告、交通广告等的管理又涉及上层建筑领域。所以，广告管理不仅要最大限度地促进市场经济的发展，还要使广告活动符合我国的社会制度、民族习惯、精神文明建设等一系列要求。广告不仅是经济宣传，也是一种政治宣传，所以，应当遵照党的宣传政策要求，开展对广告的管理工作。

广告管理还涉及再生产的各个环节，不仅与生产领域、流通领域的各项活动密切相关，而且还直接关系到消费领域中广大消费者的利益。广告管理反映了国家意志，而社会主义国家的意志又集中体现了全体劳动人民的利益，所以，广告管理要顺应社会主义生产目的的要求，使广告活动符合消费者的利益。

总之，广告管理的范围概括起来主要涉及人和物两方面的内容。从宏观角度看，它是对广告主、广告经营单位、媒介中所有的人和物的管理；从微观角度看，它是广告主、广告经营单位以及媒介部门内部的各项管理。

10.1.8 广告管理制度

1. 广告代理制度 广告代理制是国际上通行的广告经营机制。其特点是强调广告业内部的合理分工，各司其职，互相合作，共同发展。在代理制中，广告公司的主要职能是为客户提供以策划为主导，以市场调查为基础，以创意为中心，以媒体选择为实施手段的全方位、立体化服务。同时，广告公司代理广告媒介，寻求客户，售出版面或时间，扩展广告业务量，也可以增加媒介单位的广告收入。因此，在代理制中，广告公司处于核心地位，为广告主和广告媒介提供双向服务。

实行广告代理制度，理顺了广告主、广告公司、广告媒介三者之间的关系，有助于广告业的健康发展，也可以使我国广告业尽快与国际惯例接轨。

2. 广告合同制度 广告合同制度，是指广告监督管理机关监督、指导、促进广告合同当事人依法订立、履行各类广告活动，从而规范广告经营行为，保护合同当事人合法权益的制度。它包括：

（1）广告业务合同制度 广告经营者承办或代理广告业务，必须与广告客户或者被代理人签订书面合同，明确各方的责任。有广告发布业务的单位必须按统一的《广告发布业务合同》文本与广告客户或其代理人签订广告发布合同。

（2）广告合同的签证制度 广告合同的签证，是指广告合同管理机关对广告合同的真实性、合法性依法所作出的证明。广告合同的签证包括对合同的主体资格、内容等方面进行审查，还要对广告合同的执行情况进行监督。

（3）广告合同的公证制度 广告合同的公证，是指国家公证机关对广告合同的真实性、合法性所作的公证证明。广告合同的公证采取自愿原则，当事人一方要求公证的，广告合同必须公证。广告合同经过公证，有利于约束当事人履行合同；有利于在发生广告合同纠纷时，广告合同管理机关和司法机关准确及时判明是非，保护当事人的合法权益。

（4）广告发布业务合同示范文本制度　为了规范广告经营行为，指导当事人正确签订广告发布业务合同，明确广告责任，避免或减少无效合同的纠纷，保护当事人的合法权益，国家工商局从1993年起向全国推行广告发布业务合同示范文本。广告发布单位有某些特殊要求，确需自行印制合同文本的，经所在地省级工商行政管理局审查同意后，方可制定和印刷，并只限本单位使用。

3. 广告审查制度

（1）广告审查制的含义　广告审查制就是在广告管理单位的监督指导下，通过聘请广告公司、广告媒体等方面熟悉业务、了解广告法规的人员组成带有行业自律性质的广告审查委员会，变目前对广告内容的分散审查为集中事先审查。广告事先审查制对净化广告市场、杜绝虚假广告、保护消费者权益，起着重要的作用。

（2）广告审查机构　广告审查机构在广告管理机关的监督、指导下设立，由广告管理机关、广告行业组织、广告经营单位及有关部门代表组成广告审查委员会。广告审查机构按地域设置，同一地区只能成立一个广告审查机构。

（3）广告审查范围　户外广告及利用报纸、期刊、广播、电视发布的食品（含饮料、酒类）、化妆品、药品、医疗器械、医疗服务、烟草制品、家用电器、金融等广告，都必须由广告审查机构进行审查。上述广告凡未经广告审查委员会审查通过的不得发布。

（4）广告审查的内容　具体地讲，审查的内容包括广告经营资格的审批；广告经营范围的审批两个方面。第一个方面关系到是否允许经营广告业务，它是区分合法经营和无照经营的界限；第二个方面则关系到允许经营什么，它是区分合法经营和超范围经营的界限，因此，也是保护合法经营，取缔非法经营的前提条件。

（5）审查程序　审查程序，是指申请经营广告业务的单位和个人，在广告管理机关审批办理登记时应遵守的方法、步骤和原则。具体程序是：

1）受理广告经营申请　受理表示广告管理机关已接到某单位的广告经营申请，并已进入审批程序。对受理的广告经营申请，广告管理机关应以适当的方法给予答复。答复可以用书面、口头等形式。

2）审查。审查阶段的主要工作是：

审查申请单位提交的文件、证件、有关资料是否真实、合法、有效和完整。提交审查的材料需提交文件原本，复印件无效。

根据申报的材料，核实申请单位的材料是否属实，一般应派员对申请单位进行实地考察，验证是否具备广告经营单位的条件及条件是否和申请的经营范围相适应。

审查一般要逐级进行，首先由受理广告经营申请的机关进行审查，对条件不具备或材料不完备或未说明的事项要通知申请单位完备条件，补齐材料。初审合格后，报上级工商行政管理机关最后审查。在这个程序中，每一级的审查结果都应有文字材料作记录，以备查考。

3）核准。核准是经过受理和审查程序后，有审批权的工商行政管理机关签署的准予经营广告业务的结论性意见。

4. 广告证明制度　广告证明是用来表明广告主的主体资格是否合法和广告内容是否真实的文件、证件、资料等。在广告经营活动中，通过广告证明审查广告是判断一则广告是否符合客观事实，是否符合法律法规和有关政策的重要依据。证明文件包括营业执照以及其他生产、经营资格的证明文件；质量检验机构对广告中有关商品质量内容出具的证明文件；确认广告内容真实性的其他证明文件。广告经营者在审查广告主提供的证明文件时，还应审查广告证明出具机关是否合法，广告证明的适应时间和地域范围是否有效，以保证广告证明的法律效力。

5. 广告档案制度 建立和健全业务档案制度是广告经营者加强管理、积累总结经验的一项基础性工作，业务档案内容应包括：年、季、月的经营成果；根据国家规定，刊播广告上报的统计表和情况说明；签订的合同和代理委托书；广告承接记录；广告客户出具的各种证明文件；已发布广告的审批意见；广告小样（包括录像、录音带）；广告反馈资料。

广告业务档案的保存时间不得少于1年。

10.1.9 广告管理机构

我国的广告管理机构主要有：

1. 广告行政管理机构 依照《广告法》的规定，县级以上人民政府工商行政管理部门是法定的广告管理机构，负责对所有广告活动实施监督和管理。

广告管理机构由国家工商行政管理总局，省、自治区、直辖市工商行政管理局，地区、市工商行政管理局，县工商行政管理局组成。其中，国家工商行政管理局下设的广告司是全国广告最高管理机关；各省、自治区、直辖市、计划单列市的工商局下设广告处；各地、市、县工商局设相应的广告科、股。国家工商局广告司负责制定和贯彻全国性的广告监督管理政策、法规；指导、协调、监督全国的广告监督管理工作；审批全国性的广告企业和中外合资、中外合作经营广告业务的企业及全国性的临时广告经营活动。各级地方广告行政管理机构，按照分级管理和属地管理原则，对辖区范围内的广告活动进行管理和监督、检查。

2. 广告行业管理机构 广告行业管理机构是广告组织的自律性组织，我国目前统一的全国性广告行业组织是中国广告协会。它成立于1983年2月，是具有法人资格的社会团体，接受国家工商行政管理局的指导。中国广告协会下设报纸、广播、电视、广告公司、学术、公交、铁路、广告主8个专业委员会，各省、自治区、直辖市也都根据各地的情况设立了地区性广告协会，分别接受当地工商行政管理机关的领导和上级广告协会的业务指导。

3. 广告行政审查机构 广告行政审查机构是由《广告法》等国家法律、行政法规规定的，对特定内容广告进行发布前的事先审查的有关行政主管部门。根据《广告法》的有关规定，利用广播、电影、电视、报纸、期刊以及其他媒介发布药品、医疗器械、农药、兽药等商品的广告以及法律、行政法规规定应当进行审查的其他广告，如社会力量办学的招生广告，必须在发布前依照有关法律、行政法规，由有关行政主管部门，即广告行政审查机关对广告内容进行审查，未经审查，不得发布。广告主申请广告审查，应当依法向有关广告行政审查机关提交证明文件。广告行政审查机关应当依法作出审查决定。具体来说，目前广告行政审查机构包括卫生行政管理部门、医疗器械行政管理部门、农业行政管理部门、畜牧业行政管理部门以及教育行政管理部门等。

各级广告管理机构的职责是：

1）宣传、贯彻、执行广告管理法规和有关方针政策，检查和监督它的实施情况，根据实际需要，以《中华人民共和国广告法》《广告管理条例》和有关规定为依据，拟定单项管理规章，加强对广告宣传和广告经营活动的监督管理。

2) 根据《中华人民共和国企业法人登记管理条例》和广告管理法规的规定，对申请经营广告的单位和个人进行审查、登记，核发《企业法人营业执照》或《营业执照》。

3) 对广告宣传和广告经营活动，依据广告管理法规进行检查和监督管理，保护合法权益，取缔非法经营，查处虚假、违法广告。

4) 指导广告协会的工作。

10.1.10 广告管理的意义

1. 维护公众权益，促进社会稳定 广告是信息传播的重要手段，它对消费者的购买、使用，以及对生产、生活都有重要影响。广告真实与否、合法与否、健康与否，对消费者利益有着直接的影响。广告管理就是要对广告传播行为进行监督，对广告活动主体的各方严格要求，使广告主、广告经营者和广告发布者在思想上、认识上能够重视发布违法广告的危害和后果；震慑和打击各种广告违法分子，从而保障消费者和用户的合法权益。这也是广告管理和广告立法的最终目的。

2. 保护企业权益，维护社会秩序 加强广告管理，也有利于保护企业利益，促进商品的正当竞争。随着商品经济的不断发展，各企业、部门之间，为了扩大市场占有率，赢得消费者的好感，促进销售等，在进行产品竞争的同时，也展开了广告竞争。在这种竞争中，有些企业可能会使用一些不正当的手段，如利用广告攻击、诋毁同类产品，以假冒名牌来推销低劣商品，或有明显商标侵权行为。这样，不仅仅使消费者的利益受到损失，受侵企业的经济效益受到威胁，也造成了社会生活的混乱。因此，完善广告法规、严格广告管理，对于保护企业的合法权益、抵制经营不正之风、展开正当竞争、促进生产发展、维护社会经济秩序的正常稳定，是十分有利的。

3. 防止精神污染，建设精神文明 物质文明和精神文明是社会主义建设事业的两个并行不悖的组成部分。广告不但传播经济信息，促进物质文明建设，而且对精神文明建设也有重要的推动作用。广告推销商品总要借助于一定的艺术形式，而艺术能美化生活，陶冶情操。广告向社会传播和倡导的商品信息，代表着一定的生活方式，影响着人们的审美观、道德观和社会风气。加强广告管理，可以清除那些思想意识不健康的广告，从而使广告更好地为社会主义精神文明建设服务。

4. 美化市容市貌，促进环境优化 有些企业或商家为了自身的利益，不从美化城市面貌的全局出发，随意安装霓虹灯广告，设立路牌广告，不择地段、区域地悬挂灯箱广告，影响观瞻。更有甚者，一些江湖骗子随意在街头、建筑物、电线杆上张贴污秽的广告，极大地破坏了市容整洁，污染了社会文化环境，对此必须坚决取缔。对于路牌广告、霓虹灯广告、灯箱广告等必须统一筹划，统一安排，保护好文物古迹和自然风光，使我们的城市变得更美、更洁，使人民生活的环境质量更高、更好。

5. 制止不当广告，规范广告行为 广告是一项牵涉面广的综合性活动，直接关系到广告主、广告经营者、广告发布者和广告受众各方面的利益，也关系到社会公众的利益。如果没有强有力的广告管理，就会出现各种各样的违法行为，从而损害各个方面尤其是消费者和社会公众的利益，所以世界各国都有严格的广告管理。通过国家、广告业和社会共同对广告业务活动的严格监督，杜绝违法广告行为的发生。对于违法广告行为，尤其是虚假广告，一经发现，即给予严肃惩处，从而保障合法的广告主、广告经营者和广告发布者的正当权益，保护消费者的利益，维护社会公共利益，使广告管理起到净化广告运行环境，保证广告健康发展的作用。

10.2 广告宏观管理

广告的宏观管理对于维护广告的真实性，促进合法竞争，维护正常的经济秩序，促进物质文明和精神文明建设等具有重要作用。

10.2.1 广告宏观管理的目的

广告宏观管理包括法律、法规、社会组织、社会舆论、社会道德对从事广告活动的广告主、机构和人员行为进行的监督、检查、控制和约束活动。广告宏观管理的目的是为了促进商品生产，扩大商品流通，发展国际国内贸易，维护正常的社会经济秩序，保护消费者的合法权益，使广告更好地为物质文明和精神文明建设服务。

10.2.2 广告宏观管理的任务

1）拟定、提出广告管理法规和施行细则，并负责检查、监督、执行，同时，对违法广告进行处理。

2）贯彻国家的广告方针、政策，拟定或提出广告发展规划。

3）调查研究国内外广告发展趋势，收集、整理国内外经济动态，以利指导广告事业的发展。

4）对广告经营单位之间、地区之间及广告经营体制、价格等问题进行协调和管理。

5）组织广告工作经验交流，进行业务指导、人员培训，提高广告经营、设计、制作、发布水平。

10.2.3 广告宏观管理的方法

1. 行政方法 行政方法，是指国家通过各级组织，利用行政手段来对广告行业进行管理和控制。这类行政手段是一种命令、指示和规定，带有强制性和权威性，因此，广告行业的各级单位必须遵照执行，不得违背。行政管理方法是最基本、最古老的方法，无论何种国家，均必不可少。在社会主义国家，行政管理更是一种权威。如果没有一定的权威，管理职能就很难实现。因此，用行政方法管理广告业，是广告管理不可缺少的手段，但不是唯一的手段。

当然，用行政方法进行管理，有一定的缺点：① 管理效果往往受领导的专业知识水平、领导艺术等方面的影响；② 若仅以行政方法管理，不利于调动各层次、系统的主观能动性，因此，在对广告管理采用行政方法的同时，必须辅助其他方法。

2. 法律方法 法律方法，是指政府通过制定广告方面的有关法律规定，按照严格的司法程序对广告市场进行经常性的监督和管理。这是世界各国对广告实施制约、管理的最常用方法。目前，我国有关的法律主要有《中华人民共和国广告法》《广告管理条例》《广告管理条例实施细则》《药品管理条例》等。法律方法具有权威性、概括性和规范性等特点，是对广告工作管理的最有力的手段。

3. 经济方法　它是指政府通过税收及其他经济手段对企业或广告经营单位的广告活动进行约束和调节，以保证其适应社会经济发展的客观需要。运用经济杠杆原理对广告活动、广告经营网点等进行全面调控，对广告进行的过程利用经济手段进行监督。

4. 社会监督方法　广告的社会监督，是指来自人民群众，通过某些社会组织和社会团体、舆论机关、各种群众自治组织或者公民自发的，对广告活动的各个方面进行的监控和督察，包括新闻舆论监督、消费者监督和群众监督等，以消费者监督为主。这是加强广告管理的有效方法。消费者监督是指通过消费者组织行使的监督。各种类型的消费者组织是消费者为维护自身合法权益不受侵害而形成的社会团体，也是实施消费者监督和管理的主体单位。从国内外情况看，消费者组织能够对广告实行监督与间接管理，所发挥的作用已越来越大，它是国家行政管理的重要补充。消费者组织对于反映广大消费者的愿望和要求，保护消费者的正当利益，对消费品质量、价格进行监督，特别对维护广告的真实性，抵制不良广告的传播，效果明显。现在每年3月开展的"3·15"维护消费者权益活动，更给打假扫劣增添了声势。消费者监督与新闻舆论机关和群众个体的监督结合起来，使广告的全面管理得以落实，保证社会监督和管理更实在、更有效。

5. 行业自律方法　行业自律方法，是指从事广告的经营组织、个人在国家管理部门的指导下，根据行业特点自行制定公约、守则，进行自我约束，以确保设计制作、发布刊播广告的合法性和真实性。例如，日本广告社团的《日本广告协会代理纲领》、全美广告公司协会的《创意守则》、中国广告协会的《广告行业自律规则》和《广告行业岗位职业规范》等，这些公约，虽然不具有法律性质，但却起着职业道德准则的作用。

10.2.4　广告宏观管理的作用

1. 维护广告的真实性　广告作为消费者购买的依据，从消费者依据广告进行购买的结果来衡量，广告分不同的性质，即欺骗性广告和真实性广告两大类。

凡是广告内容与事实不符，广告主的许诺没有兑现的均属欺骗性广告，它又可分为诈骗性广告和不真实（或失真）广告两大类。诈骗性广告，是指广告主或广告制作单位人员主观上就存在要欺骗消费者的意识。诈骗性广告虽在世界各地如同过街老鼠，但从未杜绝过。根据美国联邦贸易委员会（FTO）每年对广告的审核结果，总有约20%左右的诈骗性广告存在，这种现象是市场经济不正当竞争带来的副作用，因此，我国在发展市场经济的同时，必须加强广告的宏观管理，以保护消费者权益。

不真实或失真的广告，是指虽然广告主制作单位在主观上并无欺骗意图，但客观上却造成与事实相悖和带有欺骗效果的广告。这类广告在广告中比较常见，美国联邦贸易委员会每年对广告的审核中，这类广告往往要占50%左右。这类广告很大一部分通过主观努力、科学管理是可以避免的。

广告必须真实这是对广告的最根本要求，对企业来说，真实的广告是提高企业信誉、树立良好企业形象的关键问题之一，它是企业在市场经济条件下继续生存与发展的前提。

2. 促进精神文明与物质文明的建设　广告的信息传播，发挥的作用是多方面的。不仅在经济领域产生影响，而且在社会文化领域起到日积月累、潜移默化的作用。这种传播效果，如果不引起注意，产生偏差，其后果是很严重的。因此，保证广告从形式到内容都能健康向上，也是推动我国社会主义精神文明建设的重要部分，需要重视和加强。应该说，20 世纪 80 年代我国恢复广告活动以来，在防止广告内容和表现形式不健康、不道德、可能带来消极后果等方面做了大量工作，但仍有许多不尽如人意的地方。且不说虚假广告给消费者和社会带来经济、精神的危害，就是一些表现龌龊、内容污秽不堪的广告，也是屡禁不止，利用大众传播媒体和其他传播渠道，毒化社会空气，污染生活环境，如一些涉及性病的广告，有些传媒机构为了增加广告资源，明知不可为而为之。至于街头巷尾传发的小广告，更是亟待严格管理。但这仅仅依靠行政主管部门是不够的，需要全社会投入，加大管理的广度和力度，为社会文明作出贡献。

3. 促进合法竞争，维护正常的经济秩序 保护合法宣传，处罚和取缔非法广告宣传，是维护正常经济秩序的基本手段。随着我国经济的不断发展，买方市场的形成，广告作为一种促销手段，其竞争也会日益加剧。在这些竞争中，难免会有一些企业利用广告宣传攻击诋毁其他同类产品、假冒名牌以推销伪劣产品等不正当竞争手段的出现。这不仅危害了消费者的合法权益，而且也扰乱了社会经济的秩序。另外，随着广告产业的不断发展，比较广告作为一种趋势会日益频繁地出现在社会生活中。这种广告形式在以对比方式传输信息过程中，很难做到完全的公平与公正，常会损害其他广告主的权益。只有通过政府的宏观管理，对广告中的不实或不良行为进行取缔和处罚，才能保护经营者的合法权益，维护正常的经济秩序，促进国民经济的健康发展。

10.3 广告微观管理

广告微观管理主要包括广告主的自我管理、广告公司的自我管理、广告媒体的自我管理等内容。

10.3.1 广告微观管理的含义

广告微观管理，是指企业或广告经营单位对广告活动的内部管理，主要包括对广告活动所涉及的人、财、物的管理，具体可以划分为两个方面：① 对广告活动程序的管理，如广告信息管理、媒介管理、发布权管理；② 广告经营活动的管理，如目标管理、计划管理、生产管理、劳动管理、资金管理、成本管理等。

10.3.2 广告微观管理的特点

1. 自发性 广告微观管理是广告主、广告公司以及广告媒体所进行的一系列内部决策与控制，因此，具有自发性特点。它是广告参与者面对激烈的市场竞争以及日渐完善的法律体系所作出的一种积极反应，是广告主、广告公司、广告媒体提高自身素质的一种表现。只有通过自我管理，才能树立自己的形象，确保在激烈的市场竞争中独树一帜，取得优势。

2. 自律性 在市场经济中，企业是独立的法人实体，要想在竞争中赢得优势，就必须建立自主经营、自负盈亏、自我发展、自我约束的内在机制。通过约束自己的经营行为，来提高自身的素质，使企业的经济效益目标与国民经济发展的整体目标相一致，在公众中树立良好的企业形象，从而实现企业发展的目的。

3. 灵活性 灵活性，是指广告参与者在决策与控制的过程中，要根据客观情况的变化，不断调整自己的经营方针；根据目标市场需求的变化，调整广告的诉求点；根据媒体受众风俗习惯的不同，调整广告的艺术风格；根据反馈信息的不同，调整企业的营销计划等。

10.3.3 广告微观管理的内容

1. 广告主的自我管理 广告主的自我管理主要包括遵循法律与法规参与广告活动，选择合适的广告经营单位代理自己的广告业务，并且应参与广告活动的部分或全过程。

在进行广告活动之前，广告主必须慎重地选择代理广告的广告经营单位，并且必须亲自确定广告目标、大致的广告预算两个方面的问题。

在确定了广告代理公司之后，广告主的工作仍未完成，还须直接或间接地参与广告活动的部分或全过程。例如，基本状况的分析、广告目标的测定、参与广告媒介的选择和确定广告预算、进行广告作品的评价以及广告效果的评估等。

2. 广告公司的自我管理 广告公司是独立的企业组织，除了必须遵守和贯彻《广告法》《广告管理条例》《广告管理实施细则》《广告审查标准》以及有关的规定外，还必须进行企业内部的科学管理。广告公司通常要为客户构思、制作和发布广告，负责客户完整的广告活动，包括广告调研、广告创意、撰稿、美术设计、制作以及媒介的选择等。现在，越来越多的企业都在委托广告公司代理自己的广告业务，某些自设广告部的企业也常常依赖于广告公司提供的服务。所以，广告效果直接影响到广告公司的经济效益，从某种意义上说，广告效果的好坏关系到广告公司的生存。因此，广告公司必须加强企业的内部管理，提高广告作品的质量，为广告主提供全面服务，从而提高广告效果。

要搞好广告公司的经营管理，必须进行不断创新，即不断创出新项目，淘汰那些过时、落后的项目。每个广告公司都必须有一套完整的发展规划和各种规章制度，以此作为管理的准则。为了实现公司的总目标，必须加强内部的各项管理，如目标管理、计划管理、生产管理、劳动管理、资金管理、成本管理等。对每一个广告作品，都必须要求达到相当的专业水平；注意保存客户的档案资料，争取长期合作；组织协调公司内部各类人员的工作；充分发挥不同专业人才的作用以及各个不同专业的群体优势，使广告公司在市场经济的大潮中不断完善、壮大。

（1）业务管理 广告公司的业务管理主要有两方面的内容：① 加强对企业内部各业务部门的业务工作管理；② 加强对广告客户的开发管理。这两方面的管理内容是相辅相成的：一方面，广告公司的业务管理水平决定其开发客户的能力；另一方面，广告公司的业务管理又是建立在为广告客户服务的基础之上的。

1）内部业务工作管理 广告公司的业务管理又可分为两个方面的内容：① 加强企业业务部门的具体业务工作过程的管理；② 加强人员培训，促进企业整体业务水平的提高。

业务部门业务工作过程的管理，主要是建立相应的业务工作规范和制度，要求工作人员严格按照业务工作的要求进行工作，以良好的精神状态、高超的技艺、认真负责的态度，为广告主提供优良的服务。

为了提高企业的业务水平、增强竞争能力和为广告主提供优良的服务能力，对公司职员，尤其是专业人员进行技术培训是非常必要的。这样可以提高企业的服务水准，提高企业业务部门的整体作战能力，保障企业为客户提供优质服务，增强企业对广告客户的吸引力和市场竞争能力。

2) 外部客户开发管理。广告客户的管理，对开展广告业务活动也是至关重要的。广告客户是广告公司的工作对象，他们之间存在着相互依存、相辅相成的关系。在客户开发中，广告公司的最大竞争力，也就是对广告客户最具吸引力之处，在于能够制作好的广告和具有优良的服务态度。因此，对广告客户的开发管理，应以广告公司的自身业务管理为基础，努力提高广告的制作水平，改进服务态度。

此外，在广告开发中，还应该注意了解广告客户的信誉、经营状况和管理水平。这样，可以避免因为承揽了处于危机状况的广告主的业务，而使广告公司承担信用风险。

（2）财务管理 广告公司的财务管理是对公司经营活动中所产生的各种资金的形成、分配和使用进行计划、组织、调节、监督和核算。其主要内容包括：监督广告预算的正确执行；现金和各种差旅费的管理；公司职员工资总额的核算；收取广告佣金；缴纳税金等。

广告预算是广告宣传活动各个阶段费用开支的计划，应坚持"量入为出"的原则，使每一阶段的广告开支都能控制在预算计划的额度内。广告公司代理广告客户进行广告宣传要收取一定的费用或佣金。一般地，承接国内广告业务代理，代理费为广告费总额的10%；承接外商来华的广告代理，代理费为广告费总额的15%。对代理费要加强管理，尽量避免广告主拖欠，否则就会影响公司正常的资金流转。

缴纳税金是每个公司的义务。广告公司要按期缴纳有关税金和滞纳金，维护良好的公众形象，提高企业的知名度。

（3）人事管理 按照广告人所从事的专业工作内容来分，广告人大致可以分为五种类型：广告调查人才、广告策划人才、广告文案写作人才、广告设计制作人才、广告经营管理人才。他们的工作性质与工作范围各不相同，但其工作内容又彼此相互联系，缺一不可，否则就意味着完整广告活动过程的中断。

3. 广告媒体的自我管理 广告媒体的自我管理主要是指各媒体组织在广告宣传活动中，必须遵守《中华人民共和国广告法》《广告管理条例》《广告管理条例施行细则》《广告审查标准》以及其他有关规定，对广告作品内容的合法性、真实性进行全面的审查。对证明不合法或内容不健康、不真实的广告作品坚决予以取缔，严禁刊播，以保护消费者权益，维护自身的形象。

复习思考题

1. 何谓广告管理？广告管理应遵循哪些原则？
2. 试述广告管理的基本职能。
3. 试述广告管理的基本制度和重要意义。
4. 广告宏观管理有哪些基本方法？
5. 广告微观管理包括哪些基本内容？

参 考 文 献

[1] 王伟芳. 广告概论 [M]. 北京：高等教育出版社, 2006.
[2] 蔡嘉清. 广告学教程 [M]. 北京：北京大学出版社, 2004.
[3] 郑小兰, 谢璐. 广告原理与实务 [M]. 北京：北京大学出版社, 2007.
[4] 王军元. 现代广告学 [M]. 苏州：苏州大学出版社, 2007.
[5] 李东进. 现代广告 [M]. 北京：企业管理出版社, 2000.
[6] 李苗, 王春泉. 新广告学 [M]. 广州：暨南大学出版社, 2002.
[7] 余明阳, 陈先红. 广告策划创意学 [M]. 上海：复旦大学出版社, 2000.
[8] 崔晓林. 现代广告理论与实务 [M]. 2版. 青岛：青岛出版社, 2001.
[9] 张健康. 广告学概论 [M]. 杭州：浙江大学出版社, 2007.
[10] 吕巍. 广告学 [M]. 北京：北京师范大学出版社, 2006.